Ирене Юстус

Освобождающее прикосновение

Импресс:

Автор и издатель: Ирене Юстус, Ганновер

© Все права защищены

Дизайн обложки: Натали Феч, Бургдорф

Верстка и графика: Ирена Вик

Переводчик: Ирена Вик

ISBN 978-3-00-064789-5

В тексте используется Синодальный перевод Библии, но в сносках приводится Новый русский перевод, потому что он более близок к переводу «Надежда для всех» (Hoffnung für Alle), который использует автор. Новый русский перевод (в дальнейшем НРП) выполнен Международным Библейским Обществом (International Bible Society) в 2006 году, в книге использована вторая редакция, датированная 2010 годом и размещенная на сайте https://bible.by/nrt/, Перевод близок к англоязычному варианту New International Version. (Прим. переводчика)

Больше информации об авторе Вы можете найти на сайте www.irene-justus.de

Освобождающее прикосновение

Избавление, данное Творцом

Ирене Юстус

Содержание

Посвящение

Эту книгу я посвящаю всем молодым женщинам, потому что они находятся в моем сердце. Я хочу, чтобы вы нашли свое призвание и научились им жить.

Конечно же, я посвящаю эту книгу своим прекрасным детям и внукам:

Ирине и Райнеру Альбрехт

Лиллиан-Елене, Антони и Бен Райнер

Димитрию и Евгении Юстус

Элайне, Юлии и Никите

Даниэлю и Марианне Юстус

Кьер Исааку, Мику Тристану и Ивару-Иоханнесу

Эрике и Беньямину Завадски

Рафаэлю, Матео и Терезе

Татьяне и Александр Марцин

Мелине Софи и Еве Ребекке

Иоханнесу и Татьяне Юстус

Марии-Софии и Ханне Элизабет

Маркусу и Вибке Анлауф

Аарону-Иоаханнесу, Юдит и Абигайль

Я благодарна нашему Господу за вас! Каждый из вас уникальный и драгоценный Божий подарок для меня. Где бы вы ни были, своим творчеством, юмором, внутренним миром вы обогащаете мою жизнь. Любая мысль о вас делает меня счастливой. Я ощущаю, как сильно мы связаны друг с другом. То, что Бог свел вместе наши дороги, наполняет меня радостью. Я в восторге от вас!

Огромная благодарность принадлежит моему мужу – Иоханнесу Юстусу, который меня поддерживал, придавал сил и был примером для меня. Иоханнес, я покорена твоим сердцем служителя! Твоим постоянным усилием и старанием жить в своем призвании, быть послушным Богу. Я посвящаю эту книгу людям, которые знают меня очень близко, знают мои и сильные, и слабые стороны. Любимый мой Иоханнес, я так благодарна тебе за все, что ты сеял в мою жизнь – твою любовь, твою мудрость, твою непоколебимую веру в Бога. Я люблю тебя!

Ваша Ирене Юстус.

Предисловие автора

Мне часто задают вопрос: «Ирене, когда выйдет твоя следующая книга?» Слегка пожимая плечами, я отвечаю: «Вообще-то я не планировала...»

Практически любой автор подтвердит, что ни одна книга никогда не бывает написанной до конца. Как только она оказалась в печати, открывается что-то новое, что обязательно должно было в ней быть. Так почему же у меня должно быть по-другому?

Читатели моей первой книги *«Невидимое перо»* писали мне теплые слова о том, каким бесценным было то, что я поделилась со всеми столь честно, открыто, к тому же информативно, о том, о чем большинство предпочитает не говорить – об обычном межличностном общении в повседневности. Во время нашего с Иоханнесом отпуска в 2016 году мне приснился сон, что *«Невидимое перо»* – не последняя моя книга. Когда я проснулась утром, мне стало ясно, что мне предстоит написать еще одну книгу. Во сне я шла от главы к главе и знала точно, как я должна писать. К сожалению, утром многое было невосстановимо. Когда за завтраком я рассказывала Иоханнесу, сколько мелочей и деталей было во сне, и что я не могу их реконструировать, он сказал: «Если это было от Господа, то Он повторит.»

Так и произошло. Спустя три месяца я читала, как обычно, за завтраком Библию – на немецком и английском языках. Мои мысли обратились к женщинам, которые не принимают себя и мучаются от комплекса неполноценности. Поскольку я часто езжу вместе с моим мужем, когда он служит, то ко мне подходят женщины, у которых очевидные проблемы в этом. Я и до отпуска молилась и спрашивала Господа: «Как я могу помочь таким женщинам?» И тут я ощутила, как Бог ворвался в мои мысли, и мой сон стал мне доступен – деталь за деталью, глава за главой. Бегом я схватила ручку и бумагу и начала записывать названия глав в том порядке, в котором могла потом обрабатывать. Пока записывала, я поняла, что все можно расположить на трех уровнях в нашем сердце и в наших действиях. Во-первых, Бог уже подготовил все. Во-вторых, Он же вложил осознание действия в наше сердце. И третьим уровнем было практическое применение. Тот же подход я обнаруживаю в библейском повествовании о Моисее и скинии. Сначала Бог подготовил план и открыл его Моисею. Моисей должен был претворить план в жизнь. Нечто подобное я пережила, когда писала мою вторую книгу.

Соломон в Книге Екклесиаста 12:12[1] дает хороший совет: «*А что сверх всего этого, сын мой (я включаю к этому и дочерей), того берегись: составлять много книг – конца не будет, и много читать – утомительно для тела.*» И все же книги продолжают писать, и учиться мы не перестаем. Что касается меня, так я просто хочу быть послушной голосу Бога, который столь отчетливо слышала.

Божий план для каждой человеческой жизни раскрывается от Сотворения до Откровения. Каждый указатель подчеркивает новый, глубокий, творческий элемент, чтобы обратить внимание на то особенное, что Бог вложил в каждую жизнь. Иногда пути нашей жизни подобны горному серпантину, который выложен такой брусчаткой, что не знаешь, куда поставить ногу. Важной задачей для каждого является шаг за шагом жить наполненной жизнью. Мое желание и моя молитва о том, чтобы наши дети и дети детей, и, конечно же, мои читатели и читательницы, исполненные Страха Божьего, полагались на Руку Божью. Особенно

---

1 *«Берегись, сын мой, того, что сверх этого: книги можно составлять без конца, и усиленное изучение утомляет тело.»* [Еккл. 12:12; НРП]

мое сердце расположено к молодым женщинам, которые живут своим призванием, а не тоскуют по нему. Собственно, такое возможно только когда живешь с Богом. Библия говорит нам: «Есть ли что новое под солнцем...» И тем не менее нам никуда не уйти от повседневных задач, которые мы должны решать. И когда мы не справляемся, то как в школе остаемся на второй год, иначе Бог не сможет нас употребить. Ведь урок не выучен, материал не усвоен. Приходится производить промежуточные выплаты по счетам. Это у нас крадет не только радость и желание что-то делать, но и ослабляет нашу выдержку. Однако в контексте обучения повторение полезно. Известная пословица так и звучит: «Повторение – мать учения». И если мы не учим наш жизненный урок, то приходится освежать в памяти то, что нужно для экзамена жизни. Мы все жаждем красивой и счастливой жизни. Для многих эта жажда так и остается только мечтой. Однако мечта может осуществиться. Начинать можно уже сегодня, если мы поместим желание в сердце и будем над ним работать. Когда мы выравниваем свою жизнь по Божьим меркам, то замечаем, как же много в нас вложил Творец. И не только вложил, Он же прикладывает и усилия, чтобы доброе в нас умножалось, чтобы мы могли быть благочестивыми и довольными.

Цель моей книги я хотела бы сформулировать так: поощрить женщин к тому, чтобы отложить свои комплексы, принять себя и открыть в себе скрытые сокровища, заложенные в вас Богом. Поэтому важно не только читать и понимать сказанное в этой книге, но и претворять это в жизнь. Я предполагаю, что для этого той или иной женщине придется подумать над некоторыми областями своей жизни и выйти на другие тропы.

В этой книге я решила использовать личное обращение, потому что я хочу говорить с тобой как друг от сердца к сердцу. Желаю всем своим читателям благословенного и увлекательного чтения.

Ваша Ирене Юстус.

Вступительное слово Мары Андреа Массар

«Господь даст слово: провозвестниц великое множество.»
Псалом 67,12[2]

Раскрыть и развивать свой потенциал – это не просто девиз или рекламный плакат от Ирены, это красная нить всей ее жизни. Она передает это в свойственной ей вдохновляющей и страстной манере. Ее первая книга поведала нам о некоторых моментах биографии Ирены, эта – показывает ее становление. Как читательница, я могу участвовать в том, что станет стимулом и моих развития, изменения и реализации. Все это вместе делает эту книгу бесценной и практичной. Она не просто дает рецепты, но применимый в жизни путеводитель сильной и убежденной провозвестницы.

Пастор Мара Андреа Массар
Christus Zentrum в г.Целле (Нижняя Саксония)

---

2 *«Владыка отдал приказ, и множество женщин разнесло добрые вести...»* *[Пс. 67:12; НРП]*

Вступительное слово Николь Оппэрманн

Когда я познакомилась с Иреной Юстус, то была впечатлена ее харизмой, ее мужеством и современной одеждой. На одной из конференций я увидела ее в кожаном костюме и в туфлях на каблуках. Я тогда подумала, ух ты, какая интересная и приятная женщина... А потом я узнала ее, как борца – женщину, которая решительно настроена и не сдается. Чего я не знала и что меня особенно коснулось – как развивался ее личный путь с Господом. От неопределенности, сомнений и времени глубокой депрессии к глубокому доверию к нашему небесному Отцу.

Новая книга Ирене Юстус называется *«Освобождающее прикосновение»*. Когда в мои руки попала ее рукопись, мне было любопытно. Уже с первых строк я узнала, что ее детство было далеко не легким. С малых лет ей пришлось взять ответственность за себя и за ее семью. Ей приходилось сражаться с болезнями, и снова находить силы, чтобы не сдаться, но идти дальше и доверять Богу.

Возможно, и у Вас прошлое было тяжелым, а плохие жизненные условия преследуют вас уже многие годы. Тогда эта книга для Вас подобна доброй вести: так не должно оставаться! С Богом Вы можете разрушить любые негативные модели поведения.

Снова и снова берет Ирене в своей книге бабочку, как пример. До того, как она раскроет свои прекрасные крылья, она переживает перерождение (метаморфозу) от личинки гусеницы к куколке и, наконец, становится бабочкой. Как долго длится каждая стадия, зависит от множества компонентов – температуры, времени года, света. Один из моих любимых стихов в Библии находится в книге Исаии:

«Восстань, светись, Иерусалим, ибо пришёл свет твой,
и слава Господня взошла над тобою.»
(Книга пророка Исайи 60:1[3])

Ирене дарит нам мужество встать, не отсиживаться, но раскрыть все Божьи подарки, приготовленные Им для нашей жизни.

Я глубоко тронута тем, как она в свойственной ей открытой манере рассказывает о своей жизни в этой книге. Эта книга обладает потенциалом вдохновлять и поднимать людей. Она отвечает на вопрос: как мы можем проявить Божье творчество в нашей жизни? Поэтому я хочу, чтобы эта потрясающая книга нашла место в Вашем сердце.

Николь Опперманн
Пастор в Доме Евангелия, г. Баден-Баден

---

3   *«Встань, воссияй, так как свет твой пришел, и слава Господня уже восходит над тобою.» [Ис. 60:1; Новый русский перевод]*

Вступительное слово Иоанны Хаверкамп

Я вспоминаю, как встретила Ирене впервые. Она стояла рядом со своим мужем в первом ряду и выглядела так красиво, женственно, и в то же время всем своим естеством выражала уверенность и осознание того, кто она есть. Я, как всегда, была восхищена тем, что вижу женщину, которая знает, кто она и почему она на этом свете. Я верю, что когда ты прочтешь последующие страницы, то откровение Ирене станет частью тебя и ты будешь уверенней, чем была в начале чтения.

Она говорит с той мудростью, которую приобрела на своем жизненном пути. Такая мудрость драгоценна, потому что доказала свою эффективность. Как мама трех дочерей и руководитель растущего движения женщин в немецко-говорящих странах под названием «*Sisterhood*» («Сестринство»), я благодарна за плоды, которые заложены в книге. У меня есть ощущение, что это мог бы быть голос матери, которую ты искала давно, или поддержка подруги, которой тебе так не хватало. У Ирене больше сердце для женщин этого поколения, это читается в книге черным по белому. Вот потому, моя дорогая, – вслушивайся, записывай то, что зазвучит в твоем сердце и позволь Святому Духу употребить эту книгу как средство, способное тебя изменить.

Ты невероятно драгоценна, никто другой на этой планете не сможет светить тем особенным светом, который есть у тебя.

С любовью в сердце!

Иоанна Хаверкамп
Руководящий пастор Hillsong Германии и Цюриха.

Глава 1

Влияние похвалы на нашу харизму

«Я благодарен Богу и рад, как ребенок на Рождество, что я есть, и что у меня есть Он с прекрасным ликом человека.»
Маттиас Клаудиус[1]

Я уже упомянула в предисловии, что мне хочется этой книгой поддержать молодых женщин. И я не хочу скрывать, что и сама в юные годы сильно страдала от комплекса неполноценности. Тот, кто читал мою первую книгу «Невидимое перо», знает мою биографию. Сколько я себя помню, моя мама была настолько загружена нами – детьми – и всей своей жизнью, что ей не хватало ни времени, ни сил, чтобы остановиться и похвалить нас. Но и у нее не было никого, кто уделил бы ей внимание. «Как ты хорошо выглядишь!» – или любое другое подобное замечание могли бы сделать маме приятное.

Когда мне было три года, мы остались без отца, и остаток моих детских лет был связан лишь с мамой. Я никогда не слышала: «Ты хорошая и славная девочка!» Однако я всегда была рада, что родилась девочкой, а не мальчиком. Вечерами в постели я плакала, чтобы уснуть. Мне так хотелось, чтобы моя мама меня погладила, поцеловала на ночь, прижала к себе или просто укрыла. Я

---

1 *Ich danke Gott und freue mich,*
    wie's Kind zur Weihnachtsgabe,
    dass ich, ich bin,
    und dass ich dich,
    schön menschlich' Antlitz, habe.
    Matthias Claudius «Täglich zu singen»

жаждала внимания, хотя бы перед сном, потому что днем об этом некогда было думать. Но моей маме, растившей одной четырех детей, было просто не до того.

Ребенком я часто болела, и особенно в такие дни ее внимания мне остро не хватало, хотя бы пару нежностей. Но нет. Подростком я предпочитала говорить с мамой лишь о самом необходимом, держа все в себе. Я думала, что просто не нравлюсь ей, и это меня очень расстраивало. Я не могла раскрыть перед ней своего сердца и доверить какую-либо тайну, как обычно поступают девочки. Нет, я носила все в себе, прячась, как улитка. Во мне оставалась неутоленная жажда по близким отношениям между мамой и дочерью, по ответам на сверлящие меня вопросы, да просто по обычному совету мамы. Я была счастлива даже от того, что когда рассказывала о каких-то событиях дня, то получала немного внимания. Позднее у меня появилась подруга, которой я могла все доверить.

Между тем я все же научилась нашим женским секретам. Например, что для нас – женщин – никогда не бывает достаточно слышать о том, что мы приняты, любимы такими, какие мы есть, что мы прекрасно выглядим. Мне не хватало вот такого вербального внимания ко мне. Моя мама дала лучшее, что могла, но она просто не знала, что ее маленькая доченька нуждается в большем, чем она могла дать. Она была прекрасной женщиной, которая заботилась одна о четырех детях. Мое детство не было плохим, я лишь хотела чуть больше внимания и нежности. А этого у меня почти не было. Моя мама должна была нас содержать, вести домашнее хозяйство, ухаживать за большим садом и заботиться о нас. Таким было мое детство.

В такой атмосфере во мне рождались не самые лучшие убеждения о себе, к тому же я так часто их повторяла, что, в конце концов, им и поверила. Например, я была уверена, что не красива, хотя никому об этом не говорила. В этом не было необходимости, потому что, когда человек полон комплексов и не может принять себя таким, каким его создал Бог, то это становится видно. Обнаружение этого фальшивого, созданного в моих мыслях мира, было длительным процессом. Потом потребовалось решение сформулировать новые, истинные убеждения о себе.

Что же на самом деле означает «иметь комплекс неполноценности»? Выражение пришло из французского языка – *«sentiment d' incomplé-tude»* – и означает *«чувство незавершенности, неполноценности»*. Первым, кто заговорил о чувствах неполноценности был французский философ и психиатр Пьер Жане, к подобным выводам пришел и Альфред Адлер, описав их в 1912 году в книге *«О нервическом характере»*. В отличие от Жане Адлер считает, что чувство неполноценности присуще всем людям. Он видел компенсирующее взаимодействие между чувством неполноценности и стремлением к цели. (Источник *«Википедия»*).

Библия говорит нам в 138-м Псалме, что мы удивительно сотворены: *«Славлю Тебя, потому что я дивно устроен. Дивны дела Твои, и душа моя вполне сознает это»* (Пс. 138:14[2]). Когда я была ребенком, это место Писания было мне неизвестно. Я себя не чувствовала кем-то, кто мог бы быть благодарен за то, как он выглядит. Эту мысль я получила, прочитав книгу Стефани Шталь *«Ребенок в тебе должен обрести дом»*. Я должна согласиться с тем, что «солнечная девочка» во мне говорила: «У тебя было вообще-то прекрасное детство. Ты не голодала, над тобой не издевались, тебя не насиловали». Но моя «сумрачная девочка» выдвигала свои «но»: «Тебе многого не хватало, ты не была желанным ребенком и была обузой».

Глава 1

---

2 *«Буду славить Тебя за то, что я так удивительно сотворен. Чудесны Твои дела, душа моя сознает это вполне.»* [Пс- 138:14; НРП]

Мое мнение о себе начало смягчаться с появления Иоханнеса в моей жизни, который начал снова и снова делать мне комплименты. Но и в первые годы нашей супружеской жизни я страдала от массивных атак комплекса неполноценности. Иоахнес был первым, кто меня подбадривал и находил слова любви и поддержки. Сначала я ему не верила, потому что никогда такого не переживала.

Я знаю, что, как мама, сделала много ошибок. Но сегодня мы можем говорить об этом с нашими детьми, и я прошу у них прощения. Мы счастливы от того, что я могу сказать, как была загружена, и мы можем открыто это обсуждать. Сегодня я и как дочь совершенно иначе вела бы себя по отношению к маме. Так жаль, что моя мама рано умерла, и, при ее интровертном типе личности, нам так и не удалось об всем поговорить открыто. Я вспоминаю, что раньше, когда Иоханнес уезжал по делам служения, а я должна была дома все делать в одиночку, мне не хватало его любящего руководства. Мне нечего было передавать детям. Я была перегружена, из-за чего груба с детьми, и повышала на них голос. Когда Иоханнес возвращался и дарил мне свою любовь и внимание, я становилась уравновешенной и нежной с детьми. Моя мама после смерти моего отца оставалась одна, и у нее не было мужа, который дарил бы ей любовь. Она была с детьми и падала от усталости от работы, так же, как и я позже с моими детьми.

Все это можно представить такой картиной: когда наш бак пустой, мы едем на заправку, но если она закрыта, то ты не заправишься, и дальше уже не поедешь. Так и с нашей душой. Когда она не наполнена любовью и нежностью, мы не можем любовь и нежность давать дальше людям. Я верю, что каждому человеку нужен кто-то, кто поддерживает в трудных ситуациях и верит в него. Поэтому необходимо найти такую личность.

«Не обругали, считай, похвалили». Я росла и формировалась согласно этому выражению, как, наверное, и многие из вас. Когда же я сама стала мамой, то делала все, чтобы не повторять ошибок своей матери. Хотя у меня частично и получалось не повторять, я совершила немало других ошибок. Далеко не всегда поступала праведно, не говоря уж, что мудро. К сожалению, мудрость приходит с возрастом, и часто она скрыта от молодых матерей.

Однажды сказал отец своему маленькому сыну: «Ты должен быть всегда праведен и мудр».

«Папа, а что означает "праведен"?» – спросил кроха.

«Быть праведным означает, что человек всегда выполняет обещанное,» – ответил отец.

«Хорошо, – сказал мальчик. – А что означает быть мудрым?» – спросил он, продолжив.

«Быть мудрым, означает, что ты не обещаешь никому и ничего!» – объяснил отец.

Так и с нами! Совершенными мы можем быть лишь на небесах, а до того момента действует. Мы принимаем происходящее со всеми несовершенствами.

Можно часто прочесть, что изменить что-либо мы можем лишь сами, начиная с собственных мыслей. И это так. А чтение – один из способов повлиять на развитие нашего мышления, поменять его. И подобное изменение собственного мышления является длительным процессом. Я сама пережила, как бесконечно долго длится это время. С Божьей помощью и с поддержкой моего мужа я смогла шаг за шагом избавиться от нездоровых установок или убеждений.

Иоханнес относился ко всем трем нашим дочерям, как к принцессам. Комплименты отца закладывали в них с детства отношение к себе, и сегодня они продолжают давать им силы. Я так этого хотела маленькой девочкой...

Что можно сделать против власти рекламы? В ней все живут какой-то красивой, великой и лучшей жизнью, чем это есть на самом деле. Как противостоять идеализированным представлениям из женских журналов и изданий для подростков? Я думаю, что у нас есть возможность посадить семена в форме похвалы и принятия. Как родители, мы применяли это между делом: «Я не знаю, что мне лучше подходит – это платье или на бретельках?» или «На тебе и так любое платье хорошо смотрится, но это – прямо загляденье!» Именно так Иоханнес влиял постоянно на меня и наших дочерей. Когда они приходили домой с новой стрижкой в сомнениях, понравится ли это папе, он старательно дарил им комплименты.

Хотя наши девочки очень красивы, но и они страдали от комплекса неполноценности. Я спрашивала себя: «С чего?» То, что у меня комплексы, ведь я – не такая красивая, как мои девочки, было мне понятно. Кроме того я не получала столько похвалы и признания, как они. Получается, что не надо никакой реальной причины, чтобы эти комплексы развивались. Эта мысль долго не давала мне покоя.

Я верю, что каждая женщина нуждается в ежедневном подтверждении, что она прекрасна и хороша. Три раза в день, как лекарство. Утром, в обед и вечером! Тогда она сможет расцветать подобно цветку в солнечном свете. И этого никогда не будет достаточно. Трагическим становится любое сравнение себя с другими, или вера словам, что якобы привлекательно. Сёрен Кьеркегор так выразил это в свое время: «Сравнение убивает счастье и порождает недовольство».

К сожалению, у сравнений разрушительные последствия. Каждый из нас должен стать собой, потому что Творец создал каждого неповторимым уникумом. И речь не о твоей внешности. Мы все одарены Богом, хотя некоторые считают себя, что они бездарны, потому что не обращают внимания на свои таланты. Сколь много красивых женщин считает себя отвратительными... Мы будто слепы по отношению к себе.

Нашей задачей должна стать поддержка таких женщин, которым мы поднесем зеркало истины, и, глядя в него, они смогут развить в себе здоровые представления о себе самой. Так происходит, когда вы обращаетесь к своей собеседнице, а внутри нее начинаются изменения. Наш мир изменят не привлекательные люди. Нет, наш мир начнет меняться, когда мы начнем провозглашать слова Творца в жизни людей. Не стоит быть скупыми на комплименты.

В Книге Притч 11:24[3] написано: *«Иной сыплет щедро, и ему ещё прибавляется; а другой сверх меры бережлив, и, однако же, беднеет.»* Мать Тереза сформулировала это иначе: «Пусть всякий, кто приходит к тебе, уйдёт, став лучше и счастливей.»

Давайте будем щедрыми на комплименты в этом смысле. Никто не был рожден для того, чтобы быть проштампованным. Иисус сказал нам: «Я пришёл для того, чтобы имели жизнь и имели с избытком». Как было бы чудесно, если бы мы свои мысли синхронизировали с Божьими. В Псалме 8:6[4] мы читаем: *«Не много Ты умалил его [человека – примечание автора] пред Ангелами: славою и честью увенчал его...»* Разве это не фантастическое высказывание? Ты и есть тот самый «он». Наш Отец небесный не стал бы тратить свое время, чтобы изобретать «никого». Ты значим! Иисус говорит: «Не ставь свой свет под сосудом». К сожалению, некоторые так и не раскрывают свои таланты, потому сосре-

---

3 *«Один дает щедро, а все богатеет; другой бережлив непомерно, а впадает в нужду.»* [Пр. 11:24; НРП]

---

4 *«Ты немногим умалил его пред Богом, Ты увенчал его славой и честью.»* [Пс. 8:6; НРП]

доточены на том, что не поют как Селин Дион или не сильны в математике подобно Альберту Эйнштейну. Из-за этого они столько теряют. Они ищут неведомого чуда, когда этим чудом сами и являются. Посмотри 138-й псалом, я его с удовольствием процитирую: *«Ибо Ты устроил внутренности мои и соткал меня во чреве матери моей»* (ст.13[5]). Человек – единственное существо на Земле, которое отказывается быть самим собой. Меня тоже не обошло стороной это желание – быть кем-то другим, как много я потеряла при этом. Генри Фонда сказал следующее: «Перестав сравнивать себя с соседями, можно увидеть, что твоя собственная жизнь намного лучше.» Я могу с ним только согласиться. Раньше, стоило мне увидеть красивую женщину, у которой была женственная и пропорциональная фигура, мне было больно, потому что у меня такой не было.

Невозможно из ломовой лошади сделать скаковую. Это обречено изначально. Поэтому Бог и хочет сделать для нас ясным: «Пойми же, наконец, что Я тебя создал удивительно!» Бог думает о тебе как об отраде, о совершенстве, о благе. Он зовет тебя по имени, ты Его! Он вложил в тебя таланты, дары и огромный потенциал. Это Его подарок для тебя. И Он ожидает, что ты тоже будешь что-то делать в своей жизни. Ты ценна! Ты значима! И раз мы созданы столь чудесным и прекрасным образом, давайте этому радоваться и торжествовать. Каждое утро при первом же взгляде в зеркало внутри нас должна возрастать радость, сообщающая нам: «Ты выглядишь ослепительно!» И даже если мои уста не могут произнести этого, то стоит провозглашать дальше: «Рука Господня со мной!»

Влияние похвалы на нашу харизму

---

5   *«Ты создал все внутренности мои, в материнской утробе соткал меня.»* [Пс. 138:13; НРП]

Я хорошо помню дни перед моим 35-м днем рождения. Я не могла себе даже представить, что становлюсь старше. Сегодня мне шестьдесят, и я счастливее, чем в мои тридцать пять. Причина этих чувств крылась в нездоровых убеждениях, которые программировали во мне неправильное поведение. Когда я решилась принять свою уникальность, во мне произошла эмоциональная перемена. И это привело к тому, что сегодня я не ношу с собой тяжесть комплексов неполноценности.

Когда кто-то пытается вам внушить, что у вас что-то не так – не принимайте это к себе и отвергайте. Отец, Сын и Дух Святой совместно работали над тобой, и Божья работа совершенна! Твоя неповторимость проявляется даже в отпечатках твоих пальцев, нет никого другого, у кого они такие же, как у тебя. Уж тем более другие особенности, вложенные в тебя. Пока ты живешь на этой Земле, одни будут тебя отвергать, другие будут тобой восхищаться. Но все это не имеет значения. Гораздо важнее, чтобы мы принимали себя сами и были уверены в том, что соответствуем образу, вложенному в нас Богом. Вместо того, чтобы сосредотачиваться на негативе, сознательно наслаждайтесь благом. Когда я оглядываюсь на прошлое, то сегодня я так благодарна Богу и моему мужу Иоханнесу за поддержку. Я счастлива, что могу отождествить себя с 14-м стихом 138-го Псалма[6]: *«Славлю Тебя, потому что я дивно устроен. Дивны дела Твои, и душа моя вполне сознает это.»*

Мы можем поддерживать свою красоту занятиями спортом и удержанием своего веса в норме. Однажды я услышала замечание одной женщины: «Моя бабушка не была спортивной, как и мои родители. Я пропустила почти все занятия физкультуры

Глава 1

---

6 *«Буду славить Тебя за то, что я так удивительно сотворен. Чудесны Твои дела, душа моя сознает это вполне.»* [Пс. 138:14; НРП]

в школе – почему я должна что-то менять сейчас?» Мы должны с определенного возраста взять на себя ответственность за свой образ жизни, потому что у Бога есть планы на нашу жизнь. Библия нам говорит: *«Разве не знаете, что вы – храм Божий, и Дух Божий живёт в вас?»*[7] Так что самое время начать уход за своим «храмом». С радостью вкладывает в нас Творец желание и действие, когда мы Его об этом просим. Оглядываясь назад, я поражаюсь тому, сколько у меня ушло времени на то, чтобы разобраться со своими ошибками, недостатками и прочим хламом. Сегодня я могу сказать: у Господа совершенно иные планы для нас. Он хочет, чтобы мы как можно быстрее расстались с нашими комплексами неполноценности, приняли себя такими, какие мы есть, сказали «да» своему призванию, которое подготовил нам Бог, чтобы служить Ему и другим людям.

Потому и положил Господь мне на сердце написать эту книгу, чтобы ободрить следующее поколение женщин принимать себя. В молодых женщинах заложено столько силы и энергии, что они в состоянии и по восемнадцать часов подряд работать. Но если они парализованы своими неверными представлениями, то им трудно мечтать и достигать поставленных целей. Вместо того, чтобы продвигать Царство Божье, они утопают в жалости к себе. Тогда как надо принять себя и наслаждаться своей уникальностью.

Получается, что существуют благословения, которые мы не можем принять, если не проявим никакой инициативы для этого. Можно отвести животное на водопой, но пить оно должно само. То же и с определенными дарами, которые мы не получаем, если не постучимся и не попросим о них – дары, которые

---

7 *«Разве вы не знаете, что вы вместе – храм Божий и что в вас живет Дух Божий?»* [1 Кор. 3:16; НРП]

останутся незамеченными и никогда не раскроются. И это так досадно. Наш Отец Небесный подталкивает нас к тому, чтобы мы своими действиями инициировали Божьи благословения для нашей жизни. Крестьянин, который съедает семена, вместо того, чтобы сеять, ничего не пожнет, даже если его поля превосходны. Другими словами: Господь вложил в нас все необходимое, чтобы мы совершили то, что Он запланировал для нас. Если нашими дарами мы служим себе, вместо того, чтобы разделять их с другими, то они не принесут никакого урожая, и будут бесполезными. Дело не в наличии даров. Бог хочет, чтобы мы вкладывали наши дарования в других – в домашние группы, женские группы, в социальную работу. Каждый в состоянии решить, где он может приложить свои дары. Давайте без устали ободрять друг друга делом и словом: «Твоя жизнерадостность придает мне смелости!», «Я верю, что могу чему-то у тебя научиться». Таким образом мы можем воздействовать друг на друга и передавать это влияние другим. Господь дает нам все, в чем мы нуждаемся! Через Него мы познаем, что означает быть в свободе.

Проснувшись однажды утром, я глянула в окно и сказала Иоханнесу: «На улице снова идет дождь.» Он почти мгновенно ответил мне: «А в наших сердцах всегда сияет солнце!» Такой оптимистичный супруг, понимая меня правильно, придает мне сил. Вы можете тут же меня спросить, а что делать тем, кто один, как с этим справляться? Я думаю, что надо упражняться в новом представлении: «Не обстоятельства определяют мою жизнь, но я выбираю, что делать в этой ситуации.» Человек, просыпающийся с беспокойными мыслями, погружающийся в пессимистичное настроение, будет и дальше говорить: «На улице снова идет дождь!» или «Сегодня опять все будет плохо». Он едет на тормозах по жизни, его ведут за собой комплексы, самоотвержение и самые различные страхи. Страх – это темная комната, в которой взращивается негатив. Почему бы не выйти из нее, чтобы уже сегодня с тобой произошло что-то доброе? Иногда мы думаем, что если мы не ожидаем доброго, то так мы себя защищаем от разочарований. Как это неверно! Любой день наполнен разочарованиями, если мы проживаем его с негативными ожиданиями. Почему бы не смотреть на солнце, вместо того, чтобы следить за облаками? Как говорится, стакан наполовину полон или наполовину пуст? Меня подмывает сказать: «Мой стакан наполовину пуст», но я сама выбираю для себя смотреть иначе и говорить, что мой стакан самое малое наполовину полон!

Иногда у нас так много беспокойств. Но если подумать, то девяносто процентов наших опасений никак не воплощаются. В разговоре с женщинами я нередко сталкивалась с тем, что ободрения ими отвергались. Нужно понять, что негативные представления открывают врата проблемам и разочарованиям. Присмотрись, что происходит, когда ты пару часов побудешь с людьми, которые настроены критично и недовольны. Как это действует на тебя? Как ты себя чувствуешь? И разверни ситуацию. Ты провела время с кем-то, кто настроен оптимистично и позитивно. Тут в точку высказывание: *«Худые сообщества развращают добрые нравы»*.

Итак, спроси себя: почему я должна чувствовать себя несчастной, выглядеть жалкой, вредить себе и множить свои комплексы неполноценности? Гораздо больше пользы принесет доверие друг другу и пребывание в Божьей защите, что и придает нам уверенность. Уверенная в себе женщина может пережить любые удары, оставаясь той особенной личностью, какой ее создал Господь. Может быть, ты слышала уже поговорку: «В жизни все иначе, чем мы предполагаем»? *«Если Господь не созиждет дома, напрасно трудятся строящие его; если Господь не охранит города, напрасно бодрствует страж.»* (Псалом 126:1[8]).

Посмотри вглубь своего сердца, где солнце сияет через Христа, и согласись с песней: «Этот день сотворил Господь! Радуйся и веселись пред Ним! Ликуй в Господе!» Сегодня я благодарна Богу за каждый прожитый день, что могу наслаждаться им, что двигаюсь без боли. Я знаю что такое, когда боль прознает тебя, мне приходилось с этим не раз сталкиваться.

Моя благодарность Богу в молитве дает мне радость и силы. Каждый новый день приносит свои заботы. Я прошу Бога, чтобы Он благословил меня, помог мне все успеть и подарил радость в трудах. Я молюсь о Его Воле и исполнении ее. Я молюсь, чтобы я могла отказаться от негатива, и во всем видеть благословение. Библейские слова из Книги Притч 3:6[9] помогают мне в этом: *«Во всех путях твоих познавай Его, и Он направит стези твои»* Если ты думаешь, что Бог может употребить тебя только тогда, когда ты духовно сильна, у меня есть для тебя драгоценное место из Писания: *«Посему я благодушествую в немощах, в обидах, в нуждах, в гонениях, в притеснениях за Христа, ибо, когда я немощен, тогда силён.»* (2 Кор. 12:10[10]).

Для меня очень важно молиться и читать Библию, чтобы получать новую пищу для размышлений о том, что Бог думает обо

---

8 *«Если не Господь строит дом, то напрасно трудятся его строители. Если не Господь охраняет город, то напрасно бодрствует охранник.»* [Пс. 126:1; НРП]

---

9 *«...познавай Его во всех своих путях, и стези твои Он сделает ровными.»* [Пр. 3:6; НРП]

---

10 *«Поэтому я доволен и слабостями, и оскорблениями, и нуждами, и преследованиями, и трудностями, переносимыми мною ради Христа, потому что, когда я слаб, тогда я силен.»* [2 Кор. 12:10; НРП]

мне. В противно случае я моментально склоняюсь к тому, чтобы слушать негативное и верить ему, а не позитивному и доброму.

Подчас мы размышляем о чужих дарах и талантах, не замечая какие сокровища сокрыты в нас. Господь мог бы определить тебе другие времена, вложить твой дух в другую личность, ты могла бы родиться и вырасти в другой стране. Однако Бог хотел, чтобы ты была тобой, в этой стране и в это время. Как кирпич сохраняет для холодной ночи солнечное тепло, полученное в течение дня, так и мы впитываем Божье присутствие, чтобы нести его на протяжении всего дня другим людям – излучая его и передавая дальше. С таким представлением возрастает наше осознание того, что Бог сопровождает нас в течение всего дня, одновременно увеличивая нашу уверенность.

Начиная день в вере и надежде, мы позволяем нашему дню возрастать в благодати. Нам надо смело брать на себя ответственность и проявлять инициативу. Что случится следующим днем, нам неизвестно, но мы знаем, что уже с утра мы отдадим его в Божьи руки. Туда мы положим наши заботы, страхи, комплексы неполноценности. Когда ты раздеваешься вечером, складывай как одежду твои заботы к ногам Иисуса или стряхивай твои заботы с одежд прежде, чем пойти в постель. Иисус говорит: «Когда люди тебя не принимают, отряхни пыль с твоих ног.»

Я приняла это и начала применять для своей жизни. Как только мы вытряхнем пыль беспокойства из наших одежд, у нас появится больше сил для нас самих. *Господь – свет мой и спасение моё: кого мне бояться? Господь – крепость жизни моей: кого мне страшиться?»* (Псалом 26:1[11]) Бог благ, и одно из главных Его качеств – быть милосердным.

---

11 *«Господь – мой свет и мое спасение, кого мне бояться? Господь – крепость жизни моей, кого мне страшиться?»* [Пс. 26:1; НРП]

Если мы серьезно отнесемся к словам царя Давида из 22-го Псалма[12] и поверим им: «*Так, благость и милость да сопровождают меня во все дни жизни моей, и я пребуду в доме Господнем многие дни.*» (стих 6), то сможем пережить Божью милость и благодать. Когда мы пересекаем темные долины, мы претерпеваем множество тягот: тревогу и беспокойство, сомнения и страх. Только Бог может взять все это и превратить в надежду и мир, которые будут постепенно расти в нас, и тогда завтра мы сможем преодолеть с Иисусом любые преграды. К сожалению, самые высокие крепости находятся в нашем разуме, откуда и берутся постоянно камни на нашем пути. Такие камни могут выглядеть следующим образом: «Я не люблю свою внешность», «Я не могу себя принять».

Альберт Швейцер сказал: «*Никто не стареет от набранного количества лет. Я старею, когда во мне погасает желание чуда. Твою юность определяет уверенность, старость – сомнения. Твои надежды делают тебя молодым, а уныние старит.*» В словах Швейцера скрыто немало истины! Иначе можно сказать и так: Мы должны себя принимать, ведь от нашего выбора зависит многое. Твое прошлое за тобой и твое будущее перед тобой – ничто, по сравнению с тем, что внутри тебя. В Деяниях апостолов 2:17[13] стоит: «*И будет в последние дни, говорит Бог, излию от Духа Моего на всякую плоть, и будут пророчествовать сыны ваши и дочери ваши; и юноши ваши будут видеть*

---

12 «*Так, благо и милость да будут со мною все дни моей жизни, и пребуду я в доме Господнем многие дни.*» [Пс. 22:6; НРП]

---

13 «*В последние дни, - говорит Бог, - Я изолью Духа Моего на всех людей. Ваши сыновья и дочери будут пророчествовать, ваши юноши будут видеть видения, и вашим старцам будут сниться пророческие сны.*» [Деян. 2:17; НРП]

видения, и старцы ваши сновидениями вразумляемы будут.» И я прошу вас, дорогие девушки, верить Божьим обетованиям и жить в Его видении.

Прими Божье вдохновение и Его утешение всерьез. Мы можем и должны на все наши проблемы смотреть через призму веры, в ней они приобретают иное, управляемое измерение. Тогда мы сможем себя спросить: Мои комплексы – это проблема? Или новый шанс для роста? Такого рода проблемы имеют тенденцию углубляться, если мы пытаемся их избегать.

Каждый год я в восхищении слушаю место из Книги пророка Исайи 9:6[14], которое мы зачитываем в церкви в Сочельник: *«Ибо младенец родился нам – Сын дан нам; владычество на раменах Его, и нарекут имя Ему: Чудный, Советник, Бог крепкий, Отец вечности, Князь мира.»* Он – наш Советник, наш Вечный Отец, что же нужно человеку еще? Нам дано всё! В нем у нас есть Советник, когда мы не можем найти никакого решения. В нем у нас есть Князь мира, чтобы с его помощью мы обрели мир в себе. Он – Бог Крепкий, который стоит за нас! Мы должны просто идти по стопам Бога, чтобы отложить комплексы неполноценности и процветать в Его благодати.

---

14 *«Ведь Младенец родился нам, Сын дан нам! На плечи Его будет возложена власть, и Он будет назван: Чудесный Советник, Могучий Бог, Вечный Отец, Князь, дарующий мир.»* [Ис. 9:6; НРП]

Глава 2

Из гусеницы в бабочку

«Стань тем, кем ты еще не стал, пребывай в том, кто ты уже есть, в этом пребывании и становлении и есть красота происходящего на Земле»
Франц Грильпарцер

Развитие гусеницы из яйца длится около недели. Какое-то время личинка лежит неподвижно на своем месте. Затем ее тело покрывается твердым защитным слоем, который гусеница меняет, линяя до четырех раз, прежде чем превратится в куколку. Это длится около месяца. Под защитным слоем ее тело сжимается и меняется, пока формируется куколка. Когда это формирование будет завершено, нужно будет сбросить старую кожу гусеницы в последний раз. Чтобы куколка оставалась на одном месте, гусеница прикрепляет себя к растению вниз головой или прячется в землю, и тогда начинает окукливаться. Примерно через 14 дней вылупляется бабочка. Ей нужно почти полдня ждать, пока ее крылья станут крепкими и она сможет их расправить и полететь (Источник: *«Википедия»*)

Такой была я. Маленькая неприметная девчушка, на которую никто не обращал внимания. У меня были мечты и желания, как у любого другого. Господь помог мне превратиться из гусеницы в бабочку. И это прекрасно – быть свободной! Летать от цветка к цветку и наслаждаться воздухом мира...

«...где Дух Господень, там свобода», – говорит нам Библия во 2-м послании Коринфянам 3:17.[1] Я хочу тебя воодушевить

---

1   *«...и всюду, где обитает Дух Господа, - там свобода!» [2 Кор. 3:17; НРП]*

сбросить кокон и начать жить в свободе. Господь призвал нас к свободе, чтобы мы, подобно бабочкам, расправили свои крылья и служили там, где видит нас Господь. Господь пришел, Он в силе торжествует. Он разорвал цепи и освободил пленных – пленных своих собственных представлений. Как гусеница естественным образом превращается в прекрасную бабочку, покидая узкий кокон, и теперь может парить в свободе, так и нас создал Господь для свободы.

Есть столько видов бабочек самых невероятных цветов, каждая оригинальна и прекрасна. Как же тогда чудесно созданы мы! Мы в этом мире, чтобы служить, «опыляя» других, подобно бабочкам. В Книге пророка Исайи 61:1[2] написано: *«Дух Господа Бога на Мне, ибо Господь помазал Меня благовествовать нищим, послал Меня исцелять сокрушенных сердцем, проповедовать пленным освобождение и узникам открытие темницы.»* Так же себя освобождает бабочка к жизни и к свободе. Этого желает Господь для нас!

Я помню себя семилетней. К этому времени моя мама уже почти год как приняла Христа и пыталась нас воспитывать как христиан. Меня это мало интересовало. Я всегда была активной и хотела больше времени при любой погоде проводить на улице. До этого дня шел дождь. Что для меня означало: «шел дождь»? Было так тяжело – оставаться внутри.

У нас была настольная Библия, которой было больше 100 лет и она лежала на тумбочке. В силу ее возраста у нее рассыпались страницы . Когда мама увидела, что Библия лежит у меня на коленях, она мне сказала: «Осторожно! Смотри, чтобы никакой

Из гусеницы в бабочку

---

2   *«Дух Владыки Господа на Мне, потому что Господь помазал Меня возвещать бедным Радостную Весть. Он послал Меня перевязывать сокрушенных сердцем, провозглашать свободу пленникам и узникам - освобождение из темницы...»* [Ис. 61:1; НРП]

уголочек страницы не отвалился, а если это случится, только не наступи на него, иначе Бог тебя накажет.»

Наша Библия была написана старым немецким готическим шрифтом. Естественно, я не могла ее читать, но меня восхищали картинки, которые были напечатаны к каждой истории. Моя мама из этой Библии рассказывала нам истории каждое воскресенье. Я листала страницу за страницей и рассматривала внимательно иллюстрации. Конечно же, из нее выпали мелкие кусочки, и как вы уже догадались, я на них наступила. Я ждала целых три дня, но Бог меня не наказывал.

Ребенком я не понимала, что же тогда значили мамины слова. Сегодня я понимаю, что она хотела этим сказать. В конце концов, это была Библия – записанное Слово Божье, к которому следует относиться с особым уважением и почтением. Теперь я знаю, что очи Господа обозревают всю землю, чтобы поддерживать тех, чье сердце вполне предано Ему (см. 2 Пар. 16:9[3]). Я была наивна, да и непослушна, иначе бы прислушалась к маминым словам: «Не наступай!» Я была очень благодарна Богу и счастлива от того, что Он меня не наказал. Позже, в пятнадцать лет я решила принять Христа, и до сегодняшнего дня не могу себе представить жизнь без Бога. Из Его Слова я знаю, что Он меня любил во всякое время. Он хочет, чтобы мы достигли расцвета нашей жизни и жили соответственно тому, что Он в нас вложил. Он помогает нам воплощать наши мечты в жизнь. Он отвечает на молитвы и желания. Хочу поведать вам одну правдивую историю, которая показывает, как может действовать Бог.

На юге Соединенных Штатов жила-была маленькая темнокожая девочка. Она росла в большой семье без отца. Много

---

3 *«Ведь глаза Господа осматривают всю землю, чтобы укреплять тех, чьи сердца всецело преданы Ему.» (2 Пар. 16:9 ; НРП]*

болела, и однажды ее сразил полиомиелит. Самым большим ее желанием было – начать ходить, чтобы играть и бегать с другими детьми. Как-то ее мать услышала об одном враче в городской больнице, где лечили детей из таких бедных семей, которые не могли оплатить лечение. Она посадила дочь в коляску и тащила ее за собой три дня по ухабистым и пыльным дорогам, ведущим в город. Полная надежды она спросила врача, мог бы он помочь девочке. Врач сказал: «Да», – и подобрал девочке костыли. Как только мать взглянула на свою дочь на костылях, она сказала:

«Большое спасибо, господин доктор, но я хочу, чтобы моя дочь ходила нормально, а не на костылях. И она этого так сильно хочет!»

Врач отвечал: «Мне жаль, но у Вашей дочери серьезный случай полиомиелита. Она никогда не сможет снова нормально ходить.»

Мать осталась неудовлетворена ответом. Доктор же может ошибаться? Другие врачи ошибались и раньше. Она начала смазывать регулярно ноги маленькой девочки специальными травами, массировать их и молиться. Через шесть месяцев у нее появилось ощущение, что ее дочери лучше. Она снова отправилась в больницу. Врач обследовал ноги девочки второй раз и сказал матери, что никаких изменений не произошло, и ей не стоит питать ложных надежд.

Несмотря на столь большое разочарование, и то, что они были расстроены и подавлены, мать и дочь не оставляли надежды. Можно сказать, что они были «неразумны». Массируя дальше и упражняя ноги, они продолжали молиться. Однажды девочка заметила, что она может снова чувствовать свои ноги. В конце концов, безо всякой помощи она впервые снова встала и сделала первый шаг. Мужественно она продолжала учиться ходить заново. Когда она снова смогла ходить, она не могла остановиться, казалось, она собиралась восполнить все те прыжки и шаги, которые не могла делать во время своей болезни. Она бегала, бегала, бегала и стала трехкратной олимпийской чемпионкой 1960 года в Риме. Еще и сегодня имя Вильмы Рудольф говорит о многом любителям легкой атлетики. Она известна и своим прозвищем. За ее неповторимый элегантный стиль бега ее прозвали в Вечном городе «черной газелью». (Источник: «Википедия»)

Ее мама сделала скрытое сокровище очень даже заметным! Не находите? Для меня это свидетельство того, что надо держаться, когда вы хотите чего-то достичь! В каждом из нас дремлет потенциал, который вложен в нас Богом.

Ты являешься светом и солью. Твоя задача передать это дальше и изменить ситуацию. Эта мать показала, как можно инвестировать в других, и не сдаваться. Она помогла своей дочери превратиться из гусеницы в свободную бабочку. Начинай молиться, чтобы Господь тебе открыл, где ты можешь стать светом и солью. Чтобы ты принесла тепло в этот мир и соль раскрыла свое дезинфицирующее действие. Снова и снова соль используется людьми как дезинфицирующее средство. Часто можно услышать совет: соленая вода очищает раны. Естественно, нужна правильная концентрация. Неверная дозировка приводит к отрицательным последствиям. Важно сказать: «Я это понимаю». И совсем не важно, что тебе скажут люди. Решающим становится то, что ты знаешь: ты – свет. Согласись с этим, так говорит нам Библия. Мы должны черпать из этого источника, он течет для всех. Почему же не пользоваться им? Соль и свет теряют свое действие, когда мы перестаем верить. Тогда мы теряем и их силу.

Впервые услышав эту историю, я была потрясена. Она мне помогла именно в тот момент, когда я чувствовала себя плохо от боли и беспокойства, потому что не знала, как мне выбраться из моей «депрессионной дыры». Я прямо как эта девочка, хотела бегать. Я хотела, как гусеница, знать, что стану бабочкой... Моя молитва состояла из трех слов: «Господи, исцели меня!» Бесчисленное множество раз день я молилась об одном и том же: «Я нужна моему мужу, я нужна моим детям, и моя церковь нуждается во мне.» Я хотела освобождения. Я хотела понимания, как бабочка понимает, к какому цветку ей лететь. Болезнь длилась два года. Из них семь месяцев я провела в постели. Врачи помогали мне медикаментозно, и, в конце концов, Господь исцелил меня. С того момента минуло 20 лет. В моей книге «Невидимое перо» я описываю, как я проходила ту темную долину. Веришь ли ты, что Господь может творить чудеса? Он может сделать чудо через людей! Веришь ли ты, что уже сейчас в различных сферах твоя жизнь может качественно улучшиться? Я это пережила, и хочу тебя поощрить поверить этому.

Есть фотография из больницы, где мне лет тринадцать. У меня еще не было глубоких отношений с Иисусом, и моя вера была шаткой. Я не могла себя принять и помню, как себя чувствовала. Я была больна и слаба. К тому же сама себе выносила приговор: «Из тебя ничего не выйдет, ты – никто. Может ли вообще хоть что-то из тебя получиться, и кто захочет иметь с тобой дело? Ничего удивительного, что девочки тебя сторонятся...» Я помню, как я себя чувствовала тогда. Потому я и хочу ободрить особенно молодых женщин, чтобы они только в Боге искали, кем являются. Каждая из нас неповторима! Только ты, и никто другой на этой Земле! Нам всем нужно пройти этот процесс превращения из гусеницы в бабочку, а не оставаться гусеницей всю жизнь.

Еще в четырнадцать я оставалась незаметной девочкой, которой мало кто уделял внимание – эдакой серой мышкой. Мои подруги были уже вполне сложившимися, некоторые вообще выглядели старше своих лет. Однако, каждый человек красив по-своему. Мы не должны себя ни с кем сравнивать! Позволь себе быть оригинальной! В этом скрыта сила исцеления. Низкая самооценка приходит от сравнения себя с другими. Я могу себе хорошо представить, какое ощущение освобождения испытывает бабочка, когда она после своего длительного заключения становится свободной. Свободной от комплексов неполноценности, свободной, чтобы взмахнуть крыльями.

Какими бы разнообразными не были виды бабочек, насколько более восхитительны мы в глазах Бога! Мы созданы уникально, а не дублированы! И это сделано нашим небесным Отцом! Это напоминает мне бабочку, которая порхает от цветка к цветку, восхищаясь и наслаждаясь творением Божьим. К сожалению, я себя видела гусеницей, а не бабочкой, которая может использовать свои крылья по назначению. Я чувствовала себя жертвой моих обстоятельств. В конце концов, жертвы создают новые жертвы, которые себя представляют жертвой своему окружению. Библия нам говорит, что каждый распространяется по роду своему. Жертвы любят находить себе систему поддержки их образа жизни жертвы, они не останавливаются быть жертвами и в религиозных группах. Особенно в таких, где подобное поведение подпитывается. В наше время люди научены искать виноватых. Политики виноваты, педагоги, работодатели, родители... – то есть обстоятельства. Вот сложились бы обстоятельства иначе, я бы иначе поступил... Когда кто-то становится на неверный путь, он скор на то, чтобы, например, обвинить свою мать в том, что она его недостаточно любила. Я тоже из их числа. Другие обвиняют отца, потому что он был алкоголиком и мало проводил с ними времени.

Один и тот же вопрос приводит нас к состоянию жертвы: «Почему это происходит со мной? Чем я это заслужил?» Подобные вопросы, как первая реакция на страдание, вполне естественны и понятны. Вы не можете защитить себя от страданий. И когда они приходят в нашу жизнь, мы можем просить Бога о силе, чтобы нам простить и отпустить. К сожалению, жалость к себе стала для некоторых людей устойчивой привычкой. Ведь получение сострадания приносит приятные ощущения. Но потом само желание получать сострадание становится более желанным, и роль жертвы дополнительно укрепляется.

Мы не должны оставлять без внимания то, что позиция жертвы часто становится компенсацией дефицита любви и признания. Сегодня я знаю, кто много жалуется – питает свою незрелость и «самосожаление». Другая опасность состоит в том, что мы в нашем нытье теряем друзей. У каждого есть право на фазу горя и печали, которые должны все-таки закончиться. Человека, находящегося в печали и горе необходимо правильно сопровождать. В нашей жизни случаются как победы, так и поражения, как радость, так и страдания, мы можем быть здоровы, а можем заболеть. Кто-то сказал: «Если сначала надо убрать все с пути, тогда и делать нечего».

Есть хорошая пословица: *«Если смирение – мать мудрости, то мужество – ее отец»*.

Существуют ли гарантии успеха? Нам необходимо мужество, чтобы начать что-то в вере, без гарантии на успех.

«Не так важно, каким большим был первый шаг, важно, в каком направлении он сделан» – сказал неизвестный автор.

Каждый из нас будет реагировать по-разному на жизненные условия. Встретив камни на своем пути, одни построят из них нечто прекрасное, другие будут на них жаловаться. Поэтому некоторые могут преодолеть свое прошлое, а другие застревают в нем. Удары судьбы могут сделать лучше или ожесточить. Я не призываю вас игнорировать негатив, но вы можете отказаться подчиняться ему. Потому что на нашей стороне Бог, который дает нам силы устоять в вере. Каждый человек может изменить счисление своей жизни. Уже завтра ты можешь стать кем-то, чем ты сегодня еще не являешься. Человек веры живет в мире растущих шансов. В книге о матери Терезе *«Будь моим светом»* написано: «Вложи свою руку в Его и иди с ним вдвоем. Иди вперед, потому что оглядываясь, ты идешь назад.» Это были прощальные слова ее матери, которые впечатались в сердце восемнадцатилетней Агнес Гондже Бояджиу, которая позже звалась матерью Терезой. Она росла в семье, где поощрялись благочестие и посвящение, потому покинула свой родной город Скопье, чтобы стать миссионером. Отправившись в Ирландию, она стала послушницей в ордене Пресвятой Девы Марии. Ей понадобилось шесть лет, чтобы войти в свое призвание. Нам всем нужно время, но она прикладывала усилия, чтобы быть начеку. Мы часто быстро сдаемся... Но то, что у нас украл враг, может заменить только Иисус. Ты должна это осознать. Вот почему я призываю тебя выйти из своего кокона, из своего укрытия и войти в свое призвание. Захвати его и живи им. Наши молитвы будут услышаны, если мы не будем унывать и не сдадимся.

Существует высказывание: «Что дерево для огня, то молитва для веры.» Как только мы отстаем в молитве – потухает эффективность веры. Я хочу нас всех призвать быть твердыми в вере и держаться.

Интересно, что прежде, чем стать бабочкой, надо вылупиться из кокона, что можно приравнять ко второму рождению. Так и мы, когда принимаем Христа, рождаемся второй раз – свыше. Тогда начинается время, когда нам нужно раскрыться. Как нежная бабочка после вылупления начинает хлопать крыльями, чтобы разогнать кровь по жилкам крыльев, так и мы начинаем открывать себя и задаемся вопросом: «Что вложил в меня Творец? Что Он сокрыл во мне?» Когда ее крылья полностью раскроются, кровь вернется в тело, а система полых трубчатых жилок придаст крыльям необходимую стабильность. Через какое-то время раскрытые крылья бабочки полностью высыхают и затвердевают. (Источник: *«Википедия»*). Так и мы можем раскрыться и жить своим талантами и дарами, используя духовные крылья.

Библия говорит, что нет ничего нового под солнцем, но существует много давно известного, о котором мы ничего не слышали. Я вспоминаю, как одиннадцатилетней девочкой должна была тяжело работать на каникулах. Я полола на луковой плантации, потому что мы были бедны, а я хотела финансово помочь матери. Страдая от боли в спине, я спрашивала себя: «И это все? Только прополка сорняков? Выполнять вот такую тупую работу? Боже, а что Ты для меня приготовил? Я утешала себя этим и была рада, что только на каникулах должна была этим заниматься. В отличие от некоторых других девушек, которые, начиная рано утром, уже к обеду отбрасывали грабли и на попутках добирались домой, я не сдавалась. Стойко переносила как жару, так и боль в спине. Получала я три рубля в день, что было для меня большими деньгами. Я хотела, чтобы мама меня похвалила за мое усердие. Я хотела, чтобы она видела, как мне было важно ей помочь финансами. Она должна увидеть, что я выносливая. Я не хотела выглядеть ленивой, потому что знала написанное в Евангелии от Матфея 25,23[4]. Там стоит: «...*хорошо, добрый и верный раб,.. войди в радость господина твоего.»*

Я призываю вас покончить с прошлым, взять в свои руки настоящее, чтобы вы решали самостоятельно, как должно выглядеть ваше будущее.

---

4 *«Хозяин сказал: "Молодец! Ты хороший и верный слуга! Ты был верен мне в малом, и я смогу поручить тебе более важное дело. Заходи и веселись со своим хозяином!"» [Мф. 25:23; НРП]*

Мария фон Эбнер-Эшенбах сказала: «Человек все еще молод, пока может учиться, приобретать новые привычки и сносить возражения» Возможно, мы уже состарились? Потому и не хотим ничего нового.

Хорошие привычки трудно в себе воспитать, но жить с ними легче. Плохому напротив учишься легко, а жить с ним гораздо труднее.

Ты не можешь каждый день поступать одинаково, а ждать других, лучших результатов. Вместо этого надо искать новые пути решений и жить по Божьему плану, который определен тебе. Когда мать Тереза жила в трущобах Индии, она выразила подобную мысль следующим образом: «Плод тишины – молитва. Плод молитвы – вера. Плод веры – любовь. Плод любви – служение. Плод служения – мир.» Это она и сама пережила. Мама «Черной Газели» тоже следовала этим словам: молитва, вера, любовь, служение и, наконец, мир, которого она достигла, одна в нищете и нужде. Ее желания и мечты стали явью. Бегунья вырвалась на свободу, когда она смогла снова двигаться, как из кокона гусеница вылупляется в бабочку. Она тоже молилась, как и я. Снова и снова, как заезженная пластинка, но Бог услышал.

Я помню до сих пор, как нас учили молиться в воскресной школе. Служительница говорила: «Мы имеем дело с творческим Создателем, поэтому и мы должны подходить к молитве творчески. Не надо всегда повторять одно и то же множество раз.» Хотя я это выучила и хорошо знала, как надо молиться, у меня не получалось. Когда человек идет темной долиной, в которой страшно, пронизывающе холодно и темно, всякое творчество в молитве исчезает. Но Господь не лишил меня этого!

Одновременно нам надо следить за нашей речью. Когда что-то идет не так, мы спешим высказаться: «Я прямо гений в кавычках!», или «Я, наверное, тупая!», «Я – то, я – се» и снова, и снова.

Я определяю сама, кто я есть. Все-таки «Я есть!» – самая сильная формула творения. Ты определяешь сама, что стоит за этим. С тобой будут обращаться так, как ты себя видишь. Когда ты о себе часто говоришь безлично и размыто, то прячешь себя в толпе. Так ты показываешь, что твое чувство собственного достоинства страдает.

К сожалению, наши мысли, страхи, убеждения обладают силой, способной небесное, райское положение переместить в преисподнюю. Поверь мне, у страха есть родственники. Я с ними сталкивалась сама. Беспокойства и тревоги – имена детей, чьи родители – опасения. Я знаю, о чем говорю. Негативные переживания могут спровоцировать в нас жесткость и вызвать веру в плохое, если мы часто с ними сталкиваемся. Вера в плохое, в свою очередь, заставляет нас повторять худшее. Сколько раз на меня наваливался страх, что, когда я выйду из депрессии, этот ужас повторится. Андреас Геррманн пишет в своей книге «Жертва навсегда?»: «Хорошая новость в том, что ты и я имеем власть думать иначе.»

Я выигрываю от этого. Было время, когда Бог мне должен был показывать, сколько во мне страхов и комплексов, которые обедняют меня изнутри. В них была особенная сила, потому что я сама говорила о себе: «ты – никто!» и приняла это за истину. Давай еще раз скажем: Бог тебя нашел и благословил, поэтому ты можешь жить в Его Воле. Пожалуйста, остановись, перестань жить в чувстве вины, отложи свои комплексы неполноценности. Я говорю это из опыта. Так трудно жить, если не чувствуешь себя достаточно хорошо. Я так хотела освобождения! Жаждать чего-то означает наполнить этим сердце. Проблема в том, что ничто и никто не может его наполнить, лишь Сам Господь. Богу все равно, чем мы обладаем, важно, что обладает нами!

Как же узнать, чем наполнено наше сердце? Сначала нам нужно задать вопросы себе и ответить на них: Ты ждешь, что твои потребности удовлетворит Бог или люди? Ты обижаешься и сердишься на людей, если они тебя принимают не так, как ты хотела бы? Обвиняешь ли ты других в сложившихся обстоятельства? Это предупреждающие знаки того, что от людей мы ждем больше, чем от Бога. Если это так, то разочарования просто запрограммированы, а потом придет и горечь. Поэтому нам необходимо понять, где в нас комплексы неполноценности, которые ведут к внутренней нищете. Для нашего духовного здоровья и эффективности в Божьем Царстве крайне важно подобное отношение заменить на благодарное сердце. Человек с благодарным сердцем равняется на Бога и говорит: «Спасибо!» Почему? Причина в следующем: когда я понимаю, что сделанное мною для Бога абсолютно мало по сравнению с тем, что Он сделал для меня, то мое сердце переполняется благодарностью. Господь заботится особенным образом о каждой части Своего творения.

Нити кокона бабочки склеены внутри так, чтобы образовалась сплошная оболочка. Кокон защищает куколку не только от внешней опасности, но и создает благоприятный микроклимат, не слишком влажный и не слишком сухой, чтобы куколка не высыхала и не плесневела.

Если Бог так заботится о малюсенькой бабочке, насколько больше Он заботится о нас? Бог восхищен нами, и мы должны научиться принимать себя. Библия говорит нам, что Иисус – Тот же вчера, сегодня и вовеки. Моя жизнь состоит из прошлого, настоящего и будущего. Они объединяются в моей личности и определяют ее. В своей книге «Чтение Библии с иудеем» Пинхас Лапид объясняет раввинистическое толкование, что в Торе нет «до» и «после», что сверхвременное выступает против тройного разделения на прошлое, настоящее и будущее. Прошлое уже произошло, и привело к тому, кто я сегодня. Существует только настоящее. «Я есть! Я здесь!» Наш небесный Отец с нами сейчас и всегда!

Пару лет назад на женской конференции недалеко от Люнебурга я пошла вперед для молитвы, потому что сильно страдала от комплекса неполноценности. За меня молилась женщина по имени Эльфи Циммерманн, и она сказала: «Прочти Исаии 43. Там стоит: *«Я позвал тебя по имени – ты Мой»*. До того, как я приехала домой, я прочла многократно это место. Внезапно этот отрывок приобрел огромную силу. Я почувствовала – Господь здесь. Он был за меня! Я читала об этом прежде, но никогда не переживала такого рода воздействия, как в тот вечер. Это так великолепно, что мы есть друг у друга и друг для друга. Дух небесного Отца объединяет нас и говорит нам драгоценное Слово. Я могу только рекомендовать каждому – читай Библию и молись!

Божьи планы не могут не состояться, потому что нет никого подобного Богу. Если бы план Бога можно было сорвать, то была бы сила, большая, чем Он, и кто-то мог бы Его остановить, если Он что-то задумал. Но «кто мог бы противиться руке Его?» Как сказал царь Навуходоносор: *«По окончании же дней тех я, Навуходоносор, возвел глаза мои к небу, и разум мой возвратился ко мне; и благословил я Всевышнего, восхвалил и прославил Присносущего, Которого владычество с владычество вечное, и Которого царство – в роды и роды.»* (Дан. 4:31)[5].

Только Господь может производить в наших сердцах действие, если мы позволяем Ему, как позволил Навуходоносор позднее.

---

5 *«В конце этого времени я, Навуходоносор, поднял взор к небу, и мой разум вернулся ко мне. Тогда я благословил Всевышнего; я восхвалил и восславил Его, Живущего вечно. - Владычество Его - владычество вечное; царство Его - из поколения в поколение.» [Дан. 4:31; НРП]*

Господь есть Тот, Кто вкладывает в нас таланты и дары. Для каждого из нас у Него есть превосходный план, если мы примем его.

Я вспоминаю свое первое собеседование. Меня спросили о моих сильных сторонах. И я ничего не могла придумать. Позднее я задавала этот вопрос себе: «А есть ли у меня сильные стороны? Если да, то какие?» Сильные стороны моих подруг я могла легко назвать, но мои собственные не знала. Если бы меня сегодня спросили: «Какие у тебя дары?» – я бы сразу отреагировала. Если обратиться к посланию Римлянам 12, то это служение и милосердие, если к первому посланию Петра 4, 10, то моими духовными дарами были бы верность, ходатайство и гостеприимство.

Учись верить в себя, ведь кто тогда должен верить в тебя, если не ты сама? Наш небесный Отец дал каждому без исключения какой-то дар, и не один. Служи дарами, которые ты получила! Будь продолжением Божьей руки, ведь мудрость – разум, суммированный с опытом. Будь добрым домоправителем благодати, которую ты получила. Как и стоит в 1-м послании Петра 4:10. Вечером после собеседования, лежа в постели, я снова задала себе вопрос: какие у тебя сильные стороны? И спустя какое-то время я произнесла сама себе: «Ирене! Ты верная! Если ты что-то начинаешь, то доводишь до конца. Ты приходишь вовремя на репетиции прославления и не пропустила ни одного Богослужения. То, что тебе поручает сделать по дому мама, ты выполняешь послушно. Это сильные стороны?», – спросила я сама себя. Да! Это сильные стороны!

Несколько лет назад мы путешествовали группой по Иордании. И мы достигли того места, где, согласно 17-й главы 3-й книги Царств, у потока Хорафа скрывался пророк Илия. Когда наш иорданский экскурсовод стал рассказывать историю Илии, я вспомнила и то, как пророк скрывался, убегая от преследований Иезавели, и спросила себя: а куда укрываюсь я, когда мне надо выполнить какое-то Божье поручение или, когда не живу по своим дарам? Это же тоже своего рода «укрытие».

Илия прятался, но Бог не оставил его без помощи. Он присылал к нему воронов. Подобным образом поступает Бог с каждым из нас. Он хочет, чтобы я, ты, мы были обеспечены в нашей повседневности всем необходимым. Мы должны быть открыты Ему и честны с Ним, открывая перед Ним наши сердца в молитве. От чего мы бежим? От чего прячемся? У тебя комплексы? Страх перед людьми? Страх неудачи? Отговорки? Как называется твое укрытие?

В моей жизни были неудачи и промахи, это не означает, что у меня нет больше шансов. Нет, это означает, что я – человек, и могу всегда начать заново. Неудачи и провалы – это не поражение, а окольная дорога, на которой я учусь. Бертольду Брехту приписывают следующее высказывание: «Кто сражается, может проиграть. Кто не сражается, уже проиграл.»

На Земле живет более семи миллиардов человек, и каждому Господь дал дары. Для каждого у Бога есть план. Это находится в твоей руке – рискнуть или потерять. Да, неудачи и сбои – слабые стороны. Но они могут стать нашими сильными сторонами, если мы позволим.

Лев Толстой как-то сказал: *«Каждый думает изменить мир, но никто не думает изменить себя.»* Если в прошлом нам не везло, этого не надо стыдиться, но это может вызвать страх неудач и ошибок в будущем. Мы можем изменить ситуацию с Божьей помощью, когда поменяем взгляд на нее, и не позволим себе руководствоваться опытом прошлого. Масштабность человека определяется масштабностью его мечты, потому так важен взгляд в будущее. В этом смысле, меняя себя, мы меняем немного этот мир.

Меня довольно часто спрашивают: «Каково быть женой начальствующего епископа?» Я, право, не знаю, что должна отвечать. Непросто, но позитивно. Конечно, ты получаешь столько внимания, сколько прежде не бывало. Это очень приятно. Некоторые заходят так далеко, что хотят нести мою сумочку. Одна женщина сказала: «Вас называют теперь первой леди, этим можно гордиться?!» Я лишь усмехнулась.

Я не горжусь этим. Не хочу гордиться. Библия говорит нам, что «хвалящийся хвались Господом». Но мысль не отпускала меня. В тот день я часто возвращалась к сказанному. Ночью мне приснился сон, как я помогала одной церкви, строившейся в суровых условиях. В моем сне я помогала на кухне. На мгновенье я вышла из помещения, и вдруг увидела и почувствовала, как меня укусила в бедро змея. Это было так больно! Я схватила ее за голову и сдавливала до тех пор, пока она не умерла. Уже во сне я обратилась к Богу, чтобы мне не умереть от последствий этого наполненного ядом укуса, и проснулась в холодном поту. И сразу же спросила Господа в молитве: «Что это было? Какое должно иметь значение?» И получила простой и ясный ответ. Господь предупреждал меня: «Если ты когда-нибудь возгордишься собой, то эта гордость отделит тебя от меня и уведет далеко. Она начинает с малого и растет, пока не станет большой и, в конце концов, не приведет ко греху.» В грехе нет никакой логики. Тем же вечером я договорилась с Господом, что как только намек на гордость приблизится ко мне, пусть Он мне напомнит. Господь верный! Я переживаю снова и снова, как Он напоминает мне о соглашении, как только мысль о гордости подкрадывается. А еще говорю с Иоханнесом обо всем, потому что ценю его мудрость. Он может дать мне хороший совет, и мы обсуждаем все, что мы переживаем. Я ценю то, как он видит ситуацию и как стратегически мыслит.

Особенно меня восхищает его острый ум, который бдителен и у которого прямая связь с небесами.

Я убеждена: если бы могли вместить, как сильно нас любит Бог, мы бы смело оставили комплексы, которые хотят сделать нас маленькими. Может, ты думаешь, что недостаточно умна. Позволь тебе сказать, что самые умные – не всегда самые успешные. Побеждают те, у кого сильная и позитивная вера.

Как часто некоторые люди говорят: «Я только маленький и ничего не значащий свет...» Даже когда я себя чувствую снежинкой, то знаю, что с Божьей помощью могу в хорошем смысле вызвать лавину. Возможно, ты думаешь: я всего лишь мама и домохозяйка, что я могу сделать? Из собственного опыта могу тебя поддержать, что вряд ли есть что-либо важнее и ответственнее задачи вырастить детей. Некоторые сожалеют, что так и не поступили в высшую школу. Но есть немало бизнесменов, которые без высшего образования управляют своим предприятием. Наш сосед А.В. закончил школу с отличием, а работал всю жизнь водителем грузовых автомобилей. Его отличный аттестат никак не помог ему преодолеть тягу к комфорту и не дал желания сделать что-то особенное. Только усердие может сделать нас гениальными. Нам нужно победить самих себя. Возможно вы уже слышали: «Свободная речь – гора без вершины. По ней поднимаешься лишь ввысь без конца.» В этом выражении скрыта истина. Мы растем, когда что-то делаем. Мы взбираемся в горы, теряя наши комплексы. Например, при проведении женских конференций я учусь говорить свободно и быть свободной.

Вера Ф. Биркенбиль – известный немецкий тренер-мотиватор, рассказывала, как часто ее высмеивали из-за ее маленького (1,50 м) роста. Она реагировала следующим образом: «У некоторых людей растут ноги, у других голова – и гораздо реже и то, и другое вместе.»

Некоторые женщины говорят мне, что они уже на последней стадии, и со всеми мечтами покончили. Попробуй представить, что за последней стадией, как за любым концом, следует новое начало. С Божьей силой мы можем превратить последнюю стадию в промежуточный этап. Из любой точки в конце предложения Бог может создать двоеточие или запятую, что Он чаще всего и делает. И тогда мы можем начать что-то новое.

Божья любовь способна не только уравновесить любое отсутствие любви в прошлом, но и даже дать более. Как люди, мы сформированы нашими предками, но, как у христиан, у нас есть уникальная возможность. На нашей стороне Сам Бог – любящий Отец, с которым мы снова и снова встречаемся. Библия в послании Римлянам 8:31[6] подтверждает: «Что же сказать на это? Если Бог за нас, кто против нас?»

Тот, кто боится делать ошибки, явно рискует так и не познакомиться с успехом. Страх – способность, рисующая нам ужасные вещи, задолго до того, как они происходят. Так жаль, если этот страх нас парализует и крадет силу творчества. Вместо этого нам стоит начинать утро молитвой в Божьем присутствии. Это оставит мало места для беспокойства. Многие думают, что они этого не могут. Я вспоминаю, как моя мама в детстве говорила: «Не могу – лежит на кладбище, и не хочу – там же.» Было бы прекрасно, если бы мы нашим самым большим критикам сказали: «Я хочу, я могу, я буду...с Божьей помощью.» Даже если сказанная истина приносит немного боли, завсит к другим и самообман никуда не приведут. Мартин Лютер описал это так: «Ложь, как снежный ком: чем дольше его катить, тем больше он становится.»

6 «Что же нам сказать об этом? Если Бог за нас, то кто против нас?» [Рим. 8:31; НРП]

В одной книге я прочитала, что наше сознание длиной в один сантиметр. Можете себе представить? Если бы наше сознание было длиной в сантиметр, каким должно быть подсознание? Пятьдесят километров. Когда мы говорим о языке тела, нам надо держать эти пятьдесят километров перед глазами. Публика видит всё, а всё, что не видит – идет в подсознание. Когда мы говорим, то жонглируем нс сантиметром, а пятьюдесятью километрами. Это называется скрытым языком тела. Почесать шею? Спиной встать к публике? Комплексы неполноценности? И т.д.

Психологи пытаются объяснить, как работает человек, и откуда приходит информация, которая нас контролирует, например, во время поездки на машине. В автошколе мы должны сознательно обдумывать и выполнять каждый шаг. Позднее, выучив эти шаги и сохранив их в нашем мозге, мы доводим умение до автоматического навыка, словно автопилот. Наше подсознание реагирует гораздо быстрее сознания. Когда на дороге чрезвычайная ситуация, мое подсознание выводит меня из нее инстинктивно. Предположим, что у тебя проблемы с чтением, и тебя в школе за это постоянно высмеивали. Это может привести к тому, что уже будучи взрослым ты начинаешь заикаться, если тебе надо что-то прочесть публично, потому что всплывают воспоминания. Поэтому надо сознательно переучиться, чтобы новый навык сохранился в подсознании. Это называется обучение новому поведению.

Господь мне в моей жизни так часто помогал и исцелял – от мигрени, ревматизма, головокружения, депрессии... Меня шесть раз оперировали, и это протекало без осложнений. В моей мучительной депрессии я молилась: «Великий Бог, помоги мне вернуться к началам, и заново открыть красоту, с которой Ты меня создал. Дай мне осознать мою ценность в Твоем свете, потому что Ты меня создал к Своей радости и Своему благоволению.» Мне казалось, что все мои творческие способности улетучились. Я думала, что мой Бог меня покинул, и я не была уверена, что Он вообще меня слышит, уже не говорю, что исцелит. Но Иоханнес был рядом и говорил: «Я верю за тебя, и Бог исцелит тебя полностью.» Это исполнилось. Мы можем доверять Богу вслепую. «Он избавит тебя от сети ловца, от гибельной язвы.» (Псалом 90:3[7]). Он помогает нам избавиться от любого комплекса. Он помогал мне, открывать в себе заново то, что Он вложил.

Мне всегда помогала такая молитва: «Дай нам уверенность во всякое время знать, кто мы есть, и Кому мы принадлежим. Даруй нам мир, чтобы мы знали, что наши права сокрыты в Тебе, и что Ты – лучший Защитник наших дел. Делай из нас достойные сосуды. Совершенствуй нас согласно Твоему плану.

Помоги нам успокоиться в уверенности, что, когда мы стремимся стать такими женщинами, которые Тебя жаждут по-настоящему, и в которых Ты почтишь наше подчинение, Ты увенчаешь нас Твоим божественным благорасположением и благословишь избытком радости и удовлетворения. Удали всякую ложь, которую враг пытается насадить в моей душе, чтобы разрушить меня. Я крепко стою на Слове Твоем, которое мне говорит, что я дивно и чудесно сотворена и Ты неслучайно создал меня именно женщиной. Я рада моей женственности и моим дарам, которые являю миру. Дай мне смелость жить по созданному Тобой специально для меня сценарию жизни.» Я призываю тебя схватиться крепко за руку Господа и идти с Ним рука об руку твой путь. Только Он может нам помочь. Иногда я думаю: «Я еще не та, кем должна была бы быть. Я не та, кем я хотела бы быть. Я и не та, какой я надеюсь быть» Но я точно знаю: «Я уже не та, кем была когда-то.»

Глава 2

---

7 *«Господь спасет тебя от сетей ловца, от беды и погибели.» [Пс. 90:3; НРП]*

«По благодати Божьей я тот, кто я есть!» Как верны слова Джона Ньютона. Давайте оставим прошлое и настроим наш фокус на новое, наполненное ожиданиями веры нашему небесному Отцу. Все, что у нас есть, дает нам Он! Он освободил нас из кокона, и мы можем жить как свободные бабочки. К этому подходит знаменитое выражение Аврелия Августина: «Наша жизнь подобна строительной площадке. Молись так, как будто все зависит от Бога, и действуй так, как будто все зависит от тебя.»

Глава 3

Что сокрыто в тебе?

*Нет ничего плохого,
что не было бы одновременно хорошим.*

До того, как они смогут наслаждаться прекрасными крыльями, бабочки проживают фазы преображения от яйца, гусеницы до куколки, и только потом становятся бабочками. Как долго длится каждая фаза, зависит от вида бабочки, но на фазу оказывает влияние множество факторов – температура, время года и свет.

Место Писания в послании Ефесянам 2:8-10[1] говорит нам отчетливо, как обильно мы одарены: «*Ибо благодатью вы спасены через веру, и сие не от вас, Божий дар: не от дел, чтобы никто не хвалился. Ибо мы – Его творение, созданы во Христе Иисусе на добрые дела, которые Бог предназначил нам исполнять.*»

Ты веришь, что рождена побеждать? Ты веришь, что тобой могут восхищаться как прекрасной бабочкой? Ты веришь, что все твои фазы преображения определены Богом? И если ты так никогда еще не поступала, можешь ты сейчас решиться довериться и отдать в руки Господа свое будущее и достижение твоих целей? Наша вера творит чудеса! Я знаю, о чем говорю. Я многократно испытала, как Бог отвечал на мои молитвы.

Куколка с течением времени становится бабочкой. Крылья, лапки, усики, хоботок развиваются в полную величину. Часто все

---

1   *«Потому что вы спасены по благодати через веру, и это не ваша заслуга – это дар Божий. Не за дела, чтобы никто не хвалился тем, что он якобы заслужил спасение. Мы теперь новое творение Божье, созданы в Иисусе Христе для совершения добрых дел, которые Бог предназначил нам совершать.» [Еф. 2:8-10; НРП]*

части можно увидеть непосредственно перед выходом бабочки из кокона. Перед разрывом кокона. Здесь нет никакой случайности и для каждого вида бабочки существует оптимальное время «разрыва оболочки». Свежевылупленная бабочка выбирается со своими еще мягкими, сложенными крыльями из кокона. Она должна добраться до того места, где воздух и кровь могут накачать ее крылья, чтобы она могла их расправить. (Источник: *«Википедия»*)

Так и у нас происходит преображение, когда мы открываем в нас то, что вложил в нас Творец. Когда наши дети были маленькими, я задавалась вопросом: «О чем ты сейчас думаешь? Что в тебе сокрыто? Кем ты станешь, когда вырастешь?» Я хотела, чтобы они росли личностями и нашли в себе то, что в них сокрыто, чтобы вести жизнь успешную.

Я вспоминаю время, когда мне было восемь. Как вы уже знаете, я потеряла своего отца в аварии, когда мне было три. Моя мама работала целыми днями, чтобы содержать четырех детей. Очень рано она взяла меня в помощницы на кухню и научила готовить. В десять я претворяла собственные творческие идеи в готовке. В двенадцать у меня была целая серия рецептов блюд, которые я могла приготовить. В шестнадцать я могла самостоятельно подать обед семье и гостям, завершив его пирогом. Это было во мне заложено.

Я хочу тебя, моя дорогая читательница, пригласить в путешествие открытий, когда ты спросишь себя: «Что во мне сокрыто? Что дремлет во мне и должно быть разбужено поцелуем?»

Один из наших зятьев может неописуемо хорошо рисовать и писать красками, петь и держать такт. Когда он научился? Никогда. В нем это было. У нашего младшего обнаружили дислексию. Его учительница в начальной школе приложила немало усилий, чтобы отправить его в специальную школу. Он любил поиграть, и ему было очень сложно писать. Но я отказалась переводить его из обычной школьной системы. В итоге он закончил Университет имени Лейбница, стал хорошим пастором, и служит Господу, потому что Бог вложил в его сердце желание спасать потерянных людей. В нем скрыто так много, несмотря на дислексию! А что бы было, если бы я послушала учительницу и согласилась на специальную школу? Выявились бы его таланты и призвание? Важно инвестировать в себя и своих детей, целеустремленно работая над этим, хотя это и требует множества усилий.

В книге пророка Исайи 49:15[2] мы читаем: *«Забудет ли женщина грудное дитя своё, чтобы не пожалеть сына чрева своего? но если бы и она забыла, то Я не забуду тебя.»* Какое высказывание! Если ты не чувствуешь в себе этого, тебе стоит запустить процесс изменений – от отвержения себя к принятию.

Во-первых, прими решение верить Божьим Обещаниям.

Во-вторых, делай свое избрание и призвание крепким. Как стоит во 2-м послании Петра 1:10[3]: *«Посему, братия, более и более старайтесь делать твёрдым ваше звание и избрание; так поступая, никогда не преткнетесь.»* Получается, что скрытые сокровища уже в нас! Мы должны только их укреплять.

Я не хочу, чтобы кто-то из нас претыкался в своей повседневной жизни. Что в тебя заложено? Что в тебе скрыто? Какие у тебя дары и таланты? Открой их в себе и живи ими. Мне не лучше, чем вам. Мне тоже хочется быть совершенной, женственной и

---

2 «Может ли мать забыть ребенка, что у ее груди, и не пожалеть ребенка, которого она родила? Но даже если она забудет, Я тебя не забуду!» [Ис. 49:15; НРП]

---

3 «Поэтому, братья, еще более старайтесь укрепляться в вашем положении призванных и избранных. Так вы никогда не споткнетесь...» [2 Петр. 1:10; НРП]

одновременно сильной и компетентной в повседневной жизни, я стараюсь работать над собой и крепко держусь за руку нашего Господа. Без Него я бы ничего не достигла. Некоторые из вас предпочитают думать: «Совершенными станем мы на небе.» Однозначно, но я здесь о другом. Выше приведенное место подтверждает, что мы получили наши дары, когда принесли наши грехи ко Христу. Теперь нам нужна дисциплина, чтобы их использовать с умом, но позже.

Твоя жизнь ценна в том случае, если ты ее ценишь! Мы – Божьи дети. Он нас создал, избрал, подарил жизнь, да к тому же с избытком, как говорит Библия. Почему же некоторые люди столь негативны? Ответ прост и ясен: через негативную суггестию (внушение). Термин суггестия был введен уже в семнадцатом веке и означает манипулятивное влияние.

Слово suggestio, -onis пришло из латинского языка, и дословно означает внушение, нашептывание. Исследования Гарвардского университета обнаружили, что к восемнадцати годам в нас посеяно до 150 000 негативных внушений. Такого рода внушения почти одинаковы и их послание: «У тебя ничего не получится!», «Ты ничего не можешь!», «Ты слишком глуп!», «Ты слишком худая!», «Ты слишком толстая!», «Ты слишком слабая!» Можно привести бесконечное множество примеров.

За мою жизнь я познакомилась с бесчисленным количеством людей. Всех этих людей согласно Юргену Хёллеру можно разделить на две категории, как он пишет в своей книге *Скажи «да» успеху»*: «Переработчик: он верит, что все возможно! Оценщик: Тот, кто во всем сомневается!»

Оценщик – это такой человек, который всегда один, безработный, больной, обездоленный или несчастный, он всегда заранее знает, почему что-то не работает. У него всегда отрицательный настрой. Оценщик спрашивает себя, возможно ли это вообще, тогда как переработчик задается вопросом, как он может употребить дары, которые в нем.

В-третьих, постоянно развивайся! Иоханнес обычно говорит: «Успех – то, что тебя сопровождает!». Я хотела бы добавить: Успех состоит только из четырех букв – ТРУД! Посмотри в себя и найди то, что в тебе скрыто.

Иисус говорит: *«Будьте как дети».* Почему Иисус так высказывается? Дети любопытны и любознательны. Они хотя всегда большего, им всегда не хватает. Когда мы вырастаем, мы впадаем в эдакую «фазу самодовольства», в которой стараемся мало что делать. И это не хорошо.

Юрген Хёллер продолжает в своей книге, что наш мозг усыхает на двадцать процентов, если мы ничего для него не предпринимаем во время двухнедельного отпуска. Не говоря уже о том, если мы не продолжаем образовываться. Это «желание», эта «любознательность» как у детей должны сохраниться на всю нашу жизнь.

Наш мозг – основа нашей жизни. Он обрабатывает до тридцати миллиардов единиц информации в секунду. Нейронная сеть головного мозга состоит из нервных волокон в примерно 160 тысяч километров «кабелей» и «проводов». Чтобы постичь то, что делает наш мозг за секунду, сегодняшнему суперкомпьютеру понадобится несколько дней. Наш мозг – это фантастический инструмент, которым однако никто не учит пользоваться правильно – ни в школе, ни в дальнейшей системе образования вплоть до университетов.

Нас стольокому учили и столько показывали. Мы учились ездить на велосипедах, играть на фортепиано и многому другому, вот только как пользоваться правильно нашим мозгом, подзабыли научить. В школе могут задавать такие вопросы: «Какой длины Дунай? Какой величины территория США? Каково население

Берлина?» Но причинам личного успеха или как мы могли бы вдохновлять других – этому нас не учат. В принципе, каждый может достичь многого, независимо от обстоятельств.

Мои обстоятельства были совершенно неблагоприятными. Не только из-за того, что я росла без отца, но и из-за преследования христиан в стране. Моя мама ходила к главе администрации города и просила его о приличном жилье для нас. Как настоящий ненавистник христиан он сказал моей матери: «Отрекись от Бога, получишь хорошую квартиру.» У моей мамы был уже опыт верующего человека, и она отреагировала: «Никогда.» Тогда он дал нам курятник. У меня это перед глазами до сих пор. Мой старший брат отрывал насесты, а я лопатой выскребала куриный помет. Моя мама побелила стены, сшила большие простыни вместе, чтобы разделить комнаты. Так у нас появились комнаты – спальня, столовая и кухня. Конечно же, там не было ни электричества, ни отопления, ни водопровода. Несмотря на это, я не могу сегодня свалить все на те условия: «Я ничего не могу с этим поделать. Виноваты обстоятельства.»

Позже мы должны были переехать в старую промышленную пекарню, потому что зимой бы мы не выжили в курятнике. Там, по крайней мере, были электричество, отопление и водопровод. У меня и сегодня мурашки бегут, когда я вспоминаю, как вечером ложилась в постель, уставившись в высокий потолок, по которому бежали толстые трубы. Я любила читать и быстро переключалась на книгу, чтобы не видеть больше этот уродливый потолок, пока не засыпала. Так я выросла, и благодарна моим книгам, что не упиралась в мои неблагоприятные условия.

Мы должны думать, чем мы кормить наш дух. Его надо правильно питать, чтобы он рос. Препятствием может стать излишний просмотр телевизионных программ. Неправильные друзья, которые насмехаются над другими, тоже не очень способствуют духовному росту. Тогда мы будем заняты переработкой негатива, а не духовным ростом. А это совсем не хорошо для нас.

Вы знаете первую заповедь: «Возлюби Господа Бога твоего всем сердцем, всей душой, всем разумением и всей крепостью своей.» Американский автор Стивен Р. Кови в своей книге «*Восьмой навык: От эффективности к величию*» выражает эту мысль следующим образом: «Люби твоего Бога все сердцем! Всем сердцем [Spiritual Quotient (SQ)] или, иначе говоря духовным «интеллектом», всей душой [Emotional Quotient (EQ)] – эмоциональным «интеллектом», всем разумением [Intelligence Quotient (IQ)] – ментальным «интеллектом», всей крепостью [Physical Quotient (PQ)] – физическим «интеллектом».

Все это есть у тебя! Это и есть наши скрытые сокровища! SQ (духовный коэффициент) стоит на первом месте. Наш дух! Поэтому и вопрос – чем мы его питаем? Как можно форсировать изменения в вашей ситуации? Открою тебе мой секрет. Я люблю место Писания, которое нам говорит: *«Бог производит в вас и хотение и действие по Своему благоволению.»* (Фил. 2:13[4]). В любой ситуации, в любых условиях помогает, если я к Нему обращаюсь и, конечно, действую.

Мне нравится пользоваться аудиокнигами во время пробежки. Недавно я так послушала книгу Ильи Гржешковитца «Аттитюд». Он пишет, что есть четыре фактора: Выбирать, хотеть, рисковать и повторять.

Во-первых, выбирать! Господь дал нам свободную волю, но одновременно сказал нам, что делать, а что нет. Философы, теологи и психологи заняты этой тематикой постоянно. В какой сфере нашей жизни у нас есть выбор? Например, реформатор

---

4 *«Сам Бог совершает в вас работу, пробуждая в вас и желание, и действия согласно Своей воле.» [Фил. 2:13; НРП]*

Мартин Лютер был убежден, что наша человеческая воля не играет никакой роли в формировании нас как христиан. Он считал человека столь безнадежно больным и разбитым, что только Божья Воля может его спасти, но не собственная. Позже кто-то попытался позицию Лютера объяснить, выделив и признав, что есть определенные области нашей жизни, где мы можем свободно выбирать: например, какое платье или костюм купить, какого цвета или что есть на обед. Итак, мы можем выбирать!

Во-вторых, хотеть! Я не должна или обязана, но я хочу! Господь дал нам волю и способность достигать. Классическим примером человека, который считает доброе достижимым, был описанный в Библии Давид. Его девиз: «Я пойду с Богом!» Он действительно этого хотел. Он не был больше, быстрее или сильнее Голиафа – совсем наоборот! Но он верил в себя, в свои шансы и возможности. В конце концов, он победил непобедимого Голиафа – силой своей веры, духа, который жил в нем, идеей, которая пришла благодаря его духовному состоянию. Хотеть! Это то, что нам нужно, чтобы жить согласно нашему призванию.

В 25-й главе Евангелия от Матфея Иисус рассказывает притчу о трех рабах. Одному из них господин доверил пять талантов. Хотя здесь речь идет о денежном эквиваленте, мне нравится, что они называются талантами. Когда пришло время отчета, он принес господину пять талантов и еще пять сверху. Господин сказал: «Хорошо, добрый и верный раб! в малом ты был верен, над многим тебя поставлю...» Следующему доверенному рабу были даны два таланта, и он отдал удвоенное. Но был и третий раб, которому был доверен один талант. Он пришел с одной серебряной монетой и объяснил: «Господин, я знал, что ты человек суровый... Все, что я зарабатываю, ты забираешь» И он отдал господину то, что ему и так принадлежало, и господин назвал его злым и ленивым. Не поймите меня неправильно, однако верное домоуправление значит для Бога очень много. Я убеждена, Бог хочет благословить нас и умножить то, что в нас вложил. Дело в том, что Бог может дать нам с нашими талантами большую эффективность, чем мы могли бы достичь собственным умом и усилиями. Я знаю, что это правда, потому что в собственной жизни часто это переживала. У меня всегда было желание сесть на шпагат. Я очень этого хотела. И мне понадобилось десять месяцев, чтоб достичь цели. Я действительно этого хотела и старательно выполняла упражнения. Даже в служебных поездках в гостиничном номере я разогревалась, чтобы потом тянуться для шпагата.

В-третьих, рисковать! Речь идет о преодолении страха. Есть такая пословица: «Не выигрывает тот, кто не рискует!» Я помню, как собрала все силы и поехала в Англию учить английский. Я рискнула и посещала там месяц языковую школу. Рядом со мной сидел пятнадцатилетний юноша из Швейцарии. А мне было пятьдесят три. Как себя при этом чувствуешь? Все равно! Я хотела и рискнула.

В-четвертых, повторять! Уже в школе нас научили, что повторение – мать учения. Успех не приходит за одну ночь. Мы должны повысить нашу планку фрустрации, чтобы не сдаваться легко и не пасовать перед трудностями, но терпеливо повторять! Навык мастера готовит, а усердие – гения.

Изменение – это хорошо и необходимо, но их не должно быть слишком много. Каждое должно сначала закрепиться, иначе мы создадим себе трудности. Постепенно, чтобы выученное стало частью нас.

Тебе надо найти человека, который в тебя верит, который не оставит тебя в покое, но поддержит, чтобы ты добилась успеха, который поможет тебе не сдаваться и держаться. В первом послании Коринфянам 14:1[5] стоит: «*...ревнуйте о дарах духовных...*» – вот сокрытые сокровища в тебе! Павел пишет Тимофею (1 Тим. 4:14[6]): «*Не неради о пребывающем в тебе даровании...*», а во втором послании Тимофею 1,6[7] мы читаем: «*...напоминаю тебе возгревать дар Божий...*»

Я снова задаю вопрос: что в тебе скрыто? Наш Бог – Творец творцов, который создал Вселенную со всеми Галактиками. Он видит потенциал в каждом отдельном человеке. В Саре, которая была бесплодной в свои девяносто лет, Он видел мать народов, в бедной сироте Эсфири – царицу, в молодой женщине по имени Девора – судью Израиля.

Этот список можно продолжать бесконечно. Моисей был убийцей, а стал освободителем трехмиллионного народа. Пастух Давид стал царем, Гедеон – командующим армией. Вам знакомы библейские истории. Мы видим только наше сегодняшнее состояние, но этого не достаточно. Нам нужно думать о нашем будущем, хотеть достичь большего. Возможно тогда станет понятнее, что Бог может сделать из сырого материала горной породы нашей жизни. Мы видим гору щебня, а Бог – строительный материал. В каждого из нас Богом заложил мечту, постичь которую мы можем силой нашего воображения, чтобы увидеть свое будущее и предназначение в Божьем свете. Не позволяй никому заслонить твое завтра! С Божьей помощью ты справишься и будешь жить твоей мечтой!

---

5 «*...стремитесь иметь духовные дары...*» [1 Кор. 14:1; НРП]

---

6 «*Не пренебрегай даром, который был дан тебе через пророчество с возложением рук руководителей церкви.*» [1 Тим. 4:14; НРП]

---

7 «*...раздуй пламя твоего дара, который ты получил от Бога.*» [2 Тим. 1:6; НРП]

Однажды мальчик спросил Микеланджело, вытачивавшего из камня мужскую фигуру: «Откуда Вы знали, что в ней спрятан мужчина?» Да, он знал. Как художница, я могу это понять и подтвердить: картина уже созрела во мне до того, как я начала писать. Она живет во мне.

Я призываю вас, заглянуть в себя и жить по вашим дарам! Верность вознаграждается! Альберт Эйнштейн кое-что сказал об этом: «Логика приведет нас из точки «А» в «Б», а воображение приведет куда угодно.»

Иногда мы – люди – обнаруживаем талант под названием «прошлое», и прикладываем к нему «грелку», чтобы оживить его. Важно отпустить прошлое и жить сегодня. Взгляд в прошлое окрашивает душу в серый цвет. Если прошлое было плохим, оно делает тело больным, а сердце горьким. Вы – не продукт своего прошлого. Вы – любимые Богом Его дети – не потому, что вы хорошие, а потому что за нас умер Иисус. Поэтому вы стоите совершенными перед Богом, и нет ничего, что могло бы отделить вас от Его любви.

Когда мы учимся откладывать в сторону наше прошлое, которым мы, возможно, недовольны, мы начинаем видеть нашу жизнь с точки зрения Бога в свете вечности. И даже если внешне мы разбиты, мы обновляемся внутри ежедневно. Наши легкие и временные страдания – ничто по сравнению с весомой и вечной славой, которую они нам приносят. Мы смотрим не на видимое, а на невидимое. Невидимое вечно. Когда мы научимся смотреть на невидимое вместо видимого, мы узрим и себя, и других искупленными во Христе.

Я, конечно, не хочу сказать, чтобы мы отрицали наше прошлое или зачеркнули его. События прошлого служат учебным материалом для нашего будущего. Никто из нас не хватает горячий утюг, чтобы еще раз пережить ту боль, с которой мы могли познакомиться в детстве. У каждого из нас есть свое собственное прошлое. Я не была любима в моем детстве, засыпала в слезах. Я так хотела, чтобы моя мама меня укрыла или хотя бы погладила по голове. Но я ее не обвиняю. У нее была тяжелая судьба, и она не знала лучшего. Если она меня спрашивала, почему я плачу, я отвечала, что болит живот. И мне, правда, было больно. Она давала мне капли, которые не могли помочь моей душе.

Но позволь сказать: тот, кто причинил тебе боль – не думает о тебе. Не дай тому, кто о тебе даже не думает, разрушить твое будущее! Не хватайся за горячий утюг! Нам надо сконцентрироваться на том, что изменит ситуацию к лучшему: простить и отпустить. Мы – Божьи дети. Он нас создал, избрал, подарил жизнь, и к тому же в избытке, так говорит нам Библия. Это дает нам смелость, сделать следующий шаг, шаг в новую жизнь. Только тот, кто задает вопросы, имеет выбор. Кто не спрашивает, живет по старым привычкам.

Если Господь уже вложил в нас дары, надо же с этим что-то делать. Но мы не добьемся успеха, если не простим. Образно это выглядит так, будто я – сторож тюрьмы, в которую заперла заключенных, и сторожу их там вместе с собой. Я не в клетке, но в тюрьме. Мы должны простить – отпустить заключенных и ...себя!

Для примирения мне нужен противник, но для прощения – только я сама. Простить, забыть и не вытаскивать снова, ведь вытаскивать – это таскать – носить снова этот груз. Когда мы не можем простить, мы не можем открыть скрытое в нас. Прошлое затягивает. Дьявол радуется, когда мы заняты своим прошлым. Он знает, что копание в своем прошлом плохо влияет на наше настоящее. Нам не надо посыпать солью свои раны. Дело в том, что примирение со своим прошлым сделает возможным мир в душе. Не примирившиеся со своим прошлым запутываются в ненависти, они не в состоянии стремиться к своему предназначению.

Когда мы в гневе или в горечи, наши сердца заняты, и не остается места для призвания и плана Божьего. Павел в послании Филиппийцам 3:13-14[8] пишет: «*...забывая заднее и простираясь вперед, стремлюсь к цели...*»

Неспособность прощать блокирует нас. Так был блокирован и народ Израиля. Они вышли из Египта, но Египет в них остался. Они тосковали то по мясу, то по чесноку, забывая о побоях, которые должны были там выносить. Такие воспоминания могут парализовать нас, не пуская в будущее. Артур Лассен писал о подобном: «Вчера подобно опротестованному чеку, завтра – будто необналиченный вексель, сегодня – это наличные.» Ух ты! Вот это высказывание!

Мы должны жить сегодня и пользоваться нашим сегодня. Формула «Глаз за глаз, зуб за зуб» – устарела и не имеет силы. Слава Богу! Это называется – как ты мне, так и я тебе. Представьте себе, сколько было бы в нашем обществе «безглазых» и «беззубых». Среди них могли бы быть и мы.

Если мы не можем прощать, то не сможем строить наше будущее. Полное надежды будущее состоит только из примиренного прошлого и здорового настоящего! Было бы прекрасно, если бы мы приняли это во внимание и отдали бы свою боль Иисусу. Он видит, что мы чувствуем. Он хочет вести нас к свободе, где мы могли бы дышать и вести полноценную жизнь. Позволь нашему Небесному Отцу утешить тебя, чтобы ты освободилась от старых стен, чтобы мышление и речь могли раскрыться. Ты знаешь, что от избытка сердца говорят уста. В нас должны течь покой и довольство.

---

8   *«Братья, я не считаю, что я уже достиг этого, а лишь забывая все, что осталось позади, иду к тому, что впереди. Я стремительно иду к цели, чтобы получить награду высшего Божьего звания в Иисусе Христе.»* [Фил. 3:13-14; НРП]

Мне нравится цитата великого Леонардо да Винчи: «Кто не может достичь того, чего он хочет, должен хотеть того, что он может. Хотеть того, что ты не можешь – глупо.» Нам не нужно желать чужого. В Божьем Царстве нет конкуренции, но каждый живет по своим дарам.

В Евангелии от Иоанна 3:27[9] мы читаем: «...не может человек ничего принимать на себя, если не будет дано ему с неба.» Мы должны быть честны с собой. Одна из наших внучек выиграла в пятилетнем возрасте два кубка по балету. У нее просто напросто талант и подходящая фигура. И этим надо воспользоваться. Конечно, в ее группе были девочки, которые плакали, потому что у них не получилось грациозно выступить. Но им просто не дано. Я думаю, что было бы лучше, если бы родители не заставляли их заниматься балетом, а присмотрелись к их дарам и талантам, и, найдя их, развивали в этом направлении. Однозначно в них есть много хорошего.

Представьте себе массивные льдины. Большая их часть скрыта под водой. Точно так с вашими дарами и талантами. У вас есть дары! Они просто спрятаны, как у льдины. Вы должны их в себе открыть! Они не видимы, потому что пока «под водой». Может, на льдинах что-то написано? Ты хорошо поешь? Или ты – хороший оратор? Может быть, ты рисуешь? Или ты – та, кто поддерживает других в трудные времена? Возможно, в тебе столько шарма и находчивости, что любой серый день засверкает? Или у тебя талант делать шедевры из ничего? А может быть, в твоей глубине скрыта способность видеть сердца и души людей? Возможно ты – щепотка соли в супе или другом вкусном блюде, которая и придает всему хороший вкус? Каждая женщина по-своему прекрасна! Мы

---

9 *«Человек может делать только то, что ему поручено Небом.» [Ин. 3:27; НРП]*

восторгаемся орхидеей, которая является символом выживания и мудрости. Примеры можно перечислять бесконечно.

Как люди, мы смотрим друг на друга по тому, кто мы есть, но наш Отец Небесный видит в нас возможности, которые даже наши друзья или супруг могли просмотреть. Их надо разбудить в себе, бросить себе вызов, поверить в себя. Я помню, как я рисовала картинки нашим детям. Я родилась и выросла в бывшем СССР. Детских книг там не было, по крайней мере, их было не достать. Поэтому я рисовала моим детям целый альбом и рассказывала по картинкам истории. Когда мы в 1988 году переехали в Германию, я их не взяла с собой. Наши дети очень о них жалели, хотя здесь было много прекрасных детских книг. Они меня прямо заставили нарисовать им новые, снова полный альбом. Только это было уже не то, чего хотели дети. Это была копия, не оригинал, и им было не так интересно.

Иоханнес, наблюдая за мной, предложил: «Ты записываешься на курсы в народном университете и учишься дальше.» Там я и развила свои способности. Сегодня я могу по четыре раза в год менять картины в нашем доме.

Где-то я прочла, что в день через нашу голову проходит около 50 000 мыслей. Мы сами определяем, о чем мы размышляем и о чем думаем. Какие мысли обогащают – когда себя жалеешь «ах, я бедное ничто»? Или мышление, приятное Богу? Как часто мы делаем из мухи слона. Из-за этого приходят разочарование и неуверенность, которые только добавляют страданий. Частенько уже во время приветствия обнаруживается мышление жертвы: «Как дела?», «В порядке», «Это же хорошо, что у тебя все в порядке», «Было бы лучше, если бы мне было хорошо!» Даже если бы все было хорошо, кто должен заботиться о том, чтобы мы себя чувствовали хорошо и были свободны от роли жертвы? Кто, если не ты сама?

Уильям Блейк, английский поэт и художник, как-то сказал: «Все, что доказано, было лишь идеей.» Тот, у кого нет видения, кто пренебрегает развитием ума в творческой силе, почти всегда попадает в менталитет жертвы. Это означает, что каждый из нас должен иметь видение. Это наш коэффициент интеллекта (IQ). Иметь видение означает видеть мысленным взором личностное в людях, проектах, в самой себе. На каждые пятьсот граммов нашего тела у нас по 11 километров сосудов и капилляров. В нашем теле восемьсот шестьдесят мышц, семьсот миллиардов клеток кожи, но два глаза. Поэтому очень важно, что мы можем видеть. Поэтому каждому из нас необходимо видение.

Моя цель и моя молитва – получить вдохновленные Богом мысли, которые укрепят меня в моей повседневности и вооружат мудростью жизнью, чтобы не спотыкаться в своих буднях. Как часто мы отстаем от наших возможностей, к которым мы призваны, и это вредит потенциалу нашего призвания. Причину, по которой люди не берут ответственность за данную Богом мечту, я вижу в том, что их тормозят комплексы неполноценности и страх неудачи.

Сейчас я хочу поговорить о дисциплине – нашем физическом «интеллекте» (PQ). Дисциплина означает готовность платить цену за воплощение своего видения. Библия показывает нам множество людей, для которых дисциплина была решающей: Павел и Тимофей в Новом Завете, Мардохей, Эсфирь и Девора в Ветхом.

Точно так же, как в видении и дисциплине, мы нуждаемся в увлеченности. Это наш эмоциональный «интеллект» (EQ). Увлеченность – наш внутренний огонь, наша воля, сила убеждения, чтобы дисциплинировать себя для воплощения мечты. Увлеченность возникает, как ответ на желание довести дело до конца.

Недавно мне попалась на глаза английская поговорка «playing it safe» – не идти на риск. Было бы неплохо, если бы мы были смелее и рисковали начинать новое.

Сидит фермер на террасе. Его друг проходит мимо и спрашивает его: «Ну что? Как там твои хлеба?»

«Ах, я ничего не сеял» – отвечает фермер.

«Но почему?»

«Да я боюсь, что долгоносик все пожрет, и я разорюсь».

«Ну ладно, – говорит ему друг, – А как твоя кукуруза?»

«Я не сеял кукурузу», – отвечает фермер.

«Да почему же?»

«Я боюсь, что вороны налетят, поклюют ее, и я разорюсь.»

«Ну ладненько, – говорит друг, – А как поживает в этом году твой картофель?»

И снова отвечает фермер: «Я его не сажал.» «Почему?» «Я боюсь, что колорадский жук меня разорит.»

«I just played it safe.»

Не идти на риск. Так точно ничего не достигнешь. Нужна страсть к делу, увлеченность им. Кроме того, у фермера нет времени на террасе сидеть. У него всегда полно дел, поэтому его и в сумерках можно на поле найти.

Американский автор бестселлеров Стивен Р. Кови пишет: *«Точно так же, как нам нужны видение, дисциплина и увлеченность, нам нужна совесть.»* Это наш духовный «интеллект» (SQ). Совесть – это внутренняя моральная чувствительность к добру и злу, стремление к осмыслению и собственному вкладу в происходящее. Это сила, которая направляет видение, дисциплину и увлеченность, противостоя жизни, управляемой нашим эго.

Раз уж я упомянула эго, хочу об этом коротко сказать. Наша совесть – тихий и нежный голос внутри нас. Он спокойный и миролюбивый. Но у нас есть не только совесть, есть и эго – тиран, деспот и диктатор. Эго фокусируется на выживании себя, на том, чтобы «я, мне, мое» процветало. Оно не понимает, что такое кризис или угроза.

В отличие от эго совесть различает степени угрозы. Она компетентна, и обладает большим репертуаром реакций. У нее есть терпение и мудрость, чтобы решать, что и когда делать. Для эго любая негативная реакция – угроза, оно готово наказать любого за плохое известие. Оно накладывает цензуру на любую информацию и в значительной степени отрицает реальность. Зато наша совесть ценит обратную реакцию и пытается в ней найти истину. У нее нет страха перед информацией и она может точно оценить происходящее.

Джордж Вашингтон как-то сказал: *Трудись, чтобы в твоей душе не умерли те крошечные искры небесного огня, что зовутся совестью.*» Это то, что во мне и в тебе существует – скрытое сокровище!

Кто-то мне сказал: «Моя совесть всегда была чиста.» Я посмотрела на него большими глазами: «Как это возможно?» «Потому что я ее никогда не использовал.» – был ответ. Я думаю, что у каждого были ситуации, когда он говорил не подобающим тоном, или просто сказал что-то необдуманно, а потом были угрызения совести. По крайней мере, такого ответа я не ожидала вовсе.

Есть четыре слова или лучше четыре драгоценности: *видение, дисциплина, увлеченность и совесть* (Источник С. Р. Кови). Они включают в себя многочисленные характеристики, описывающие качества, которые мы связываем с людьми большого влияния, но есть люди, которые не работают над собой. Они недовольны своей жизнью, но не хотят ничего менять. Я бы их назвала «душевной ничейной землей». В таком состоянии к человеку прокрадывается словарь жертвы, проблемы воспринимаются преувеличенно, включается режим «у-меня-нет-никаких-шансов». Если парень получил от девушки от ворот поворот, то это не означает, что он уродлив. Если кто-то ошибся, это не значит, что ничего нельзя исправить. Если ребенок через час после назначенного времени все еще не пришел домой, это не означает, что он в больницу попал. Если муж не пришел домой к ужину, это не означает, что он изменяет. Как часто у нас возникают такие мысли, которые разрушают нашу душу!?

Дисциплина нам нужна повсюду, особенно, если мы хотим заняться спортом или немного похудеть. У тебя уже так было: ты собралась побегать, а погода прям на глазах испортилась? И в тебе сразу: «Не сегодня. Завтра будет новый день.» А потом: «Ну нет, погода мои планы не поменяет.» И внутри начинается дискуссия, пока мы не решимся поступить правильно. *«Если желаешь, чтобы мир изменился, — сам стань этим изменением.»* – говорил Ганди. Мы должны стать изменением, чтобы принести в мир наши христианские ценности. Это и есть наши скрытые сокровища, наши ценности!

«Новая философия, новый образ жизни не даются даром. Даются они ценой бесконечного терпения и огромных усилий.» — сказал много лет назад Ф. М. Достоевский. Я дополню – множеством молитв и дисциплиной.

Даже если ты сейчас думаешь: «О чем ты говоришь, Ирене? У тебя, наверное, получается, а у меня совсем другая ситуация!» Я знаю, о чем говорю. Дважды в моей жизни была тяжелая депрессия – в 24 года, а потом в 40 лет. Обе длились больше чем два года. Я была шесть раз оперирована. Бог мне всегда помогал, потому что я молила Его помочь, поддержать меня и не оставлять.

Горшечник лепит сосуд из глины, и затем обжигает его в горячей печи. Сосуд должен пройти огонь. Я это так понимаю для себя. В темной долине депрессии Он «лепил» меня, придавая мне нужную Ему форму. Страдания моего прошлого стали Божьей полировкой для меня, чтобы Он мог использовать меня сегодня. Эту картину Он дал мне.

Американский пастор и автор книг Норман Винсент выразил это таким образом: «Если Господь посылает Вам подарок, он упаковывает его в проблему. Чем дороже подарок, который Он вам посылает, тем серьезнее проблема, в которую он завернут.»

Вместо того, чтобы концентрироваться на проблеме, вам надо искать подарок. И как чудесно, что вы его всегда находите. К тому же, иногда подарок или полезный урок дороже того усилия, которого требует решение проблемы. Давайте не будем себя обманывать! Когда Бог хочет нас одарить, Он допускает иногда страдания и испытания.

Я могу и сегодня восстановить в памяти, как страдает человек в депрессии. Кто может понять и утешить того, кто в депрессии? Только тот, кто этот путь прошел. Если ты что-то подобное пережила, я хочу тебя призвать не откладывать эту книгу в сторону, но прочесть до конца. Приятно осознавать, что милосердие Божье и Его утешение реальны и ощутимы. Нам нужна Божья забота в наших страданиях, иногда она приходит через других людей и их любовь. Редко исцеление случается за одну ночь. Чаще всего, это процесс, но нет таких страданий и боли, которые Бог не мог бы исцелить.

Кто верит, тот делает что-то! Кто не верит, то что-то делают с ним! Мы должны в наших буднях действовать – в каждой области нашей жизни. Поэтому я приняла решение обратиться к Богу, чтобы делать что-то особенное, уникальное. С другой стороны, многим людям так и не удается осуществить свои мечты. Очень часто они не осмеливаются на что-то большее, потому что боятся неудач. Этот страх удерживает их принять решения, которые могли бы изменить их жизнь. И здесь только две возможности:

Сдаться! или Никогда не сдаваться!

При чтении книги *«Скажи «да» успеху»* Юргена Хёллера меня вдохновил такой пример:

«Два продавца обуви, которые работали на разные компании, были посланы в Африку для изучения рынка сбыта. Первый, посмотрев из окна, телеграфировал домой: "Дело дрянь! Здесь никто не носит обуви. Я не вижу ни малейшего шанса для сбыта. Завтра я возвращаюсь домой!"

Другой продавец, выглянув в окно, отправил факс следующего содержания: "Всем привет! Прекрасно добрался. Здесь все ходят босиком. Обуви нет ни у кого. Отличный рынок для обуви. Рынок не ограничен. Я остаюсь здесь, пожалуй, до конца жизни. Высылайте мне, минимум, пять тысяч пар обуви, чтобы я, как можно скорее, начал ее продавать!"»

Может быть, ты уже слышала эту историю. Она очень ярко показывает, как по-разному ведут себя люди в абсолютно одинаковой ситуации. У одного основная установка пессимистична, и он видит только риски, проблемы, опасности и неудачи. Человек с оптимистическим отношением видит шансы и возможности.

Теодор Хойс как-то сказал: «Единственный навоз[10], на котором ничего не растет – это пессимизм.» Пессимист – человек, который из двух зол выбирает оба. Оптмист видит в каждой проблеме шанс, для пессимиста любой шанс – это проблема! Мы должны навоз наших мыслей перекопать, чтобы посеять новые семена, с которыми мы будем расти и процветать. В вере мы можем приумножать благословение в силе Его славы или взращивать неудачи. К сожалению, в мире наших мыслей возможны оба направления.

Глава 3

---

10 *В оригинале это звучит: «Der einzige Mist, auf dem nichts wächst, ist der Pessi-Mist!» Игра слов в немецком языке. Mist переводится как навоз, слово пессимист заканчивается точно также. (Прим. переводчика)*

Я помню, как в школьные времена, часто говорила: «Я не могу», но только потому, что не хотела. К этому относились домашние задания или дела по дому. Тут же следовало от моей мамы: «Начни, шаг за шагом получится.» И она была права.

Я призываю тебя перейти на сторону оптимистов. Наши жизни и мы сами приобретают тот смысл, который мы им придаем. Осознанным решением мы можем достигать великих целей. Что пробуждают в тебе высказывания: «всяк сверчок знай свой шесток» или «все говорят, что ты ничего не умеешь»? Когда ты возьмешь на себя ответственность за рост твоей веры, такие высказывания перестанут на тебя влиять. Люди, который растут в вере, всегда находятся вне зоны комфорта. Я послушно делала шаг за шагом, как и советовала мне моя мама.

В Псалме 118:105[11] написано: *«Слово Твоё – светильник ноге моей и свет стезе моей.»* Только если мы с верой поднимаем наши ноги, светильник освещает путь. Когда мы останавливаемся, лампа начинает гаснуть. Шаг за шагом мы должны передвигать наши ноги, чтобы свет мог освещать наш путь. У всех есть задачи, обязанности и проблемы, но мы можем для каждой из них найти решение... с Божьей помощью!

Вполне может быть, что мы хотим переложить вину на духовные проблемы нашей страны, но это нас далеко не приведет. Мы с Иоханнесом путешествуем очень много, и в поездках замечаем некоторые тенденции. Можно предположить, что в России преобладает дух алкоголизма. Но это ни в коем случае не означает, что все люди в России – алкоголики. Есть немало людей, которые постарались сделать лучшее из своей жизни. В Израиле, считается, правит дух блуда, но это не означает, что все живут во грехе.

Что сокрыто в тебе?

---

11 *«Твое слово – светильник для ног моих и свет, что освещает путь мой.»*
[Пс. 118:105; НРП]

На нашу страну – Германию – давит дух депрессии. Имеем ли мы право заключить из этого, что все немцы депрессивны? Нет. Я знакома с огромным количеством людей, которые прикладывают силы, чтобы расти, чтобы больше и больше достигать поставленных целей. Не давай подобным ограничивающим мыслям ни малейшего шанса, потому что ты родилась, чтобы угодить Богу, и с Его помощью многого достичь. Никто, кроме тебя, не может тебя удержать! Расширяй горизонты твоей веры, в расти в ней, становясь зависимой от Бога. Только так ты сможешь достичь берегов твоей цели в радости. Проблемы подобны волнам морским, которые повсюду. Но мы должны научиться справляться с ними, чтобы на них прокатиться. Только в зависимости от Бога можно стать свободным человеком. И характер может измениться, если мы позволим. И холерик может стать нежным медведем, и зануда – благоуханием Христовым.

«Легко запомнить три шага, помогающие действительно очистить сердце: если что-то постоянно мешает на том пути, что тебе по сердцу – измени это. Если не можешь изменить – устрани. Не можешь ни изменить, ни устранить – измени себя.» (из книги Рюдигера Шахе *Разум сердца*). Или найди свое скрытое сокровище в себе, чтобы быть счастливой! Молись! Это альфа и омега. Следующее сильное высказывание принадлежит перу Мартина Лютера: «Мы не можем перечеркнуть того, что имеет в себе молитва в силе, полноте и действии. Это звучит так ясно и просто, так глубоко, так щедро и так обширно, что никто не может этого постичь.» Все, что существует, даже самое великое и лучшее, началось с малого. Большой дуб когда-то был маленьким дубком! Ставь цели, в которых ты можешь расти. Есть краткосрочные цели и есть долгосрочные. Ставь!

Я согласна с Авраамом Линкольном: «У кого нет цели в жизни, уже заблудился.»

Наш характер состоит, в основном, из наших привычек. Меня воодушевляла книга С. Р. Кови, когда я ее читала. Представьте себе свои похороны. Как будут говорить о моей жизни мои дети, мой муж, мои друзья, братья и сестры из церкви? Что они скажут обо мне – кто я для них, что было важным для меня? Кови утверждает, что большинство, когда думают о конце, получают больше понимания о том, что им в жизни важно. Однако в настоящее время они мало что из этого делают. Наши хаотичные будни, их натиск и поверхностность удерживают нас о того, чтобы мы предоставили место тому, что нам желанно и важно. Поэтому, проведя немало дней в размышлении, могу назвать два руководящих принципа:

Во-первых, каким человеком я хочу быть в конце жизни? Какие черты характера, качества должен увидеть во мне человек, который имеет со мной дело?

Вы можете взять за пример взять три слова, чтобы проверить взаимодействие между характером и харизмой.

Х – Х = Х: Характер – Харизма = Хаос!

Это только поверхностно напоминает математику. Тут речь о решении работать над характером, чтобы быть примером для моих детей: дружелюбной, благодарной, заботливой, хорошим слушателем, примером любви, принятия и поддержки, не злопамятной, справедливой и т. д. После депрессии я стала другим человеком. Библия говорит, что мы должны показать человечеству Иисуса. Теперь я понимаю, что этим нам хотел сказать Бог. Я могу сегодня любить людей, которые страдают. *«Милосердие приятнее для меня, чем жертва,»* – сказал Иисус (Евангелие от Матфея 12:7 (изменено автором))

Х + Х = В: Характер + Харизма = Влияние!

Мы здесь для того, что принести изменения в этот мир.

Во-вторых, чем бы я хотела заниматься в конце моей жизни? Что я хотела бы оставить обществу? Куда я вкладываю свои силы – в семью, общину, профессию? Кем я хочу быть и что делать в различных областях моей активной жизни? Это должно быть путеводным для меня, даже если я заболею, останусь без работы или выйду на пенсию. Я хочу быть целеустремленным, открытым и готовым учиться человеком, который искренен и честен с другими, без лицеприятия. Я хочу там, где могу, поддерживать людей, чтобы они жили по данному им Богом призванию и предназначению, открывая в себе то, что в них скрыто. *«...взирая на кончину жизни, а не начало»* (Послание Евреям 13:7[12], перефразировано автором)

Американский философ и духовный писатель Даллас Виллард писал: «Люди, которым мы служим, на девяносто девять процентов забудут сказанное нами. Но они не забудут, какими мы были людьми.» Здесь столько истины! Они вспомнят только наше внутренее сокровище! Вот почему мы должны обновляться ежедневно, менять себя, не много, но постоянно. Проще, когда меняешь по чуть-чуть. Избавиться от старого трудно, потому что велика сила привычки.

Мне нравится эта мысль: «В двадцать я приобретаю лицо, которое мне дал Бог. В сорок – лицо, которое мне дала жизнь. В шестьдесят – лицо, которое я дала себе сама.» Какое лицо ты дашь себе? Прими видение Бога и твое представление о себе изменится благодаря этому – изнутри наружу. Так мы становимся сердечностью Бога к человечеству! Это так удивительно, чего может достичь человеческая вера. «Только веруй!», – сказал Иисус. Эта вера работает как в позитиве, так, к сожалению, и в негативе.

---

12 *«...смотря на добрые результаты их жизни.» [Евр. 13:7; НРП]*

О чем ты всегда молишься, во что веришь, то и случается, говорит нам Библия. Веруй! Только, пожалуйста, позитивно!

Я хочу поддержать тебя местом из Писания, 2-я Книга Паралипоменон 16:9[13]: «...ибо очи Господа обозревают всю землю, чтобы поддерживать тех, чье сердце вполне предано Ему.» Я была поражена, когда прочла это обещание Бога!

Я прочла книгу Джойс Майер *The confident woman*. Она пишет, что мы – женщины – в Библии представлены как слабое создание. В реальной жизни женщин тоже воспринимают как более слабых. Конечно, у нас нет такой силы и таких мышц, как у наших мужчин, чтобы поднимать тяжелое и выполнять тяжелую работу. Но при всем желании мы – не слабые! Кто рожает детей? Кто выдерживает всю боль, переносит девять месяцев беременности? Кто не спит ночами, когда младенец всю ночь плачет? Кто выполняет несколько дел одновременно? Кто вынослив? Женщина! Нет таких мужчин, которые могут долго терпеть. Иоханнес часто говорит мне: «Хоть ты и выглядишь миниатюрной, зато крепка как кожа для обуви.» Так мы служим тем, что получили от Небесного Отца. Это скрытые сокровища в нас! Это нельзя недооценивать! Одно предложение Джойс Майер мне понравилось особенно. Она пишет: «Worry is the end of faith and faith is the end of worry!», что означает: «Беспокойство – это конец веры, а вера – конец беспокойства». Она фантастически уловила суть!

В Притчах 24:13-14[14] говорит Соломон, мудрейший человек Ветхого Завета: «Ешь, сын мой (я добавлю: также и дочь моя),

---

13 *«Ведь глаза Господа осматривают всю землю, чтобы укреплять тех, чьи сердца всецело преданы Ему.» [2 Пар 16:9; НРП]*

14 *«Ешь мед, мой сын, ведь он хорош; сотовый мед тебе сладок. Знай: такова душе твоей мудрость; если найдешь ее - есть у тебя будущее, и надежда твоя не погибнет.» [Пр. 24:13-14; НРП]*

мёд, потому что он приятен, и сот, который сладок для гортани твоей: таково и познание мудрости для души твоей. Если ты нашёл ее, то есть будущность, и надежда твоя не потеряна.»

Я бы сказала: все усилия того стоят! Представь себе, что ты – поле. Наш Отец небесный – торговец. Он обнаружил тебя – жемчужину невероятной ценности – и поэтому решает купить поле. Он хочет, чтобы ты принадлежала Ему, потому готов отдать за тебя все, что имеет. В Евангелии от Матфея 13:44[15] стоит: «*подобно Царство Небесное сокровищу, скрытому на поле, которое, найдя, человек утаил, и от радости о нём идёт и продает всё, что имеет, и покупает поле то.*» Он сделал для нас все, мне не нужно тебе это рассказывать, каждый из нас и так это знает. Он дорого заплатил за жемчужину (см. Евангелие от Иоанна 3:16), чтобы ты, как жемчужина, могла сегодня жить.

Я делала это осязаемым во время моего выступления, беря камни из маленького сундука, и дарила их женщинам со словами: «Ты драгоценна для Господа!» На камнях было написано: Творчество, Увлеченность, Дисциплина, Любовь, Дружелюбие. Получавшие камни смотрели на меня большими глазами и благодарили от всего сердца.

Самое важное в нашей жизни, что между разумом и сердцем есть связь. Французский моралист и эссеист Жозеф Жубер оставил для нас следующую мысль: «Разум может подсказать, чего следует избегать, и только сердце говорит, что следует делать!» Наше сердце постоянно шепчет нам истину. Когда у нас прямое соединение с Иисусом, то мы идем теми путями, которые для каждого из нас подготовлены Богом. Он помогает нам жить нашими дарами и талантами, которые в нас вложил.

---

15 «*Царство Небесное можно сравнить со спрятанным в поле кладом. Когда человек находит тот клад, он прячет его и, радостный, идет и продает все, что имеет, для того, чтобы купить это поле.*» [Мф. 13:44; НРП]

В конце этой главы я хочу поддержать вас стихотворением.

В тебе скрыт шедевр, что еще не написан!

В тебе звучит песня, что хочет быть спетой!

В тебе слова, что хотят прозвучать!

В тебе дитя, что хочет играть!

И я добавлю от себя:

«В тебе прекрасная бабочка, что хочет летать!»

Глава 4

Жизнь — это «что-то»? Или есть шанс из нее «что-то» сделать?

«Искусство жить состоит, возможно, в том, чтобы находить собственный путь, сохраняя готовность снова и снова открывать новые пути.»
Йохен Марисс

Новые пути? Это уже само по себе нечто. В мои юные годы меня как-то спросила психолог: «Ирене, назови пять причин, почему ты любишь себя.» Я серьезно размышляла, но не нашла никакого ответа. Она тогда мне сказала: «Если ты не сможешь этого сделать, то не найдешь подходящую работу.» Должна признаться, что мне было тогда очень тяжело назвать пять причин, почему я себя люблю. Сегодня я бы нашла и больше. Но на тот момент я должна была сначала пойти новым путем — исследовать себя, принять себя и, в конце концов, полюбить себя. И мы снова пришли в начало: отложить комплексы неполноценности и найти пять причин, почему ты себя любишь.

Этот вопрос я задаю тебе. Ответь на него сама, почувствуй свои качества. Ни у кого на этой земле нет точно таких же способностей, как у тебя.

В истории Израиля всегда были войны и завоевания. Так было и во времена Иисуса Навина, о чем можно прочесть в 15-й главе одноименной книги. В городе Кириаф-Арбы жили сыны Енаковы. Халев прогнал их из города. Оттуда пошел по направлению к Давиру, что назывался прежде Кириаф-Сефер. Халев обещал тому, кто поразит Кириаф-Сефер, отдать свою дочь Ахсу в жены. И сын брата Халева Гофониил взял его. И отдал Халев ему в жены Ахсу. Свадебным подарком от отца стал участок земли. К сожалению, на нем не было ни одного колодца. А что можно делать, когда нет воды?

«Когда надлежало ей идти, её научили просить у отца её поле, и она сошла с осла. Халев сказал ей: что тебе? Она сказала: дай мне благословение; ты дал мне землю полуденную, дай мне и источники вод. И дал он ей источники верхние и источники нижние.» (Нав. 15:18-19[1])

Разве у нас не так же иногда в наших буднях? И мы чувствуем себя разочарованными. В такие моменты мы читаем Псалмы и даем Богу возможность нас восстановить или едим в печали шоколад? Я думаю, оба варианта. Сегодня мы возьмем в пример Ахсу и предпримем осаду Бога, чтобы Он дал нам то, что нам нужно. Ахса не сдалась и просила: «Дай мне, дай мне, дай мне.» Так же должны себя вести и мы, когда хотим достичь чего-то определенного. Мы должны быть настойчивы и не сдаваться легко, чтобы из нашей жизни сделать «что-то».

У Роберта Фроста в одном из его стихотворений написано:

На развилке лесной дорог было две...

Я решил на ходу:

Туда, где протоптано меньше, пойду,

И всё изменилось с тех пор навсегда.[2]

---

1 *«...Когда она слезла со своего осла, Халев спросил ее: „Чего ты хочешь?“ Она ответила: „Окажи мне особую милость. Ты дал мне землю в Негеве - так дай мне и источники воды.“ И Халев дал ей верхние и нижние источники.» [Нав. 15:18-19; НРП]*

---

2 *Перевод Ильи Липес*

Мы, как христиане, призваны менять ситуацию.

Уже 14 лет я организовываю поездки в Израиль. В городе Тель-Авив мы давно поддерживаем общину, где служит пасторская пара Анна и Элиезер Музыченко. Как-то мы общались с ними и Элиезер задал моему мужу Иоханнесу вопрос: «Как можно рассмешить Бога?» Мой муж ответил: «Я об этом еще не думал.» Элиезер продолжил: «Расскажи Ему свою мечту!» Эта мысль не давала мне покоя, и я размышляла о ней. Может ли так быть, что Бог смеется над нами, потому что наши мечты ничтожны, а Он приготовил нам то, что мы даже не можем представить?

Я взяла Ахсу как пример. Мы можем штурмовать небо, молясь: «Дай мне, дай мне», чтобы пойти новыми путями, позволяющими нам жить нашими мечтами, чтобы менять ситуацию в мире.

Мы знаем, что у бабочек куколки жесткие. В этом состоянии они могут лишь сегментарно двигать туловищем. Средством защиты куколки от хищников является маскировка. В этой стадии личинка питается теми резервами, которые отложила гусеницей. Длительность стадии куколки равна примерно неделе, но есть экстремальные исключения, при которых метаморфоза может длиться до семи лет. (Источник: *Википедия*)

В юности мое лицо было усыпано веснушками. Я их ненавидела, и хотела избавиться от них. Я не могла себя принять. Тогда я купила на рынке крем «Метаморфоза», чтобы вывести веснушки. Крем действительно помог, и я от них освободилась. Нам тоже нужен такой крем, который называется «Божья помощь» или «Метаморфоза». От веснушек я избавилась, но нашла довольно быстро другие причины себя не любить.

Процессы наших изменений требуют силы любви, чтобы идти новыми путями. У Бога есть прекрасный план для каждого человека на этой земле. Мы можем пойти по нему, но нам нужна вера и принятие себя. Я пишу и молюсь, чтобы во время чтения этой книги Бог открывал твои глаза, касался тебя, чтобы ты вдохнула и расправила свои крылья, не страшась начать все сначала.

Я считаю, что почти каждый успех начинается с ошибки, как и первый блин, как правило, выходит комом. Теперь, если мы упадем, то вперед, а не назад. Господь никогда не желал, чтобы мы, женщины, страдали от комплексов, ведь во время сотворения, когда Он создал нас, то воскликнул: «Хорошо весьма!» (Смотри Бытие первую главу). Он любит безусловно! Бог хочет научить нас ходить по Духу, а не по плоти и нашему эмоциональному состоянию. Он хочет, чтобы мы жили согласно нашей индивидуальности, вложенной Им в нас. Если мы сосредоточимся на наших чувствах и страхах, которые среди женщин подобны эпидемии, то мы будем заниматься только нашими ощущениями. Лучше, если мы направим себя сознательно к позитивному, пока это не станет нашей привычкой.

Если ты ничего не делаешь со своей жизнью, потому что чувствуешь себя неуверенно, так как не принимаешь себя и не любишь, я тебе советую – начни молиться и хоть в чем-то себя менять. Только так сможешь себя открыть заново. Представь себе, ты ищешь одежду в магазине, примеряешь то одно, то другое, до тех пор, пока не найдешь именно то, что тебе действительно подходит. Бог радуется, когда мы с Ним общаемся и заботится о каждом начале. Иисус нашел учеников, которые были несомненно полны страхов, но Он был с ними изо дня в день, обучая их многому. Эта привилегия есть и у нас сегодня. Он сделает то же самое для нас с тобой, если мы Его попросим. Он может восстановить твою сломанную жизнь, залечить раны всех твоих разочарований. Иисус может использовать свою чудодейственную мазь под названием «Метаморфоза», чтобы привести тебя к красоте и расцвету. Люди часто принимают неправильные решения и совершают ошибки. Но мы учимся на наших ошибкам, если мы их признаем. Верь Божьим возможностям, потому что Он стоит на твоей стороне. Он нам пообещал быть с нами до скончания века.

Пойми, что Бог тебя любит, хотя ты и не совершенна. Совершенными мы станем лишь на небесах. Он хочет, чтобы мы использовали силу Его любви к нам и помогли другим. Ты значима! В 1-ом послании Петра 2:9[3] написано: *«Но вы – род избранный, царственное священство, народ святой, люди, взятые в удел, дабы возвещать совершенства Призвавшего вас из тьмы в чудный Свой свет...»* Он воздвиг крест в нашей жизни, и мы принадлежим Ему. Это великая привилегия называться Дитем Божьим.

Мы должны ставить себе цели, записывать их, чтобы не терять из глаз и приносить Господу в молитве, чтобы достигать новых уровней. В первый день года мы всегда идем с Иоханнесом прогуляться. Мы оглядываемся на прошедший год и оцениваем его, беседуя. Потом мы формулируем цели для года наступившего. Мы произносим их вслух, и, что еще важнее, записываем их. Только так мы можем работать над их достижением, возносить в молитве и верить. Они начинают расти в нас, это подвигает нас и нашу веру расти вместе.

Неожиданно меняются твои молитвы, ты чувствуешь свою зависимость от Бога. А если это не так, то тебе надо подумать о такой мечте, которую ты можешь воплотить в жизнь только вместе с Богом.

Некоторые люди не понимают значения постановки целей, потому что они этому не научены, или их так не воспитали.

Какой была твоя мечта, когда ты была ребенком? Стать известной спортсменкой, балериной, врачом? Твоя мечта не должна быть твоей болью. Я знаю женщину, которая начала изучать

Глава 4

---

3 *«А вы - род избранный, царственное священство, святой народ, люди, принадлежащие Богу, призванные возвещать о Его великих делах. Он призвал вас из тьмы в Свой чудесный свет.» [1 Петр. 2:9; НРП]*

медицину, когда ее четверо детей уже выросли. Сегодня она как врач служит многим.

Наша невестка начала в тридцать шесть изучать психологию в университете, хотя ее третьему ребенку как раз исполнилось четыре года. Ее друзья ей сказали: «Ты что? Сейчас?» «Почему нет? – ответила она. – Мне еще тридцать лет работать, в любом случае стоит того.» Пока ее дети были в школе, а младший в детском саду, она учила. Иногда мы должны изменить свое мышление. Реализуй свои дарования и таланты. Сначала узнай свой основной дар, раскрывай его. Приложи его к посвященному служению, потому что это даст тебе основание для влияния. Наконец, ты найдешь удовлетворение и успех в своем даре.

Раньше я себя сравнивала с красивыми женщинами и не выносила свои ноги, еще и потому, что моя бывшая подруга как-то сказала, что они не красивые. Это потом я поняла, что Бог не делает ошибок, и что быть другим не означает быть хуже. Бог нас создал и поставил перед каждым задачу: хорошо справляться с Его уникальным творением. Библия полна обещаний, которые нас укрепляют, но я поверила человеку и отвергла свои ноги.

Моим самым большим желанием было быть другой. В книге Исход 20:17[4] стоит: *«Не желай... ничего, что у ближнего твоего.»* К этому относится и твой внешний вид, и твои дары, и таланты. Иногда в нас желание «иметь что-то» настолько сильное, что мы убеждены, что будем счастливы только тогда, когда это обретем. Во-первых, это невозможно, и такое отношение безусловно не нравится Богу. Кто-то может стать для нас примером, но ни в коем случае не стандартом, потому что Бог создал каждую женщину по роду ее уникальной. Его не интересуют копии. Я

---

4 *«Не желай – ничего из того, что принадлежит ближнему твоему.»* [Исх. 20:17; НРП]

хочу призвать тебя быть довольной собой. Если ты будешь подражать каким-то идеалам, тебя ждут только разочарования. Это не значит, что у тебя не будет никакого успеха в жизни. Однозначно нет! Но Бог хотел бы помогать тебе, а не какому-то «идеалу». Надо понимать, что из двух человек – каждый хорош по-своему. Радуйся своей неповторимости и твоему будущему.

Почти все знают историю двух сестер из Ветхого Завета – Лии и Рахили. Их отец Лаван вел себя как сутенер. Я хочу привести в пример Лию. Иаков провел с ней ночь, не зная кто с ним. Каково было Лии? Возможно, она ощущала себя некрасивой, нежеланной, но у нее была внутренняя красота. Ее младшая сестра Рахиль была красива станом и лицом, так нам говорит Библия, поэтому Иаков хотел на ней жениться. Лию отвергли, но Бог открыл ее чрево, а не Рахили. Бог покрыл упущенное. Лия жаждала любви своего мужа, но сожалела, что не так красива, как сестра. Она несомненно чувствовала себя униженной и ненужной, ведь с ней так несправедливо поступали. Я уверена, что она была полна комплексов, вызванных стыдом. Стыд – сильное и неприятное чувство, которое знакомо всем. Коварное ощущение, от которого хочется провалиться сквозь землю. У некоторых сразу же краснеет лицо. Стыд – это чувство смущения, которое связано с мыслями: «Я плохая, я непривлекательная», «У меня нет возможностей, чтобы добиться успеха», «Я не одна из них», «Я не достойна существования вообще.» Лия не была желанной, ее отец, так сказать, избавился от нее, вытолкав замуж. Стыд появился из-за отвержения, с которым Лия столкнулась.

Может быть, ты пережила что-то подобное? У Лии, скорее всего, комплексы были с детства, потому что она видела, что ее младшая сестра намного красивее. И чем больше комплексов в ней собиралось, тем больше становилось ощущение собственной ненужности. Конечно, Лия прощала других, но не себя. Причиной этому было то, что ее индивидуальность вытеснило чувство ненужности.

Это очень драматично, когда тебя не замечают, отталкивают и ущемляют. Чувства кипят в тебе, им нужен выход. Это можно сравнить с рождением – боль, схватки, напряжение, которые должны прорваться новой жизнью, чтобы расцвести в тебе твоей ценностью. Прошлое должно быть преодолено. Бог на твоей стороне! Так же как Он был на стороне Лии, так Он и на твоей. Твое призвание стоит того, чтобы его принять и, отложив комплексы, жить им. Эту силу Бог вложил в тебя, чтобы твой путь состоялся. Никто другой, кроме Иисуса, не отдавал своей жизни за тебя или меня. Иисус – единственный, кто квалифицирован определить мои индивидуальность и предназначение.

Стыд означает для меня личные границы, пришедшие из особого опыта, отпечаток моей личности. Каждый родившийся имеет чувство стыда. Но очень часто оно еще и воспитано. В зависимости от той среды, в которой мы растем, у нас возникают определенные табу, из которых выстраиваются личные границы. Я могу эти границы переопределить. Чувство стыда помогает мне себя защищать. Оно создает здоровую среду, в которой мои близкие не переходят определенную черту. В то же время я создаю свои разграничения близости и дистанции, чтобы мне жить защищенно. Поэтому я устанавливаю границы, и не хочу, чтобы люди подходили ко мне слишком близко, пересекая их. Но если я приоткрою границу, а мой ближний воспользуется этим больше, чем можно, это приведет к увеличению дистанции. Я попробую одним примером отчетливей пояснить сказанное. Есть некий пастор, который проводит консультации пар и ведет семинары. Люди неизбежно ему открываются, надеются на советы, и впускают его в свои проблемы. В воскресенье они слушают его проповедь и боятся, что раз он знает о них слишком много, то о них и говорит. Некоторые покидают церковь во время проповеди, потому что смущены. Но все не совсем так, как может казаться. Скорее всего, это связано с нарушением их личных границ или разглашением их жизненных обстоятельств. Поэтому так важно видеть, где проходят границы человека. Я должна для себя создать особую личную среду и новый опыт, чтобы разрушать неправильные табу и переопределить, за что мне стыдно. Например, мне стыдно, если я причиняю человеку излишнюю боль и этим усиливаю уже имеющуюся.

Самое главное начать с того, чтобы попросить Бога ответить на наши ключевые вопросы. Если такая ложь, как комплексы и стыд, была посеяна в твою жизнь родителями или кем-то другим, важно принести ее Богу и попросить прощения, что ты этому верила. Позволь Богу вместе с тобой разрушить эти мысли, и прими Божье признание, чтобы жить твоими мечтами и призванием. Вспомни Ахсу, которая не сдавалась, говоря: «Дай мне, дай мне!»

Я хочу рассказать еще историю о том, как себя вести не надо. Я слышала, что есть два типа людей: одни ждут, что в их жизни что-то случится, а другие что-то предпринимают, чтобы в их жизни что-то случилось. В этом большая разница. Бьорн Лаймбах рассказал интересную историю о льве-овечке:

«Жил-был львенок, потерявший свою маму вскоре после своего рождения. Беспомощный малыш пробудил жалость у одной овечки, которая недавно потеряла своих малышей после выкидыша. Взяла овечка львенка к себе, и рос он в овечьей отаре. Учился есть как овца, блеять как овца, убегать, если приближается опасность – так он и рос как овца, точнее как бедная овца, ведь другие, видя, что он не похож на них, дразнили его. Так львенок и стал несчастной и робкой овцой. Однажды вечером пришел лев с гор. Когда он увидел овечью отару, то не мог поверить своим глазам. Посреди них был

молодой лев, который вел себя как овца. Овцы же, увидевшие льва, заблеяли в ужасе и помчались в панике. Но не они интересовали льва. Единственное, что привлекло его внимание был лев-овечка. Он догнал его, схватил за холку и встряхнул пару раз. Лев-овечка был парализован от страха.

«Что ты тут делаешь?» - резко зарычал на него лев.

«Бе-бе-бе, я всего лишь маленькая, слабая, юная овечка, не обижай меня, пожалуйста, отпусти меня к моей маме. Бе-бе-бе...»

«Что за бессмыслицу ты несешь? Где твоя мама?»

«Бежит вон там вместе с отарой. Бе-бе-бе... отпусти меня, пожалуйста, не обижай меня.»

«Да что ты тут забыл среди овец? Ты же сын царя зверей!»

«Бе-бе-бе. Мне страшно.»

«Да перестань ты блеять как овца. Ты – не овца. Ты – лев, как и я!»

«Нет, нет, я – бедная маленькая овечка. Пожалуйста, отпусти меня, чтобы я вернулся к маме.»

Тогда лев схватил льва-овечку снова за холку, донес до маленького озерка и, держа над водой, спросил: «Ну?! Что ты видишь?»

«Я вижу тебя дважды»

«Покрути своей головой. Еще! Что видишь ты?»

«Один ты вращаешь головой, а другой нет. »

«И?!»

Юный лев-овечка посмотрел на большого льва. Потом снова в воду. Подвигался. Потом еще. Положил голову набок. Поднял лапу. Снова посмотрел на льва. Увидел, что другое отражение в воде было больше. И внезапно он осознал, кто он есть. Рык, который он издал в этот момент был слышен далеко. Рык настоящего рождения льва, который узнал, кто *он есть. Кого ты обнаруживаешь в себе? Ты уже лев! Учись рычать как лев! Учись у других львов вести себя как лев. Это просто. Даже если это длится какое-то время и ты время от времени снова будешь вести себя как овца, ты можешь идти новым путем и что-то сделать из своей жизни.»*

Что у тебя хорошо получается от природы? Бог создал людей по Своему образу и подобию. И это действительно для всех людей. Обращение к Богу, которое Библия называет рождением заново, это не что иное, как восстановление Божьего порядка жизни для человека, того, что Бог запланировал для каждого изначально. Раньше я была такой перфекционисткой, и это мне дорого обходилось. Я могу отличать качество от количества, однако наши приоритеты должны быть правильно расставлены. Нельзя рубить сплеча.

Я думаю, что люди часто следуют своим духовным генам, даже до того, как познакомятся с Иисусом. Давайте вспомним Павла. Он был ученым богословом, который посвятил свою жизнь Богу. На пути в Дамаск, куда он отправился с особой миссией, он встретил Иисуса. Почему он не стал поэтом или певцом? Он посвятил свою жизнь изучению Святого Писания. В его духовную ДНК это было заложено, вот только жил он абсолютно неправильно. Он преследовал христиан, потому что отвергал учение Иисуса. Он был на пути своего определения еще до того, как познакомился с Иисусом. И только после своего обращения он пошел той дорогой, которую для него предназначил Бог. Это может произойти и в твоей жизни, когда ты используешь чудодейственное средство «Метаморфоза» от Бога. Он превращает нас из гусениц в великолепных бабочек. На Голгофе Он взял на Себя весь наш стыд и все комплексы. Будь Ему благодарна и сделай из своей жизни лучшее.

Мир полон людей, которые жалеют о том, чего не имеют, и не пользуются тем, что у них есть. Потому и в других они видят мало хорошего, так как недовольны собой. И об Иисусе говорили: «из Назарета может ли быть что доброе?» «Да! Может!» Может ли что-то доброе быть из семьи Майер, Мюллер, Юстус? Да, может! Это находится, естественно, в наших руках. Не позволяй, чтобы кто-то решал за тебя. Только Господь определяет твою жизнь, твою ценность и твое будущее.

Когда-то я получила пророческое слово: «Я выну тебя из старой традиции и религии. Я разрушу старые стены и выну тебя оттуда. Для этого будет тебе дана сила. Особенную чувствительность вложил Я в тебя. Каждый раз, когда ты в молитве поднимешь твои руки, я услышу тебя. Я восторгаюсь тобой, моя дочь, тому, что ты не сдаешься. Когда разразилась буря, ты доверяла мне. Я введу тебя в твое призвание, и ты получишь помазание.» Восхитительное пророчество! Мужчина, который его произносил, не имел понятия, что я соединена с традициями и религией. Бог разрушил старые стены в моей жизни и вывел меня на свободу. Молитвы, которые я возносила к Богу, были услышаны, слава Господу!

У нас семеро детей – четыре сына и три дочери. Я наблюдала за Иоханнесом, как он обращается с девочками, когда они были малы. Часто я думала: «Этому можно позавидовать». Любовь отца к своим дочерям огромная – поддержка для них. Она создает в них безопасность и индивидуальность. Отец, который укрепляет своих дочерей эмоционально, становится образцом для подражания, объясняет жизненные связи, создает свободные пространства для личного развития и в то же время ставит границы. Такого отца и я бы могла любить, но у меня не было никого, кто подарил бы мне ощущение безопасности, и создал предпосылки для прямого жизненного пути.

Однажды я была сильно опечалена. Должна признаться, что реально завидовала моим собственным дочерям. У них был такой заботливый и хороший отец, который столько для них делал и их желания читал по глазам. Когда у них был плохой день или было нехорошо на душе, он их сразу же спрашивал: «Что у тебя, моя любимая доченька? Иди ко мне, расскажи, что тебя смущает?» Наша старшая дочь еще в шестнадцать забиралась к нему на колени и откровенничала с ним. А я часто ложилась в постель с мыслями о потере моего отца. Однажды ночью мне приснилось, что мой отец вернулся. С широко распахнутыми глазами я громко приветствовала его: «Где ты был столько лет?» Я даже не заметила, что мой тон был не подобающ. «Ты не понимаешь, как мне тебя не хватало!» – продолжала я. «Ты, ты... мне даже ни разу не сказал, что любишь меня! Ты, ты... никогда не дал мне защиты и принятия! Ты никогда не поддержал меня как личность! Ты не дал мне любви, которая мне, как женщине, была нужна ежедневно, и о которой я тосковала всю мою жизнь!» Я могла все высказать, хотя никогда не знала моего отца, по крайней мере, не могла его вспомнить. Мне было три года, когда он погиб от несчастного случая. Все, что я о нем знала, была пара историй, которые мне рассказывала мама. От нее я узнала, что у него были очень хорошие качества характера. К сожалению, единственное, что у меня есть от него – старая фотография. Я так благодарна Богу, что Он меня провел через этот сон, чтобы покончить с прошлым, и я смогла идти новым путем.

Я прошу тебя, перестань себя мучать страхами: «А что если?» Если бы у меня было больше денег, если бы у меня было образование получше, если бы у меня было больше возможностей или я бы получила больше помощи? Если бы я привлекательней выглядела, у меня были бы лучшие шансы в жизни.

Твоей самой большой ошибкой является то, что ты не пользуешься тем, что у тебя уже есть. Я хочу призвать тебя доверять Богу, больше верить, потому что Он действует только через нашу веру, нашу настойчивость и доверие. Вера чтит Бога, а Бог чтит веру! Совершить ошибку не означает, что уже наступил конец света. Всегда можно начать заново. Не желай себе того, что есть у других. Покопай в себе, найди, что тебя наполняет и служи этим. Прими свою индивидуальность, в тебе еще много скрыто, и твое отношение начнет менять ситуацию. Это придаст тебе позитивный настрой, и твоя жизнь и служение получат новое значение.

Прочти историю Моисея, как ее описывает в 7-й главе Деяний Стефан. Уже в возрасте сорока лет у него было желание идти к народу Израильскому и попытаться стать их освободителем и судьей, хотя он еще не встретился с Богом. Но я верю, что в нем уже были духовные гены, его естественные дарования. Много лет спустя он встретился с Богом в горящем терновом кусте, и был Им призван стать вождем и освободителем народа Израиля.

Проверь себя, какие в тебе природные дарования, начни их развивать и применять в Царстве Божьем. У меня было немало страхов в жизни, и должна сказать, что они часто стояли у дверей, но я изо всех сил отдавала их Богу в молитве, чтобы служить в свободе. Я уверена, что Бог может употребить любую женщину для строительства Его Царства. Позволь мне призвать тебя, найти твой путь, ведь это благословит и меня.

Иоханнес как-то спросил меня: «Закрой глаза, представь себе, что у тебя есть деньги и нет никакого страха, что тебя высмеют. Что ты будешь делать?» Я тотчас знала, потому что эта мечта давно во мне дремала. Я хотела владеть английским языком. Как только я это произнесла, он сразу же сказа: «Я беру расходы на себя.» Так он вложил себя в мою учебу, чтобы я могла учиться и приблизиться к воплощению своей мечты.

Я призываю тебя, достать список своих мечтаний, где бы ты его ни прятала, куда бы ни закопала. Вспомни мечты, которые ты получила от Бога, но отложила в долгий ящик, достань их оттуда. Переведи режим ожидания в активное состояние.

Писание говорит нам, что Он предопределил для нас заранее добрые дела, и Он не уберет их. У них нет срока годности, они не могут быть просрочены. Твое призвание принадлежит только тебе. Не позволяй, чтобы страхи и обстоятельства руководили тобой, ты должна молитвой управлять ими.

Я хорошо помню, как мы собирались покупать наше сегодняшнее жилье. Иоханнес мне сказал: «Напиши все, что ты желаешь, и молись об этом.» Я так и поступила. Как квартиросъемщик ты принимаешь все, как есть, но когда покупаешь, то хочешь так, как нужно тебе. А у меня было немало пунктов. Когда после долгого поиска мы независимо друг от друга остановились на нашем сегодняшнем жилье, я посмотрела в свой список. Каждое желание было исполнено. Я была в восхищении, и могла только благодарить Бога, что Он услышал мою молитву.

А уж если речь о твоем призвании, то Бог тем более заинтересован и стоит, в любом случае, на твоей стороне. Естественно, все не падает просто так с неба. Нам нужно трудиться, дисциплинировать себя, держать цель в фокусе. Самое важное, что у нас есть – наше время. Оно невероятно драгоценно, оно бежит словно песок сквозь пальцы и не возвращается. У нас есть много возможностей для развития. Нам их нужно использовать, чтобы сделать из нашей жизни что-то стоящее.

Недавно я прочла интересный рассказ, который хочу вам поведать: «Двое мужчин работали для городского управления. Один раскапывал яму, другой вскоре ее засыпал. И так они работали целый день без отдыха. Яму выкопать, яму засыпать и т.д. Один прохожий, зачарованно наблюдавший за этим спектаклем, не выдержал и спросил копавшего: "Я нахожу потрясающими ваши усилия и энтузиазм, которые вы вкладываете в ваш труд. Но скажите мне, почему Вы постоянно выкапываете яму, а ваш коллега тут же засыпает ее землей?" Копавший вытер пот со лба, вздохнул и сказал: "Вообще-то, мы работаем втроем, но коллега, который должен сажать деревья – заболел сегодня."»

Это могло бы быть показательным для многих. Конечно, рассказ смешной, но одновременно очень печальный. Он показывает нам образ жизни многих людей вокруг нас. Они стараются изо всех сил. Тяжело работают. Сражаются, бегут и едва ли чего достигают. В конце они оглядываются и видят лишь ямы, которые были вырыты и снова засыпаны. Все их усилия можно назвать: «они хотят быть счастливыми.» Яму выкопать, яму засыпать, и ничего не поменялось. Так живут многие, они что-то делают, но не знают, зачем они, собственно, это делают. Они живут, не задумываясь зачем, и чего они они хотят в этой жизни достичь, вместо того, чтобы прокладывать новые пути и использовать новые возможности. Послушай свое сердце, оно реагирует в 220 000 раз быстрее нашего разума (из книги Рюдигера Шахе *Разум сердца*). Мы не можем всем нравиться, для этого надо стать клоуном. Я бы хотела всем нравиться. К сожалению, я ловлю себя на том, что не всех люблю, и мне не все нравятся. Поэтому и меня не могут все любить, как бы я этого не желала. Но, что действительно важно – жить по Слову Божьему, доверять Ему и быть довольным собой. В книге пророка Иеремии 17:7-8[5] мы читаем: *«Благословен человек, который надеется на Господа и которого упование – Господь. Ибо он будет как дерево, посаженное при водах и*

Жизнь – это «что-то»? Или есть шанс из нее «что-то» сделать?

---

5 *«Благословен полагающийся на Господа, чье упование – Господь. Он будет как дерево, посаженное у воды, что корни свои простирает к реке. Не боится оно, что настанет зной; листья его пребудут зелеными. Не тревожится в год засушливый и плодоносить не перестанет.» [Иер. 17:9; НРП]*

пускающее корни свои у потока; не знает оно, когда приходит зной; лист его зелен, и во время засухи оно не боится и не перестает приносить плод.» Это и есть наша цель – стремиться к Господу и приносить плоды, все равно, каким был год – засушливым или обильным. Как часто в зное моей жизни я была устала и разбита. Но Господь не оставляет нас, когда мы на Него уповаем.

Есть времена в нашей жизни, когда мы приносим мало плода и есть обильные времена, когда плодов больше. Если за тобой засушливый год, Иисус радуется и твоим малым плодам. Бог трудится, поэтому Его мир – место безопасности и совершенства. Спроси себя: «Как бы выглядела моя жизнь, если бы я жила с уверенностью в сердце, что благодаря Божьему неизменному характеру и Его заботе я могу себя чувствовать абсолютно защищенной?»

Твои страхи бы пропали. У тебя была бы уверенность, что твоя жизнь в Божьих руках. Ты была бы уравновешенной личностью, возможно, очень прилежной, излучающей внутренний покой. Ты бы доверяла Богу и рисковала идти новым путем, потому что хочешь быть Ему послушной. Это означает, что тебе не надо было бы себя везде подстраховывать. Беспокойства становятся нашей зависимостью, они крадут нашу энергию и радость. Личность, в которой правит Божий мир, подобна оазису спокойствия в этом мире адских представлений. Но возможно ли это при нашем стиле жизни?

Я помню как много лет назад мы всей семьей стали членами церкви в Нинбурге. Она состояла из семи человек. С нашими шестью детьми я начала детское служение в ней, занималась служением на кухне и в книжном столе. Еженедельно убирала здание церкви, потому что когда община мала, в ней каждые руки на счету. Я с радостью вкладывала себя во все, пока церковь росла.

«Прежде всего тебе, как последователю Иисуса, надо целиком и полностью привыкнуть к мысли, что ты – служительница. Затем внимательно всмотреться в свою индивидуальность, свои интересы, таланты и предпочтения, чтобы остановиться на том основном направлении, в котором ты можешь служить. С другой стороны, присмотрись к нуждам твоей общины и твоего окружения. И затем приступай доброжелательно и открыто, с перекинутым через руку полотенцем к своей работе. И пока ты будешь служить и переживать радость от того, что происходит, тебе стоит заняться своими духовными дарами и просить Бога, чтобы Он показал тебе твои особенные дарования, которые Он приготовил именно для тебя. Речь о том, чтобы ты могла наблюдать процесс открытия, развития и применения твоих духовных даров. Тебе не надо беспокоиться о том, чтобы тут же появилась область служения, где ты их можешь применять. Позволь себе что-то пробовать и учиться.» Это слова Билла Хайбелса.

Ободрись, Господь защищает тебя от зла, и хранит твою душу. Господь хранит твой вход и выход сейчас и навеки, чтобы из твоей жизни получилось «что-то»!

Решения формируют нашу жизнь

*«Историю свободных людей определяет
не случай, а их решения.»*
Дуайт Д. Эйзенхауэр

Всю нашу жизнь нам приходится принимать решения. Часто это связано с размышлениями, страхами неудач и неуверенностью. То, что у меня есть, мне знакомо и дает мне уверенность. Новое мне еще неизвестно. Принять решение означает отпустить. Этот процесс тянется через всю нашу жизнь до того дня, когда мы отпустим все. До этого момента мы живем и учимся принимать решения снова и снова. Если мы хотим жить в своем призвании, нам необходимо принимать решения. Мы все – старые и молодые, богатые и бедные, женщины и мужчины – выбираем один из двух жизненных путей. Широкий, проторенный путь посредственности или путь, наполненный смыслом.

Возможно ты тоже думаешь: «Я так настрадалась, что у меня есть право все отложить и зализывать свои раны.» Нет! Тебе надо принять решение. Позволить ли своему прошлому сделать себя еще более огорченной? Строить ли на вчерашней боли или на надежде на завтра? Не печалиться, но радоваться: это не скверные чувства формируют мои мысли, но мои мысли порождают скверну моих чувств.

Не позволяй твоим мыслям похоронить тебя в лавине прошлого. Ты не можешь предотвратить то, что с тобой происходит, но можешь влиять на то, как реагируешь на происходящее. Вчерашний день прошел, сегодня наступил новый день и есть новый шанс. Прими решение! Вчерашние комплексы неполноценности не должны иметь никакого влияния на твое сегодня. Наша жизнь должна быть продуктом наших решений, а не обстоятельств.

Предположим, кто-то говорит: «Мое тело не тренировано, из-за одышки я едва могу двигаться. И вообще, я – лежебока.» А почему так? Возможно, потому, что этот кто-то считает, что его внешность его не интересует, ему все равно худой он или толстый, с одышкой или без, он все равно не чувствует себя счастливым. Такой человек думает о себе неправильно, верит этому и соответственно этому живет. Я хорошо помню, как себя чувствовала после семи беременностей. Я решила заняться спортом и скинуть вес, что меня облегчило на 25 килограммов. Личность, которая принимает решение, ищет конструктивный выход из положения, довольна и своим телом. Ведь тело – это храм Духа Святого, за которым мы должны ухаживать. Оно помогает мне воплощать в жизнь данные мне Богом видение и предназначение. Потому я и бегаю, как правило, ежедневно, и радуюсь параллельно чудесному миру, что сотворил для нас Господь. Молитва, которой я молюсь во время бега, укрепляет мою веру и мой дух.

Твои решения определяют твою цель. Нам нужна Божья мудрость, чтобы осознать цель и смысл задач. К сожалению, я не могу перенять ответственность за все обстоятельства, поэтому так важно такое отношение: «Не все, что происходит вокруг меня, я могу изменить, но на происходящее внутри меня, я могу влиять.»

Бог создал нас, людей, со свободной волей. Это способность принимать собственные решения независимо от какого-либо влияния. Сатана пытается втянуть нас силой. Тогда как Бог ведет нас Духом Святым туда, где мы, действительно, можем пребывать с Ним. Мне хочется процитировать «золотой стих» из Евангелия от Матфея 11:28-30[1]: *«Придите ко Мне, все труждающиеся и обремененные, и Я успокою вас; возьмите иго Моё на себя и научитесь от Меня, ибо Я кроток и смирен сердцем, и найдете покой душам вашим; ибо иго Моё благо, и бремя Моё легко.»*

Вот это да! Как выразительно! Нам нужно принять Его власть и действовать в Его покое. Он не заставляет нас, не только потому, что это нам не во благо, а потому, что ценит нас. «Вам не нужно более мучиться, потому что Я за вас!» Я бы сказала, что мы нереально сложные существа, однако можем сосредоточиться только на одном. Наши эмоции откликаются, но наша воля желает своего и побольше. Получается, что мы хотим действовать, но одновременно обдумывать и наблюдать за всем. К сожалению, невозможно охватить все. Попробуйте думать в двух направлениях одновременно. Вы не добьетесь успеха, хотя нам постоянно пытаются внушить, что многозадачность возможна. Это функционирует, если мы выполняем какие-то рутинные задания автоматически, но не тогда, когда нам нужно взвешенно думать и анализировать.

В этом случае необходимо принять решение, ведь мы личности с силой воли, которую в нас вложил Бог. Он показал нам разницу между добром и злом. Мы, как новые творения, можем отличать негативные дела сатаны от Воли Божьей, которая нам дана в Слове Божьем. Ежедневно мы принимаем тысячи решений. Это начинается с утреннего звона будильника, когда мы встаем. Мы решаем выпрыгнуть нам из постели или до следующего звонка будильника понежиться в теплой постели. Многие решения мы

---

1   *«Придите ко Мне, все уставшие и обремененные, и Я успокою вас. Возьмите на себя ярмо Мое и научитесь у Меня, потому что Я кроток и мягок сердцем, и вы найдете покой вашим душам. Ведь Мое ярмо не тяжело, и Моя ноша легка.» [Мф. 11:28-30; НРП]*

принимаем подсознательно между делом, не задумываясь. Тогда как другие напротив мы обдумываем и сознательно решаем.

Как-то странник спросил монаха: «Как принять решение? Мне надо сначала решиться, а потом увидеть? Или сначала увидеть, потом принять решение?» Монах ответил: «Если мне позволено дать тебе совет, то начни с того, чтобы подниматься в гору.»

Есть люди, которые решают сердцем, другие разумом. Сердце и разум конкурируют друг с другом. Блез Паскаль, французский математик, заявил: «Сердце имеет доводы, которых рассудок не постигает.»

Возьми Соломона как образец, в 3-й книге Царств он просит у Бога: «*...даруй же рабу Твоему сердце разумное, чтобы судить народ Твой и различать, что добро и что зло...*» (3 Цар. 3:9[2]) Его желание было благоугодно Богу, потому что слышащее сердце в глазах Господа – это разумное и мудрое сердце. Наше сердце – это место обитания наших чувств, гнева, страха. Наше сердце – место обитания стыда, печали и радости. Это силы, определяющие наши решение и наши ощущения. Часто говорят: «Сердце – что небольшой пророк.» Я призываю тебя прислушиваться к своему сердцу. Знаменитые угрызения совести чаще всего – голос нашего сердца, которое сигнализирует разуму: «Это было не хорошо!»

Когда мы задаем себе вопросы, это уже начало изменений. Вопросы приходят из размышлений. Правильно поставленный самому себе вопрос помогает принять решение. Альберт Эйнштейн утверждал: «Очень важно не перестать задавать вопросы.»

---

2 *«Дай Твоему слуге разумное сердце, чтобы править Твоим народом и различать между добром и злом. Ведь кто способен править Твоим многочисленным народом?» [3 Цар. 3:9; НРП]*

Мы – не просто продукт нашего прошлого и генетической предрасположенности, и не то, как к нам относятся другие. Принимаемыми нами решениями мы определяем, кто мы есть. Я хочу быть продуктом моих решений, а не обстоятельств. Наша жизнь постоянно меняется, все вокруг нас находится в движении и претерпевает изменения. Поэтому мы должны снова и снова настраивать свое направление. Далеко не всегда легко принять решение, потому что за него мы несем ответственность.

Как-то мужчину спросили: «Что сделает женщина, если на шоппинге, она не может решить какую из двух блузок взять?» Он моментально ответил: «Я думаю, что возьмет обе.» Я с ним соглашусь. Нам – женщинам – намного труднее принимать решения, чем мужчинам.

Есть две формы решений: неопределенность и активная позиция. Неопределенность, или решение быть пассивной, отстраненной и несостоятельной. И это именно решение! Некоторые думают, что они не решают! Это и есть худшее решение в жизни. Последствия лягут на наши плечи. Наша жизнь определяется решениями, по-другому не бывает. Мы решаем вставать каждое утро, умываться, есть, идти на работу. Мы решаем заниматься спортом, правильно питаться. Решения могут приниматься подсознательно, но они остаются решениями!

В каком-то смысле все люди похожи друг на друга. У каждого из нас сутки состоят из 24 часов, или 1 440 минут, или 86 400 секунд. Будь мы хоть канцлером или простым гражданином, руководителем предприятия или учеником, у нас есть влияние – большое или маленькое. Никто не может сделать день длиннее ни на секунду. Каждый должен с этим смириться и заполнить день тем, что он считает правильным – то есть принимать решения. Если у нас плохое настроение, надо решить или как его улучшить, или дальше быть на нервах. Возможно, нам не стоит распространять голые принципы, а лучше наполнять их ценностями. В Книге Притч 2:6[3] написано: *«Ибо Господь даёт мудрость; из уст Его – знание и разум...»*

Некоторые решают использовать время и провести его со смыслом. Другие его просто убивают. Естественно, мы знаем, что мы не можем убить время. Это оно работает против нас и в конце концов нас убивает. То же самое с решениями. Мы можем планировать наши события, такие как дни рождения, юбилеи. При этом существует целый ряд факторов, на которые мы не можем повлиять. Дни проходят сами, законы творения сами заботятся о том, что солнце, луна, земля движутся согласно их путям. Но мы можем решить для какой цели мы используем время и наши способности. Когда Иисус призывал учеников, Он говорил: «Следуй за мной.» Это было приглашение довериться Ему. На это ученики должны были решиться. Возможно мы должны изменить формулировку, и тогда поменяются наши ощущения. Иногда мы формулируем нашу молитву примерно так: «Э-э-э... Иисус... если так должно быть, то я принимаю решение быть таким инструментом, который тебе нравится.» Таким заявлением мы демонстрируем только отсутствие решимости. Мы не говорим ни да, ни нет. Этим да-нет мы только создаем путаницу и беспорядок, усложняя жизнь себе и другим.

Библия нам говорит, что наше «да» должно быть «да», наше «нет» – «нет» (Мф. 5:37). Мы живем в эпоху эпидемии неопределенности, но в действительности это и есть определенное решение. Нет определенности – нет цели, нет цели – нет успеха! Есть поговорка: «Кто не пытается, тот и не побеждает.» В этом есть зерно истины. Я полагаю, что мы живем в бездумном обществе

---

3 *«Потому что Господь дает мудрость, и из уст Его - знание и понимание.»* [Пр. 2:6; НРП]

«одноразового потребления». Все отказываются брать на себя ответственность, все заменимо. Телевизор сломался – покупаем новый, раньше мы бы его отремонтировали. Конечно, сегодня финансово это даже не выгодно. Но вы понимаете о чем я. Тот же менталитет «одноразового потребления» прокрался в межличностные отношения. Это касается нашего партнерства и дружбы. Все заменимы и заменяемы. Мы не вкладываем себя в супругов, партнеров, друзей, не отдаемся на сто процентов.

Обязательства ведут к вдумчивому процессу мышления и способствуют положительному развитию. Кроме того создается и ощущение безопасности. Активная позиция в принятии решений – когда человек перенимает ответственность за свою жизнь, определяет курс своей жизни сам. Я не перекладываю ответственность и вину на других, не передаю власть над своей жизнью другим, будь то люди или обстоятельства. Когда я беру на себя ответственность и принимаю решение сама, то все происходящее со мной – это обучение и подготовка на моем жизненном пути. Как нам говорит послание Римлянам 8:28[4]: *«любящим Бога, призванным по Его изволению, все содействует ко благу.»* Что это может означать? Когда я ошибаюсь или у меня не получается достичь желаемого, то я себе говорю: «Выучи, как не надо делать.»

История из неканоничекой Библии, изложенной в 10-й главе книги Юдифь[5] соответствует этому. Происходящее относится ко времени царя Навуходоносора, правителя Вавилона. Он хотел быть богом на земле и завоевывал одну страну за другой. Одному из своих военачальников Олоферну он повелел захватить

4 *«Мы знаем, что Бог все обращает во благо для тех, кто любит Его и кого Он призвал по Своему замыслу.» [Рим. 8:28; НРП]*

5 *«И никто не укорял ее злым словом, потому что она была очень богобоязненна.» [Иудифь 8:8]*

Израиль. Все боялись Олофрена, потому что он был силен и чрезвычайно смел.

Пятый стих 10-й главы[6]: *«К этому дал Господь Юдифи особую привлекательность, ведь он украсила себя не из злого умысла, а страха Божьего.»* Господь сделал красоту Юдифи столь яркой, что она была несказанно привлекательной, потому ее любил и народ. В конце концов, она отрубила голову сильному и смелому полководцу Олоферну. А Навуходоносор? Он должен был в наказание семь лет есть траву. Когда я начала читать книгу Юдифи, она так захватила меня, что я прочла на одном дыхании все шестнадцать глав.

В книге Руфь мы видим еще одну активную позицию в решении! Руфь оставила свою страну, чтобы идти со своей свекровью и решила поселиться с ней в Израиле, как чужестранка. В первой фазе ее решения она поступала вслепую и не понимала, на что идет. В дальнейшем развитии истории Руфь познакомилась с Воозом. «Она пала на лицо своё и поклонилась до земли и сказала ему: „чем снискала я в глазах твоих милость, что ты принимаешь меня, хотя я и чужеземка?"» (Руфь 2:10[7]). Он показал ей свое расположение. Вооз тоже принимал решение: принять ее или отвергнуть? Наше сердце подобно теплице, и мы решаем, какие семена в нее посеем – плохие или хорошие. Как христиане, мы можем и должны переживать времена «действенной любви» – в семье,

---

6 *Приведен перевод с немецкого, потому что в синодальном переводе неканонических книг использовался текст Септуагинты, и этого стиха в нем нет. Тогда как Лютер пользовался и Вульгатой, и Септуагинтой, а они отличаются не только нумерацией стихов, но и переводом некоторых стихов. (Прим. переводчика)*

---

7 *«Она поклонилась, коснувшись лицом земли, и воскликнула: „За что ты так добр ко мне, почему ты проявляешь такую заботу о чужестранке?"» [Руфь 2:10; НРП]*

супружестве, нашей церкви, среди соседей. В противном случае, мы теряем свое право называться христианами.

«Чем снискала я в глазах твоих милость, что ты принимаешь меня, хотя я и чужеземка?» – хотела знать Руфь.

«Мне сказано все, что сделала ты для свекрови своей по смерти мужа твоего, что ты оставила твоего отца и твою мать и твою родину и пришла к народу, которого ты не знала вчера и третьего дня, — отвечал Вооз. – да воздаст Господь за это дело твоё, и да будет тебе полная награда от Господа, Бога Израилева, к Которому ты пришла, чтоб успокоиться под Его крылами!»

Мы видим, что она получила подтверждение и благословение ее решения, сделанного сначала вслепую.

Золотое правило христиан есть также в одной английской пословице: «A daisy a day keeps the doctor away!» – Ежедневно дари маргаритку в благодарность ближнему, и тебе не нужен будет врач. А библейский вариант изложен в Евангелии от Матфея 7:12[8]: «...*как хотите, чтобы с вами поступали люди, так поступайте и вы с ними...*» И для этого требуется решение. Многие люди – гиганты знаний, но гномы в реализации. Почему? Потому что не могут решать. Вы уже слышали такое высказывание: «Каждый новый год начинается с масштабных планов. Мы начинаем как львы, а заканчиваем прикроватными ковриками.» Получается, что решения не выполняются.

В Псалме 16:7[9] мы можем прочесть: «*Благословлю Господа, вразумившего меня; даже и ночью учит меня внутренность*

---

8 «*...во всем поступайте с людьми так, как хотите, чтобы они поступали с вами.*» [Мф. 7:12; НРП]

---

9 «*Восхвалю Господа, наставляющего меня, даже ночью сердце мое меня учит.*» [Пс. 16:7; НРП]

моя.» В книге Руфи, главе 3, стихе 5[10] написано: *«Руфь сказала ей: сделаю все, что ты сказала мне.»* Она подготовила все, что ей предложила свекровь, и пошла на гумно. Хотя в Вифлееме все знали, что она добропорядочная молодая женщина, но все же... Она хотела закончить начатое и приняла решение! Наверняка она думала: «В моей стране у меня точно больше шансов выйти замуж.» Страх быть отверженной преследовал ее. Новые люди, новое окружение, новое мышление – ей пришлось столкнуться со всем этим.

Сегодня нам приходится иногда менять рабочее место или место жительства, искать новую церковь или отдать служение в церкви, чтобы идти новыми путями. Для некоторых это уже невозможно. Руфь была послушной, хотя предложение Ноеминь не вписывалось ни в какие ее представления. Она была моавитянкой, и такие традиции были ей чужды. В ее стране были иные правила. Четвертая глава книги Руфи со стиха 18 повествует, что ее имя стоит в родословной великого царя Израиля, который и сегодня любим среди своего народа – царя Давида. И, что более важно для нас сегодня, – Царя царей! Иисуса! Руфь могла остаться без всего этого в земле моавитской. Решения отпечатывают нашу жизнь! Это повествование привело меня к размышлениям.

Направляйте жизнь правильными решениями! Человеческая жизнь – это гениальное изобретение. Мы так созданы, что проходим в нашей жизни различные фазы. У каждой фазы собственная задача на развитие. Без преодоления каждой из задач, человек не может стать зрелым. Вы знаете различные жизненные стадии: развитие в чреве матери – детство – отрочество и т.д. В промежутках этих временных отрезков отсутствует нечто решающее: переход от одной стадии к другой, который сопровождается ре-

---

10 *«Я сделаю все, как ты говоришь, – ответила Руфь.» [Руфь 3:5; НРП]*

шениями – исключая время в материнском чреве. Теплая жизнь в ванной с приглушенным светом, приятным ритмом материнского сердцебиения, все более знакомые голоса семейного круга – и вдруг все прерывается внешним давлением. Ребенок протискивается через узкое отверстие наружу. Там холодно, ужасно светло и громко. Нужно прикладывать серьезные усилия, чтобы поесть и... принимать решения. Как все не просто! Психологи говорят, что рождение – самый большой кризис жизни. «Добро пожаловать!» Вы все, мои читательницы, с этим тяжелейшим кризисом справились. Кризис созревания, кризис подростковый, в котором человек перестает быть ребенком, но еще не стал взрослым. В возрасте с 15 до 20 молодой человек, только что столкнувшийся вплотную с сами собой, должен определиться со своей силой, своей жизненной энергией, своими возможностями принимать решения, самостоятельно думать, самостоятельно рассуждать. Ему необходимо выработать здоровое недоверие к готовым рецептам теоретического и практического характера. Ему нужно научиться пользоваться чужим опытом. Но сначала он должен решиться это принять. В Книге Притч 1:4[11] это хорошо выражено: *«простым дать смышленость, юноше – знание и рассудительность»*

Хороший пример этому наш младший, который раз в месяц ходит проповедовать в тюрьму, раздает Евангелия на улице красных фонарей, разговаривает и молится, заботится о бездомных, приносит им одежду и Евангелия. Евангелие от Марка 16:15[12] призывает нас: *«идите по всему миру и проповедуйте Еванге-*

---

11 *«...и дадут простакам проницательность, и юным – знание и рассудительность..».* [Пр. 1:4; НРП]

---

12 *«Идите по всему миру и возвещайте Радостную Весть всем людям.»* [Мк. 16:15; НРП]

лие всей твари.» Прими свое решение и напиши для себя 29 главу Книги Деяний апостолов заново.

Фермер, выращивающий бамбук, сажает рассаду в землю и покрывает ее пеплом. В ней спящее растение остается четыре года. Каждое утро фермер поливает ростки. В конце четвертого года растение, наконец, разрывает почву. Затем бамбук вырастает на 20 метров за 90 дней! (Источник: *«Википедия»*)

Целых четыре года у фермера нет уверенности, живо ли еще растение. Но он следует своему решению и заботится о нем. Наших знаний не достаточно. Мы должны решиться и посадить.

Как я принимаю решения? Все решения, которые я принимаю здесь и сейчас, определяют мое будущее. Или говоря иначе: Мое будущее – это результат моих решений. Поэтому важно жить настоящим. Враг постоянно пытается затянуть нас в прошлое и держать там. Мы замечаем это, когда не можем отпустить. Кто-то со страхом думает о будущем, вместо того, чтобы жить здесь и сейчас. На примере Иисуса мы видим общее развитие личности и взаимодействие. Человек – это целостная совокупность! Как уже говорилось, на первом этапе мы принимаем решение вслепую, и должны в то же время взвесить: «Что мешает мне принять решение? Страх?» Когда я стою на крыше, и кто-то кричит мне: «Ирене, прыгай!», конечно, я боюсь. Но здесь речь о страхе выживания. И тут я очень хорошо подумаю, какое решение имеет смысл.

Есть два вида страха. В одном случае нами управляют неуверенность, комплексы неполноценности, страх перед людьми. Наш мозг так устроен, что он всегда принимает решения, но вопрос в том, какие и как, если у меня страх или комплексы? Мой мозг принимает решение, и при этом ищет легчайший путь. Это называется выбором пути наименьшего сопротивления: «Заднюю дверь я оставляю открытой. Когда-нибудь я приму решение, но оно будет наилегчайшим для меня.» Такие решения не будут лучшими ни для моего развития, ни моей жизни в целом. Поэтому эти вопросы, чтобы разобраться внимательно: «Откуда приходят страхи? Что занимает меня? Что мне нужно для моего будущего?» Мне для принятия решения помогает вопрос: «Это способствует моему развитию или препятствует? Продвинет это меня или затормозит?»

Пожалуйста, ответь на следующие вопросы письменно, чтобы ты могла точно рассортировать свои мысли. Если бы у тебя были все необходимые средства, не было страха перед провалом и была уверенность в том, что никто не будет тебя высмеивать – что бы ты сделала? Как бы глупо это не звучало! Естественно, ты бы выбрала то, что всегда хотела.

Если у тебя есть такое желание, напиши двадцать причин, почему ты хочешь это делать. Затем прочти это снова и снова. Последние три пункта будут решающими, остальные выдают желаемое за действительное. Сознательно и подсознательно мы принимаем ежедневно бесчисленное количество решений. В конце концов, наша жизнь – это сумма всех решений, которые мы приняли.

Когда мы узнали, что наш сын употребляет наркотики, мы решили не жаловаться на несчастную судьбу. Мы поставили перед собой цель, чтобы еще в этом году (мы узнали об этом летом), он вернулся к Иисусу, заново с Ним познакомился. Иоханнес и я шесть месяцев молились и постились (мы ели один раз в день).

Нужен Богу наш пост? Я думаю, что Ему менее, чем нам, но как стоит в книге Исаии 58:6, чтобы были сняты оковы, которые сковали нашего сына. Через наши молитвы и пост он был освобожден от рабства греха, и получил свободу, которую Бог ему уже приготовил. Мы решили особенную нужду нашего сына держать перед глазами и просить Бога о помощи.

Насколько важным было *для нас* исцеление души нашего сына? Насколько было важным для нас, чтобы он освободился от зависимости? Бог услышал нашу молитву, и в ноябре произошло чудо. Наш сын сверхъестественно был сражен и восстановлен. Я восхищаюсь нашим Богом, тому, как Он работает с человеческими сердцами.

Так же и в супружестве мы должны ежедневно принимать решения, сражаясь с нашим эгоизмом! На следующей неделе будет 40 лет, как мы с Иоханнесом женаты. Каждый день мы делаем выбор в пользу наших хороших отношений, хорошей интимной жизни, времяпровождения друг с другом – даже если мне иногда так хочется повысить тон. Мы должны говорить об этом, чтобы наше супружество оставалось юным и свежим. Очень многие пары сдаются в супружестве слишком рано. Я хочу вас сегодня призвать сделать свой выбор. И если у меня завтра не получится что-то, послезавтра я начну снова. Только обновляясь ежедневно, можно достичь поставленных в жизни целей. Новое начало возможно тогда, когда мы говорим о том, что лежит у нас на сердце.

Есть долгосрочный выбор. Например, родители принимают решения, влияющие на будущее их детей. Начальники принимают решения о служащих, пастор со старейшинами решают о будущем церкви. Нас должен интересовать вопрос о том, как наиболее оптимально сделать выбор, определяющий наше будущее. Можешь ли ты принимать такие решения в одиночку? Или тебе нужен хороший совет?

Никогда не принимай поспешных решений, не разобравшись, не поняв. Иисус приводит в Евангелии от Луки 14:28[13] наглядный пример: *«Ибо кто из вас, желая построить башню, не сядет*

---

13 *«Предположим, кто-то из вас хочет строить башню. Разве он не сядет вначале и не подсчитает все расходы, чтобы знать, хватит ли ему денег для завершения строительства?» [Лк. 14:28; НРП]*

прежде и не вычислит издержек, имеет ли он, что нужно для совершения её?..»

Поговори с друзьями о предстоящем и позволь им советовать тебе. Проси у Бога мудрости. Он – лучший Советчик, и Он хочет направлять Своих детей. Возьми себе достаточно времени для размышления. Серьезные решения никогда не принимай внезапно или на эмоциях. Если это влияет на ваши отношения с другими людьми, привлекай к этому партнера. Он ведь понесет ответственность за последствия решения вместе с тобой. Если он не готов, то твое решение внесет еще больше напряженности и сделает тебя одинокой посреди этого. Никогда не принимай духовных решений на основании материальных соображений. Тот, кто делает выбор для Царства Божьего, начинает писать историю. Потому что он начинает приключение с Богом, в котором откладывает самоуверенность и уже ничего не держит под своим контролем. Он даже бросает вызов ангелам. Они ополчаются вокруг него и помогают им завершить начатый путь.

Но многие откладывают неудобные решения в надежде, что все будет хорошо. При этом они упускают подходящие возможности, и за них все решает случай. Мать Тереза посмотрела однажды в окно и помолилась: «Боже, почему Ты ничего не делаешь? Мир так ужасен» И Бог ответил: «Тереза, почему ты ничего не делаешь?»

Послание Ефесянам 1:3[14] так описывает состояние нашей жизни: «Благословен Бог и Отец Господа нашего Иисуса Христа, благословивший нас во Христе всяким духовным благословением в небесах...» Мы можем с помощью Святого Духа делать наш выбор, который накладывает отпечаток на нашу жизнь!

---

14 *«Благословен Бог и Отец нашего Господа Иисуса Христа. Он в Христе благословил нас всеми духовными благословениями небес.» [Еф. 1:3; НРП]*

Я хочу призвать вас вкладывать в себя. Вот небольшая иллюстрация: *Некий крестьянин рубил деревья. Его топор был туп, поэтому он не слишком продвигался в этом деле. Кто-то посоветовал ему сходить в деревню и наточить топор: «У меня нет времени на это! Мне еще столько надо сделать!» – отвечал крестьянин.*

Мы не можем изменить наше прошлое, но можем его увидеть в другом свете. Нам надо считаться со Святым Духом и Божьим присутствием. Он – наша помощь. Ему мы можем отдать нашего ветхого человека. Мы можем увидеть нас как новое творение, созданное Богом в Его силе. Господь вездесущ, наше прошлое для Него не может быть закрытым. Мы можем просить Господа, чтобы Он взял нас за руку и прошел с нами через прошлое, через наше детство и юность до момента рождения и часа зачатия.

Господь может освободить нас от любого негативного влияния, хоть родителей, хоть более дальних предков – бабушек, дедушек, прабабушек и прадедушек, которое могло прийти на нас. Освободи себя в молитве от любого влияния, также от любого колдовства и всех видов спиритизма, которыми могли заниматься твои предки, даже тогда, когда ты еще не была зачата. Во имя Иисуса мы можем отменить все это и разорвать с царством сатаны всякую связь, которая когда-либо существовала. В молитве со Святым Духом проследи все возможные пункты в твоей жизни, когда ты соприкоснулась с оккультными вещами. Ты можешь заново благословить момент твоего зачатия. Может быть, это был момент глубокой любви между твоими родителями? А может быть, они не хотели вообще, чтобы зародилась новая жизнь? Мы можем попросить Господа, чтобы Он прошел через этот акт и сделал нечто прекрасное, как Бог это Себе представлял, когда подарил людям дар сексуальных отношений. Мы можем любую ситуацию отнести ко Кресту, Он прощает и очищает нас от любой нечистоты. Его рука простерта надо всем, и еще до сотворения мира у Него был план для тебя и меня. Отдели себя от прошлого и сделай новый выбор, с которым ты будешь жить счастливо и сможешь служить! Если мы не примирились с нашим прошлым, то пропускаем единственно возможный период жить! Мы упустим саму жизнь, потому что живем по-настоящему только «сейчас».

Уметь наслаждаться жизнью, в первую очередь, означает осознание того, что наша жизнь идет в полноте и качестве задуманного для нас Богом. Учись полностью доверять Богу, несмотря на разломы. Он может собрать воедино фрагменты твоей жизни, чтобы создать новую, более прекрасную картину. Некоторые видят руины, другие – много строительного материала. Это стоит нам мужества и уверенности, но мы получаем долю полноты Божьей и Его водительство, также в наши «колючие», мрачные и злые дни. Даже в таком «дне кактуса» может быть скрыто много богатства. С Иисусом все превращается в праздник, так как Он нам помогает обнять даже кактус.

Раньше я смотрела на молодых женщин и думала: «О! У молодых людей сегодня нет никакого вкуса! Во что она одета?» Тебе такое знакомо? Или ты считаешь, что так думают только другие? Но после того, как я прочла в Писании 10-й стих восемнадцатой главы Евангелия от Матфея[15] я изменилась. «Смотрите, не презирайте ни одного из малых сих...» – предупреждает Иисус нас. Осознав, я молилась тогда: «Боже, напомни мне об этом, когда со мной случится снова что-то подобное, и держи это место Писания перед моими глазами, чтобы я никого более не презирала.» Бог поступает так и до сего дня. Кроме того – о вкусах не спорят, и уж тем более не выносят приговор.

---

15 *«Смотрите, не презирайте никого из этих малых.» [Мф. 18:10; НРП]*

У Уолта Диснея было в его бюро три кресла. По очереди он сидел в каждом из них. Одно кресло называлось «мечтатель», другое – «реалист» и третье – «критик». Более всего он предпочитал кресло «мечтателя». Почему? Потому что он хотел в любом случае воплотить свои мечты в жизнь – и у него получалось. Во втором кресле он реализовывал все, что было возможно сделать. Он приводил себе всевозможные аргументы, все за и против. В третьем – он себя критиковал себя и идею до того, как это сделают другие. Так он управлял своими мечтами.

Я хочу призвать тебя мечтать и принимать решения, чтобы потом оглянуться на свою счастливую и успешную жизнь. Известный писатель Горх Фок как-то сказал: «Ты не сможешь сделать свою жизнь длинной, но глубокой!»

Что делает твою жизнь полноценной?

«Самое важное о своей жизни ты передаешь
или сообщаешь не твоими устами.»
Стивен Фуртик

В предыдущей главе речь была о том, что ты можешь углубить свою жизнь, приняв правильное решение. Тебе надо осознать, как важно отвергнуть комплексы неполноценности, чтобы жить в свободе твоего призвания. Самое большое послание, которое ты передаешь – это твоя личная жизнь, и самое большое сообщение – что ты из нее сделал. Твои действия создают твой внутренний образ. Когда ты применяешь в своей жизни мудрость, которой владеешь, твое действие определяет твой внутренний образ. Еврейская поговорка гласит: «Твое сердце наполовину пророк.» Следуй за своим сердцем.

От некоторых женщин я слышала, что дома им скучно и одиноко. По этому поводу мне вспоминается одна шутка: «Если вам дома одиноко, купите себе крем для рук. У него есть способность хорошо проникать.» Я понимаю, что шутка звучит глупо, но как мне может быть скучно с самой собой? Я бы много чего могла предпринять: почитать хорошую книжку, заняться спортом, рисовать, шить, поучить новый язык, попробовать что-то новенькое приготовить. Конечно, мы должны делать то, что приносит нам удовольствие и наполняет нас радостью. И даже если это не так, все равно надо что-то делать, ведь жизнь прожить – не поле перейти. Поэтому прислушивайся к тому, что тебе говорит твое сердце. В Книге Притч 2:6[1] мы читаем: *«Ибо Господь даёт мудрость; из уст Его – знание и разум...»* Господь дает нам все, что нам необходимо для жизни.

В дневнике одного пожилого мужчины я прочла следующее: «Мне 83. Девятнадцать прекрасных лет плюс шестьдесят четыре года жизненного опыта.» Я вынуждена с ним согласиться. Так и есть, если мы что-то делаем из своей жизни.

В книге С. Р. Кови я прочла о четырех важных составляющих жизни: жить, учиться, любить и создать «поэму» своей жизни. Быть здоровым телом и материально обеспеченным. Где бы мы были без врачей, больниц, пенициллина и медицинского страхования? Мы зарабатываем наши деньги, поскольку наша деятельность тем или иным способом отражается в жизни других. Мы отдаем наши деньги за вещи, за которыми стоит работа других.

Наше тело – это храм Духа Святого, и Бог заинтересован в нашем теле. Он любит Духом Святым жить в сердцах. Но мы, к сожалению, живем в постоянной спешке. Здоровый стиль жизни слишком утомителен и отнимает много времени, поэтому мы едим и делаем то, что нам нравится, спим мало, а работаем много.

Ребенком я думала, что время сна – наказание. Сегодня я знаю, что это миниотпуск, который необходимо использовать. Когда я мало сплю, то мало что успеваю за день. Я стараюсь изо всех сил, но так трудно тянуть невыспавшуюся себя через весь день.

Представь себе, что у тебя есть скаковая лошадь, стоящая миллион евро. Как бы ты с ней обращалась и как бы кормила? Поила бы ты ее лимонадом, кормила бы картошкой фри с майонезом, давала бы на десерт шоколад? Давала бы ты ей пиво вместо воды и кило мороженого со сливками вместо овса? Оглушала бы ее

---

1   *«Потому что Господь дает мудрость, и из уст Его – знание и понимание.» [Пр. 2:6; НРП]*

громкой музыкой и тянула бы ночью в пивнушку? Научила бы ее курить и поставила бы в конюшню телевизор, чтобы она нервничала и плохо спала? Конечно, ничего бы такого ты не стала бы делать. Однако так много людей зачем-то именно так поступают со своими телами? А они стоят больше миллиона евро.

Когда наш младший был еще маленьким и увидел, как я занимаюсь спортом, он заметил: «Мама, тебе не надо уже за собой следить, ты же замужем!» Или, повторяя слова пастора Элиезера из Тель-Авива: «Раньше я обращал внимание на свой вес, а теперь за ним слежу.» Мы должны следить за своим телом так же, как и за его весом.

Энди Стэнли, американский пастор, как-то сказал: «Твой самый большой вклад в Божье Царство – это не то, что ты делаешь, а те, кого ты поднимаешь.» Поэтому вкладывай себя в людей, которых можешь поднять и подтянуть. Если же ты за собой не можешь следить, ты не сможешь никого поднять, и не сможешь себя в эту личность инвестировать.

До основания мира у Бога было все в Его руке, и Он хотел, чтобы у каждого из нас начиналась жизнь в вере, с которой мы целеустремленно планируем, живем и вкладываем себя в других. Возможно, в тебе скрыто призвание начать что-то новое? Возможно в тебе скрыто призвание быть в правильном месте в правильное время?

Плохо спланировано – наполовину потеряно. Возможно, в тебе есть призвание, которое еще дремлет: найди ее – настоящую, подлинную и здравомыслящую подругу, и инвестируй себя в нее! Возможно, у тебя есть призвание сеять прицельно, чтобы все было выполнено.

Майкл Джордан как-то заявил: «Талант есть у всех, но развитие способности связано с тяжелым трудом.» Любое достижение связано с выбором. Мы не можем ничего достичь без решения дойти до конца. Я хочу рассмотреть чуть ближе, чтобы убедить вас и восхитить тем, что наше тело и жизнь прекрасны!

Жизнь – это движение. Застой смертелен, а процессы, связанные с переменами, даются совсем не легко. Изменение приносит с собой новые задачи, и некоторые, к сожалению, отступают. Человек использует примерно 30-40 процентов своего потенциала, остальное пропадает. Вспоминая время обучения, я понимаю, что мне надо было больше вкладываться, учиться интенсивно и много. Ганди сказал однажды: «Человек не может в одной области жизни делать добро, одновременно в другой делая плохое.»

Я полагаю, что каждая из вас хочет делать добро и добро пожинать. Каждый человек хочет, чтобы его жизнь протекала достойно. И здесь вопрос лично к тебе: Что делает твою жизнь достойной? Делать добро, учиться доброму, войти в собственное призвание и им жить. В то время как мы делаем добро, мы и сами проходим определенные жизненные фазы, и в каждой фазе есть время кризиса. В кризисе мы растем, становясь более зрелыми личностями. Естественно, только допуская его и прикладывая усилия, мы можем выйти из кризиса победителями.

У каждого человека есть четыре основных потребности. Первая – это жизнь. Пока ты живешь, ты учишься жить. И эта надежда на возможность такой учебы оставляет нас последней. Эта потребность имеет отношение к нашему телу. Бог хочет иметь нас целиком, а не только наш дух. В Евангелии от Иоанна 10:10[2] написано: *«Я пришёл для того, чтобы имели жизнь и имели с избытком.»*

Мы должны жить, соблюдая баланс. И этот баланс состоит не в «или-или», а в «и». Наши четыре основные потребности: физическая, социальная, умственная и духовная. Люди готовы для

---

2 *«Я пришел, чтобы дать жизнь, и притом в избытке.»*[Ин. 10:10; НРП]

своего здоровья делать многое. Они пользуются физическими потребностями, которые дарит нам здоровье. За поддержание нашего здоровья мы ответственны сами. Это вытекает из регулярных физических нагрузок, правильного питания, достаточного отдыха, позитивного жизненного настроя и воздержания от вредных веществ.

Вторая потребность – социальная. Потребность в отношениях, которые строятся по определенным принципам. Давайте рассмотрим принцип доверия чуть ближе. Доверие укрепляет любые отношения. Из него рождается благонадежность. Благонадежный человек дает уверенность. Он может любить ответственно и безусловно. Хорошие отношения без доверия невозможны. Человек, который нам доверяет, дарит нам уважение и внимание, тем самым сообщает: «Ты мне важен!»

Как-то наш старший сын сидел на дереве. Мы с Иоханнесом подошли. Когда он нас увидел, он громко закричал: «Папа, поймай меня!» «Прыгай, мой сын.» – Иоханнес только хотел ответить, но сын был уже у него в руках. Мальчик долго не раздумывал, может ли папа его поймать? Сильные ли у него кости, чтобы его удержать? А что если, он его упустит? Он просто прыгнул. Он думал: «Папа меня любит, я ему просто доверяю.»

Нам всем нужны люди, с которыми мы можем находиться в доверительных отношениях. Это жизненно необходимо и ценно!

О наших умственных потребностях я скажу коротко: мозг человека требует длительного личного развития. Новые исследования говорят, что наш мозг использует только один процент своих возможностей. Какой огромный потенциал дал нам Бог?!

Мы живем в эпоху информации. Можно сказать, что просто утопаем в громадном ее потоке. Потому столь важно концентрироваться на существенном. Мало кто способен работать по одной узкой специализации. Профессиональная жизнь требует от нас разносторонности. У моего мужа целый список разнообразных законченных профессиональных курсов. Это подстегнуло и меня сделать что-то из моей жизни, ведь у нас есть возможность учиться. Здесь играет роль и правильное питание нашего мозга. Читая постоянно, слушая хорошие аудиокниги во время поездок на машине, бега или прогулок, я справляюсь за месяц с парой книг. Так я приобретаю новые навыки, изучаю новое и оставляю проторенные пути. Не позволяйте своему творчеству увядать, подобно растению без воды, ведь оно как мышцы. Если мы его не применяем, мы регрессируем. Господь вложил в каждого из нас большой творческий потенциал. Когда мы хотим заниматься спортом, то хотим больше двигаться, чтобы содержать наши мышцы в тонусе. То же самое с нашим интеллектом – его надо тренировать. Используй свой духовный потенциал!

Бенджамин Франклин придерживался мнения: «Неизбежны только смерть и налоги.» Со всем остальным мы можем справиться, все равно какие проблемы или трудности нас настигают. Пожалуйста, не сдавайся! Твое творчество уникально! Нет двух одинаковых людей на земле. Используй это, чтобы жить в твоем предназначении.

Давайте рассмотрим духовные потребности человека. У каждого без исключения есть нужда: «бодрствовать в духе». В Евангелии от Иоанна 7:38[3] стоит: *Кто верует в Меня, у того... из чрева потекут реки воды живой.* Не внутрь вас, а из вас! Сила идет изнутри наружу, не наоборот. Бодрствование в духе для меня означает постоянный рост. Основной смысл непрерывного развития заключается во способствовании общему благу ради высших целей.

---

3 *«Кто верит в Меня, как говорит Писание, у того из сердца потекут реки живой воды.» [Ин. 7:38; НРП]*

Человек, который говорит: «Я хочу добиться признания, раскрыть только себя», – подобен мертвому морю, в которое вода втекает, но не вытекает. В таком водоеме нет жизни.

Наша жизнь состоит из постоянной учебы. Под учебой я понимаю: рост и развитие себя. Как часто книги, семинары или курсы других побуждают нас начать учиться? Как часто нам что-то открывается, когда мы общаемся в группах? Как много в наших «собственных» идеях взято из идей других? Я желаю вам, чтобы вы верили вашим способностям учиться, потому что у нашего мозга бесконечно много возможностей.

Бог создал тебя и меня, потому что у Него был план для нас. В этом году мы праздновали мой 61-й день рождения. Может быть, через пару лет мне придется уйти. Зачем учиться, повышать квалификацию, расти духовно? Нет! Так думать нельзя. Я представляю себе, что буду еще тридцать лет жить. Тогда есть смысл и учиться дальше. Бог верен в благословении плодоносящих. Он не вознаграждает сидящих в уюте. Мне помогает то, что я могу быть благословением для других. Здесь подходит высказывание Мартина Лютера: «Если бы мне оставался только один день, я бы сегодня посадил еще одно дерево.» Раньше я думала, что не должно же быть так, что человек уходит без всего. Сегодня я знаю, что остается его плод – и это благословение!

К сожалению, мы учимся в спешке. У нас нет времени на глубокие и содержательные беседы друг с другом. Обучение становится поверхностным. Нам нужны готовые рецепты, методы и приемы без принципов, позволяющих действовать в соответствии с ситуацией. Американский писатель Рам Дасс однажды сказал: «У меня на мониторе повешена записка: "Старые собаки могут выучить новые трюки".» Иногда я задаю себе вопрос, сколько новых трюков я могу еще выучить? Надо ли мне это? Не легче ли просто стареть? Однако застой нашего мозга ведет к смерти. Павел во

2-м послании Тимофею 4:13[4] говорит: *«Когда пойдешь, принеси фелонь, который я оставил в Троаде у Карпа, и книги, особенно кожаные.»* Павел дает нам хороший пример, все равно, насколько мы стары.

Следующий рассказ иллюстрирует сказанное ранее:

Где-то жил маленький ручей, который тек по краю большой пустыни. Однажды он услышал голос: «Давай, направляйся спокойно дальше.»

Однако ручей боялся нового и неизвестного. У него был страх перед изменениями. Он хотел больше воды, хотел вести красивую жизнь, но не хотел меняться и уж тем более рисковать. Голос произнес снова: «Если ты сейчас не сделаешь шаг, то ты никогда не узнаешь, на что способен. Просто доверься. Ты справишься и в новой среде, теки спокойно дальше.»

Тогда ручей решил течь дальше, но ему было не очень приятно. В пустыне становилось жарче и, наконец, ручей стал испаряться. Поднимающиеся вверх капельки собирались вместе в воздухе. Там образовались облака, которые поплыли через пустыню. Облака путешествовали много дней, пока не добрались до большого моря за пустыней, в которое они просыпались дождем. У ручейка была теперь намного более прекрасная жизнь, чем он когда-либо мечтал. В то время как волна его нежно несла, он размышлял улыбаясь: «Я столько раз менял свой образ жизни, а теперь я – еще более я, чем прежде.»

Этим я хочу призвать тебя доверять себе, идти новыми путями и смело учиться новому, чтобы твой образ жизни менялся и ты могла течь в твоем предназначении.

---

4 *«Когда будешь идти ко мне, принеси, пожалуйста, мой плащ, я оставил его в Троаде у Карпа, и захвати книги, особенно написанные на пергаменте.»* [2 Тим. 4:13; НРП]

Третья составляющая полноценной жизни: «любить». Мы живем во взаимозависимости. «Любовь становится любовью, когда ее дарят.» Любовь включает в себя отношения и безопасность. Она покоится на золотом правиле всей литературы мудрости: «Взаимность.» Я хочу вас призвать распространять высшее благо, которое вы носите в себе, чтобы одаривать им себя и ближних.

Какое определение любви дает Библия? Любовь означает: развивать отношение, чтобы давать. Манипуляция строит отношения, чтобы брать. Ведь так возлюбил Бог этот мир, что Он получил? Нет! *«Ибо так возлюбил Бог мир, что отдал Сына Своего Единородного, дабы всякий, верующий в Него, не погиб, но имел жизнь вечную»* (Евангелие от Иоанна 3:16[5])

Наше представление о любви так искажено, что основным мотивом любви становится желание получить что-то для себя. «Мне нужна жена» или «Мне нужен муж.» Но это не та причина, которая по Божьему плану должна быть основой образования супружества. Такие мысли – не Божья путеводная нить любви. В нашем обществе любовь представляют часто искаженно. СМИ бомбардируют нас так называмой любовью, которая в действительности является сладострастием.

К сожалению, многие сегодняшние отношения мимолетны. Люди не пытаются ужиться друг с другом, они лишь хотят брать. Из-за этого тянется след разрушений через жизни других людей. Мы хотим наслаждаться преимуществами супружества, но не берем ответственность за жизнь, полную взаимозависимости, самоотверженной готовности помогать и постоянного развития характера. Дети часто приходят в этот мир, когда родители еще не готовы заботиться о них с любовью, учить их, воспитывать,

---

5 *«Ведь Бог так полюбил этот мир, что отдал Своего единственного Сына, чтобы каждый верующий в Него не погиб, но имел вечную жизнь.»* [Ин. 3:16; НРП]

любить и их слушать. Ничего удивительного в том, что так много женщин приземляются в комплексы неполноценности. Ведь любовь означает вложение времени в собственных детей. Нам нужно время, чтобы сделать жизнь достойной. Мы наслаждаемся некоторыми плодами близких отношений, но у нас нет времени, чтобы подойти к другому поближе и любить глубже. Так важно иметь время друг для друга. Этим мы одариваем друг друга.

Заключается ли сущность любви в том, чтобы определенный человек был рядом с тобой? Нет! Ты не сможешь пережить настоящую любовь в супружестве, если не посвятишь себя другому. Это предложение я бы еще раз повторила. Мы должны трудиться над этим и полировать нашу супружескую жизнь. Я приняла это глубоко в мое сердце.

Возможно нам надо переформулировать наш жизненный девиз? Например, муж и жена едины, но не одинаковы. Муж и жена равноценны, но не равнозначны. Муж и жена очень разные, но взаимодополняющие. Говорить «прости меня, пожалуйста», столь же важно, как и «я тебя люблю».

Любить человека выходит за рамки познания людей. Если нами движет не любовь, то любые действия ничто! Что бы мы ни делали. В первом послании Коринфянам 13:3[6] написано: *«И если я раздам все имение моё и отдам тело моё на сожжение, а любви не имею, нет мне в том никакой пользы.»* Важно также совершить дело всей нашей жизни. Неужели нам все равно, что наш Творец в нас вложил? Вместе мы сильнее, чем по одному. Мне хочется прокричать тебе: Ты единственная и создана для конкретного дела, которое переживет тебя! Твое предназначение ждет тебя! Углубляй свою жизнь, чтобы тебе не пришлось жалеть.

---

6 *«Если я раздам все свое имущество и отдам мое тело на сожжение, но во мне нет любви, то ничто мне не поможет.» [1 Кор. 13:3; НРП]*

Скромность состоит из осознания, что никто не является островом, что нет никого, кто обладал бы всеми способностями, идеями и талантами, чтобы видеть общую картину. Определяющим для качественной жизни является возможность что-то вместе решать, друг у друга учиться и поддерживать друг друга в развитии.

Каждый человек создан неповторимо и уникально. Я хотела бы предложить каждому, кто читает эту книгу, захотеть внести в собственную жизнь и жизнь других людей свой вклад, который его переживет.

Наши предки передали нам свое наследие, а мы должны передать наше наследие прямо или косвенно нашим потомкам. Наше имущество мы оставляем нашим детям, тут и без вопросов, но мы созданы для большего.

В послании Ефесянам 1:3-5[7] написано: «*Благословен Бог и Отец Господа нашего Иисуса Христа, благословивший нас во Христе всяким духовным благословением в небесах, так как Он избрал нас в Нём прежде создания мира, чтобы мы были святы и непорочны пред Ним в любви, предопределив усыновить нас Себе через Иисуса Христа, по благоволению воли Своей...*»

Уже тогда Бог так решил из любви к нам. В этом мы можем увидеть, к чему призваны. В послании Ефесянам 2:10[8] стоит: «*Ибо мы – Его творение, созданы во Христе Иисусе на добрые*

Глава 6

7 *«Благословен Бог и Отец нашего Господа Иисуса Христа. Он в Христе благословил нас всеми духовными благословениями небес. Ведь Он избрал нас в Нем еще до создания мира, чтобы нам быть святыми и непорочными перед Ним. Он по Своей любви, по Своему доброму желанию и воле предопределил нам через Иисуса Христа стать усыновленными Им детьми.» [Еф. 1:3-5; НРП]*

8 *«Мы теперь новое творение Божье, созданы в Иисусе Христе для совершения добрых дел, которые Бог предназначил нам совершать.» [Еф. 2:10; НРП]*

дела, которые Бог предназначил нам исполнять.» В одном из переводов[9] Библии на немецкий язык этот стих звучит так: *«Ведь мы Его произведение, созданное в Иисусе Христе.»* Произведение или поэма Бога, так это звучит на греческом, а поэзия означает песни хвалы!

Я говорю не о вымышленном наследии, но о реальном наследии в соответствии со смыслом нашего существования. В послании Галатам 1:15-16[10] написано: *«Когда же Бог, избравший меня от утробы матери моей и призвавший благодатью Своею, благоволил открыть во мне Сына Своего, чтобы я благовествовал Его язычникам, – я не стал тогда же советоваться с плотью и кровью...»* Так должны мы идти. Если спросить о чем-то пару человек, то мы получим самые разные мнения. Божье помазание сверхъестественно. Но Он кладет Свою руку на тех, кто с полным посвящением познает Его слово и следует за Ним. Сколько человек ты уже спросила? Ты помнишь сколько ответов получила? Помазание начинается с того момента, когда ты начинаешь жить в своем предназначении. Никто не может рассчитывать на Божье прикосновение к его жизни, если не живет в послушании. Итак, ищите не человеческого совета, но слушайте собственное сердце и соответственно действуйте. Если ты не хочешь исполнить Божий план, то тебе и помазания не надо.

Зачем ты здесь? Как же важно для каждого найти и понять, зачем он здесь! И как приятно смотреть на человека, нашедшего

---

9 *Самый известный перевод Библии на немецкий сделан Мартином Лютером. Но здесь автор ссылается на Эльберфельдский перевод, сделанный общиной братьев, живших в конце XIX века в Эльберфельде. Этот перевод считается более дословным переводом на немецкий. (Прим. переводчика)*

---

10 *«Но когда Бог, избравший меня еще до моего рождения и призвавший меня Своей благодатью, захотел открыть мне Сына Своего, чтобы я возвещал о Нем язычникам, я ни с кем из людей не советовался.» [Гал. 1:15-16; НРП]*

свое предназначение. Как приятно смотреть на садовника, создавшего с любовью клумбу с цветами. Некоторые люди останавливаются и любуются тем, как украшены эти клумбы, и цветами, растущими на них. Я точно останавливаюсь и восхищаюсь таким произведением искусства.

Когда-то мы посмотрели с Иоханнесом фильм. Он назывался «Саймон Бирч ». В этом фильме мальчик пришел уже в этот мир со множеством патологий. Люди его избегали и не любили, но он точно знал, почему пришел в этот мир. Он часто говорил своему другу: «Я стану знаменитым!» Он знал свое предназначение и жил по нему.

Было ли у тебя такое, что ты что-то получила, но при этом чувствовала себя совершенно беспомощно? Без Божьей помощи у нас не получится. Что Бог в тебя вложил? Очень важно найти, зачем ты здесь. Только это даст нам удовлетворение. Мы думаем, что нам кто-то должен говорить, что делать. Выясни, что делает твою жизнь ценной! Собирать шкаф, варить суп, писать картину, использовать компьютер, проводить урок или соединять распределители?.. Не все у нас получится, хотя многому мы можем научиться! «Чтоб летать с орлами, не паситесь с индюками.»

Павел искал для себя известного учителя, чтобы у него учиться. То же самое мы можем делать в наших церквях, в кругу наших друзей – искать себе наставника, с помощью которого придем к раскрытию того, что в нас заложено, например, к призванию быть художником, к особенным способностям, интересам, склонностям.

В одном эпизоде рассказывается о двух мужчинах, едущих в поезде: *как только поезд сделал первую остановку, один из них застонал. На второй остановке застонал он громче и беспокойнее, на третьей станции он уже паниковал. Другой спросил его: «Почему ты стонешь все громче и жалобнее от станции к станции?». «Как же мне не стонать, – отвечал первый. – Ведь с каждой станцией я все более убеждаюсь, что еду не в том направлении.» Тогда другой посмотрел на него в недоумении: «Но почему ты не выходишь и не едешь ближайшим поездом назад?»*

Первый отвечал: «Я уже прокомпостировал свой билет. У меня хорошее место. Кто знает, когда придет поезд обратного направления и придет ли?» Так он и едет не в том направлении...

Может, ты чувствуешь себя так же? Мы не способны видеть, что уже давно выбрали не то. Мы не хотим признаться, что заплатили дорого ни за что. Нам не хватает смелости быстрее пересесть. Я хочу вас призвать пересесть, если это необходимо. Переходите безбоязненно на новые пути, потому что у нас так мало времени, чтобы найти призвание, и им жить. Я желаю вам, чтобы вы могли эти четыре составляющие полноценной жизни воплотить в своей жизни: жили, учились, любили и создавали свою «поэму» жизни.

Бог хочет, чтобы жили полной жизнью. В Книге Иисуса Навина 1:8[11] мы читаем: *«Да не отходит сия книга закона от уст твоих; но поучайся в ней день и ночь, дабы в точности исполнять все, что в ней написано: тогда ты будешь успешен в путях твоих и будешь поступать благоразумно.»* Мы верим не в результат, но в отношения! Многие люди, читая этот стих, думают, что достаточно читать Библию, размышлять о ней, если они хотят быть успешными. Мы должны на это посмотреть внимательно, и тогда увидим, что это только частично верно. На самом деле в этом стихе стоит, что мы должны размышлять день и ночь о Слове Божьем, чтобы выполнить то, что Он нам поручает. Дей-

---

11 *«Пусть слова книги Закона всегда будут у тебя на устах; размышляй над ними день и ночь, чтобы в точности исполнять все, что написано. Тогда ты будешь процветать и иметь успех.» [Нав. 1:8; НРП]*

ствие по Слову Божьему приносит успех и благословение. Это и делает нашу жизнь достойной.

Однако Бог пытается совершить что-то более глубокое в наших сердцах. Доставляет ли Богу радость, когда мы после добрых дел или после успеха полны сожалений? Достиг ли Он тогда цели в наших сердцах? Совсем нет.

Поэтому мы должны работать над нашими сердцами. Речь не о нашей ветхой плотской натуре, но о новой природе, которую мы получили, когда доверили Иисусу Христу нашу жизнь. Роберт Моррис пишет в своей книге *«Жизнь, полная благословений»*: «Мы эгоистично рождены, но щедро возрождены. Ключ к такой жизни, к жизни в новой природе вместо ветхой, находится в обновлении нашего ума.» Поэтому для нас хорошо руководствоваться не привычками и поведением этого мира, а ориентироваться на Бога через изменение нашего мышления и превращения в новых людей, чтобы достичь нашего предназначения. Так станет твоя жизнь достойной.

Библия высказывается об этом так: «вы не одни, вы не оставлены.» Иисус сказал нам в Своем драгоценном Слове: *«и се, Я с вами во все дни до скончания века.»* (Евангелие от Матфея 28:20[12]). Мы меняемся изнутри наружу. Это процесс, который происходит не за одну ночь. Мы принимаем для этого решение. Чтобы справиться с этим процессом, нам нужна сила Иисуса. Иногда я стою, полная сомнений, и не знаю, что я должна предпринять.

Но Бог благ к нам, когда мы просим Его о помощи. Основные черты Его сущности – Любовь и Милость. Он благословляет нас в наших буднях. Его благословения уже приготовлены Им для каждого. Держась за эту истину, мы можем смягчить трудности, сомнения, страх перед обстоятельствами или ситуациями, или,

Глава 6

---

12 *«А Я буду с вами все время, до скончания века.» [Мф. 28:20; НРП]*

по крайней мере, уменьшить. Эта истина дает новую растущую надежду. Перспективы могут измениться, и благословение потечет. Что доброго вложил Бог в тебя и твою жизнь? Может быть течением твоей жизни все пошло ко дну? Находишься ли ты в роли блудного сына, который не хочет возвращаться в родительский дом? Я хочу тебя призвать положиться на Божью благость и милость. Он будет говорить с твоим сердцем.

Стив Джобс, основатель Apple, как-то сказал: «Нет никаких причин не следовать своему сердцу »

Возможно, ты чувствуешь себя незаметной, черной гусеницей? Подумай о том, что через несколько недель из нее получится прекрасная бабочка. Как это возможно? Это превращение, которое называется метаморфозой, проходит три шага: гусеница разъедается и становится большой и толстой, потом окукливается и наконец превращается в бабочку. Я призываю тебя, следуй зову своего сердца! Если тебе понадобится больше, чем три шага, но ты будешь слушать свое сердце, то однажды превратишься в бабочку, которая живет своим предназначением и следует своему призванию.

Глава 7

Влияние характера на развитие даров

Как уже понятно из названия главы, мы не можем в полной мере жить своими дарами и в своем призвании, если наш характер не отшлифован. Мы можем плохо обходиться с людьми, если у нас нет влияния на наш собственный характер. Давайте еще раз взглянем на гусеницу. Интересно, что наблюдая за процессом окукливания, мы можем видеть, что он начинается со спазматических сокращений, похожих на схватки. После некоторых усилий головная внешняя капсула гусеницы лопается, и готовая, но еще нежная куколка выбирается из гусеничной оболочки. Тогда она должна выпустить сзади себя особую клейкую нить, чтобы прикрепиться к чему-то и повиснуть. Иногда это получается не с первого раза. (Источник: *«Википедия»*)

То же самое происходит с нами. Если мы не «обматываем» себя нитями молитвы, наше терпение лопается. Тогда мы часто раним других людей нашим незрелым характером. Когда мы хотим служить, мы должны разрешить подвергать изменениям наш характер.

Что же такое характер? Характер – это критерий, особенность, своеобразие, самобытность человека. Характер – это наша собственная индивидуальность. Характер – сумма положительных и отрицательных качеств человека. Характер – сумма умственных, эмоциональных и нравственных качеств.

Характер вложен в нас с колыбели. Существует четыре основных типа темперамента человека. В Иезекииле 11:19[1] написано: *«И дам им сердце единое, и дух новый вложу в них, и возьму из плоти их сердце каменное, и дам им сердце плотяное...»* Какое потрясающее высказывание! Наш небесный Отец не хочет оставить нас такими, какие мы есть сейчас. Он хочет создать в нас новое сердце и новый характер.

Коротко я хочу сказать о сильных сторонах темпераментов так, как это описано в книге Флоренс Литтауэр *«Код вашей личности: обращаем недостатки в достоинства»*.

Холерик: Все, что он узнает, подводит его к решению, которое ему надо воплотить тут же в жизнь. Он – прирожденный лидер, динамичный и активный, мгновенно настраивающийся на действия. Он суматошен, находится в вечном поиске заданий, и его не так-то легко отговорить. Он хорошо держит общий план и ищет практичные решения. У него острое и быстрое мышление. Все в жизни, с его точки зрения, можно использовать с пользой.

Холерики делегируют задачи, хотят продуктивности и достигают цели. Холерики в основном трудоголики, как например мой муж. Он работает на полную мощность и не думает о тормозах.

Сангвиник: Он – притягивающая к себе личность. Легко заводит друзей и любит людей. Разговорчив, прекрасный рассказчик, вносит жизнь в любую вечеринку, обладает юмором, у него хорошая цветовая память. Он жизнерадостен и легко убеждает других, всегда любопытен, любит сцену, и у него есть актерский талант. Он восхищается другими, быстро просит прощения, и ему

Влияние характера на развитие даров

---

1 *«Я дам им единое сердце и вложу в них новый дух; Я возьму у них сердце из камня и дам им сердце из плоти.»* [Иез. 11:19; НРП]

не бывает скучно. Он чувствует идеи, но не способен их внедрить. Это должны делать другие.

Меланхолик: Все, за что берется, он делает основательно и добросовестно доводит до конца. Он вдумчивый, творческий и артистичный. Часто поэтичный или музыкальный, задает высокие стандарты, настойчив, хорошо организован и основателен. Меланхолик предрасположен к перфекционизму. Он осторожен и опрятен, глубоко интересуется другими и может решать проблемы других.

Я скорее меланхолична, а Иоханнес – холерик. После столкновения я забираюсь в свою скорлупу. И там могу оставаться до трех дней. Иоханнес моментально лезет на стену. В начале нашего супружества, по моим измерениям, он был постоянно на стене, вот только снизу, из скорлупы, я никак не могла оценить насколько высоко. Можно ли в таких случаях что-то создавать? Я сижу в скорлупе, а он на стене... Никогда. Мы оба работали над собой, чтобы больше подходить друг другу.

Флегматик: Он – прекрасный дипломат и миротворец по натуре. Он очень редко сердится. Добродушный, и на него можно положиться. Благодаря его миролюбивой и гармоничной сущности он одаренно общается с людьми. Он опасается потратить время и энергию зря, потому поспешными действиями делает ошибки. Компетентен и постоянен, охотно соглашается и избегает конфликтов.

Открыли ли вы что-нибудь для себя? Это наши подарки, уже вложенные в нас! Я осознанно коснулась лишь сильных сторон, свои слабости каждый и так знает. Поэтому мне не нужно о них напоминать. Библия во 2-м послании Петра 1:5 и 8[2] сообщает

---

2 *«Поэтому приложите все старания,...если они умножаются, то ваше познание Господа нашего Иисуса Христа уже не будет бесполезным и бесплодным.» [2 Петр. 1:5,8; НРП]*

нам: «*вы, прилагая все старание,.. не останетесь без успеха и плода в познании Господа нашего Иисуса Христа.*» Господь не хочет оставлять нас такими, какие мы сейчас являемся. Он с нами, но не с нашими негативными действиями. Вот почему Он хочет нас изменить. Каждый день по чуть-чуть, если мы позволяем, конечно.

Что показывает мой характер? То, что я думаю. То, что я говорю. То, что я чувствую. То, что я делаю. Мои мотивы. Как развивается мой характер? Воспитанием. Моими интересами и дарами. Моей готовностью к поправкам. Здесь нам в помощь слова из Книги Притч 25:11-12[3]: «*Золотые яблоки в серебряных прозрачных сосудах – слово, сказанное прилично. Золотая серьга и украшение из чистого золота – мудрый обличитель для внимательного уха.*» Мои отношения с Богом оставляют отпечаток в моем характере так же и испытаниями, и пробами в моей жизни. Если мы идем через фазу страдания, мы можем измениться, стать более зрелыми. В послании Галатам 6:7[4] написано: «*Не обманывайтесь: Бог поругаем не бывает. Что посеет человек, то и пожнёт...*» В Талмуде мы можем прочесть мудрые слова: «*Посеешь мысль – пожнешь поступок. Посеешь поступок – пожнешь привычку. Посеешь привычку – пожнешь характер. Посеешь характер – пожнешь судьбу.*»

На какие области, формирующие мой характер, я должна обратить особое внимание? На мою духовную жизнь, то есть отношения с Иисусом, молитву или изучение Библии?

---

3 «*Слово, сказанное уместно, подобно золотым яблокам в оправе из серебра. Что золотая серьга или из чистого золота украшение, то – упрек мудреца для уха внимательного.*» [Пр. 25:11-12; НРП]

---

4 «*Не поддавайтесь заблуждению: никому не удастся провести Бога. Человек пожнет то, что он посеял.*» [Гал- 6:7; НРП]

К этому относится и личная жизнь, привычки, стиль жизни и те, с кого я беру пример. Эти факторы оказывают влияние на мое служение. В порядке ли мой дом, моя семья, мое личное окружение, моя социальная жизнь и моя дружба?

Покажу на примере. Представьте себе, вы стоите у красивого озера. Приходит засуха, которая постепенно его иссушает. Постепенно становятся видны, прятавшиеся на дне старые корни, мусор, грязь, старые заржавевшие банки. Вероятно, они были там всегда. Во времена влюбленности, начинающейся дружбы вы просто упустили из виду эти плохие привычки и причуды, а теперь они стали заметны. До этого они скрывались под водой, окруженной красивой зеленью. Поэтому нам надо работать с нашими характером, воспитанием и дисциплиной.

В моем служении и моих утверждениях выявляется мой характер, как и в моем супружестве, и обхождении с противоположным полом. Особое внимание я должна обращать на хорошие привычки, чтобы слова совпадали с делами, быть обучаемой и готовой к поправкам.

Когда Иоханнес еще работал свободным предпринимателем, а я была с детьми дома, он приходил домой уставший и хотел расслабиться. Он растягивался в зале на диване. Мне же не терпелось обсудить с ним все проблемы дня вместо того, чтобы подождать пока он отдохнет. Иногда я была так недовольна, что бросала в него что-нибудь такое: «Ты здесь, но тебя нет.» Мне казалось, что он погружен в другой мир. Сегодня я даю ему возможность отдохнуть, расслабиться и успокоиться в мыслях. А потом я могу с ним все обсудить.

Я хочу представить вам семь женщин из Библии: какие у них были типы темперамента мы можем только догадываться. Но все семь работали над своим характером, иначе Бог не использовал бы их в качестве примера для нас. Речь о том, как они были смелы, как доверяли Богу и как поступали.

Начну с Руфи, которую я назову *«духовно богатой»*. Ее свекровь Ноеминь потеряла мужа и примерно через десять лет двух своих сыновей, которые были женаты на женщинах из земли Моав. Ноеминь не видела выхода. Она должна была вернуться в свою страну, в ее город Вифлеем, который они покинули во время голода. Ноеминь предложила своим невесткам Орфе и Руфи оставаться на их родине. В книге Руфи 1:16-17[5] мы можем прочесть замечательный ответ Руфи: *«Не принуждай меня оставить тебя и возвратиться от тебя; но куда ты пойдешь, туда и я пойду, и где ты жить будешь, там и я буду жить; народ твой будет моим народом, и твой Бог – моим Богом; и где ты умрешь, там и я умру и погребена буду; пусть то и то сделает мне Господь, и ещё больше сделает; смерть одна разлучит меня с тобою.»*

Как мы знаем из истории, невозможное стало возможным: она, будучи чужестранкой, вышла замуж. Вооз – родственник Ноемини, женился на Руфи. Она родила сына, чьим внуком стал царь Давид.

Историю Деворы – *«героини»* – мы можем прочитать в книге Судей 4. Она была женой Лаппидота (я считаю, что это такое милое имя). Они жили под так называемой пальмой Деворы, между Рамой и Вефилем в нагорьях Ефрема. Двадцать лет военачальник Сисара угнетал их.

Однажды Девора послала за полководцем Вараком и сказала: *«повелевает тебе Господь, Бог Израилев: пойди, взойди на гору*

---

5 *«Не уговаривай меня покинуть тебя или отвернуться от тебя. Куда пойдешь ты, туда и я, и где ты остановишься, там остановлюсь и я. Твой народ будет моим народом, и твой Бог – моим Богом. Где умрешь ты, умру и я, и там буду похоронена. Пусть Господь сурово накажет меня, если что-нибудь кроме смерти разлучит меня с тобой.» [Руфь 1:16-17; НРП]*

Фавор и возьми с собою десять тысяч человек из сынов Неффалимовых и сынов Завулоновых; а Я приведу к тебе, к потоку Киссону, Сисару, военачальника Иавинова, и колесницы его и многолюдное войско его, и предам его в руки твои».

Варак сказал ей: «Если ты пойдешь со мною, пойду; а если не пойдешь со мною, не пойду.»

Она сказала ему: «Пойти пойду с тобою; только не тебе уже будет слава на сём пути, в который ты идешь; но в руки женщины предаст Господь Сисару».[6]

Девора была и в действии очень смелой женщиной! Она видела нужду и необходимость освобождения, и была готова поделиться славой и честью. Речь была не о власти и чести.

Теперь мы вспомним Марию, которую я назову «великодушной». Ее история начинается в Евангелии от Луки 1:28-30[7]: «Ангел, войдя к Ней, сказал: "радуйся, Благодатная! Господь с Тобою; благословенна Ты между женами". Она же, увидев его, смутилась от слов его и размышляла, что это было за приветствие. И сказал Ей Ангел: "не бойся, Мария, ибо Ты обрела благодать у Бога."» Благодаря своему доверию она оставила величайшее наследие всех времен. Должно быть у нее была здоровая самооценка. Она не только видела доброе в других, она и сама была вели-

---

6 *«Господь, Бог Израиля, повелевает тебе: "Иди, возьми с собой десять тысяч человек из рода Неффалима и Завулона, и веди их на гору Фавор. Я приведу Сисару, начальника войска Иавина, с его колесницами и воинами к реке Кишону и отдам его в твои руки". Варак сказал ей: "Если ты пойдешь со мной, то пойду и я, а если ты со мной не пойдешь, то и я не пойду." "Хорошо, - сказала Девора, - я пойду с тобой. Но этот путь не приведет тебя к славе, потому что Господь отдаст Сисару в руки женщины."» [Суд. 4:6-9; НРП]*

---

7 *«Ангел пришел к ней и сказал: "Приветствую тебя, получившая милость! С тобой Господь!" Марию эти слова очень удивили, и она размышляла, что бы значило такое приветствие. Ангел продолжал: "Не бойся, Мария, потому что Бог проявил к тебе милость!"» [Лк. 1:28-30; НРП]*

кодушной! Бог избрал ее, потому что ее сердце было большим. Я представляю себе ее как смиренную и богобоязненную женщину. У нее был такой потенциал, который невозможно увидеть просто человеческими глазами. Бог видел ее сердце.

Следующей идет Эсфирь – *«царица»* – еврейская девушка в Персии, чью историю рассказывает одноименная книга в Библии. Царица Астинь попала в немилость и была отвергнута. Затем были собраны красивейшие девушки империи и привезены в гарем царя. Среди них была еврейская девушка по имени Гадасса. После смерти ее родителей умерли, ее вырастил дядя Мардохей. Он назвал ее Эсфирью, потому что не хотел, чтобы стало известно, что она – еврейка. Она понравилась царю, и он сделал ее своей царицей. Она жила с достоинством и разделила его с другими. В ней я вижу характер Иисуса царского достоинства. То же царское достоинство Бог вложил в нас.

Следом идет Анна – *«смиренная»* – о которой мы читаем в 1-й книге Царств, в первой главе. Я люблю эту женщину! Она не сдавалась и продолжала верить в изменения ее жизненных обстоятельств. Она смирила себя, потому что Бог смиренным дает благодать. У ее мужа Елканы было две жены – она и Феннана. Муж любил Анну больше, но она была бездетна. Феннана уже родила нескольких детей Елкане. Анна желала детей от всего сердца.

«И ходил этот человек из города своего в положенные дни поклоняться и приносить жертву Господу Саваофу в Силом...» (1 Цар. 1:3[8]) Анна молилась в Храме и с горькими слезами открывала сердце Господу. Ее огорчение было услышано, и она получила сына – Самуила. Позднее она родила еще трех сыновей и двух дочерей. Таков Бог! Он дает с верхом!

---

8 *«Каждый год Елкана уходил из своего города в Силом поклоняться и приносить жертвы Господу Всемогущему...» [1 Цар. 1:3; НРП]*

В послании Евреям 11:11[9] мы читаем о Сарре *«доверяющей»*: *«Верою и сама Сарра (будучи неплодна) получила силу к принятию семени, и не по времени возраста родила, ибо знала, что верен Обещавший.»* Библия полна обетований. Я хочу нас всех призвать иметь веру и доверие, считаться с сверхъестественными событиями. Между тем Бог подготовил окончание бесплодности Сарры. В девяносто лет она родила своего сына Исаака (Быт. 18:9). Так она стала прародительницей народа Израиля. Ее терпение и ожидание были вознаграждены.

Сарра показывает нам, что мы не должны сдаваться, даже если приходится иногда долго молиться и ждать. Вероятно, и у тебя есть молитва, которую приносишь пред Божий престол каждый день. Иногда ты устаешь от этого и уже больше не можешь. Может быть, ты задаешься вопросом, слышит ли Бог вообще тебя? Я хочу тебя укрепить. Он слышит каждую молитву. Пожалуйста, молись дальше. Представь себе стакан с водой, в котором собираются молитвы. Возможно, стакан уже наполовину полон, а может в нем не хватает лишь пары капель твоих молитв, и они польются через край. Имей терпение в молитве и доверие. Не сдавайся!

И завершим мы повествование Лией, которую я назову *«невидимая»*. Согласно Библейскому словарю ее имя означает «дикая корова». Ее имя уже говорит за себя. Еще и глаза у нее были слабые. Она была старшей сестрой Рахили. Обманом отец сделал ее первой женой Иакова. Иаков предпочел бы прекрасную Рахиль, но Бог однако благословил плодовитостью «не видящую и не желанную Лию», как первую. Она родила Иакову шесть сыновей и одну дочь. В книге Бытия, 29-й главе ты можешь прочесть эту историю. Одного из сыновей звали Иудой, и он записан как один

---

9 *«Верой Авраам стал отцом, хотя и сама Сарра была бесплодна, и он был уже стар, - ведь он полагался на Того, Кто обещал ему.»* [Евр. 11:11; НРП]

из предков Христа. Бог часто стоит на стороне тех, кого отвергают или с кем плохо обходятся.

После ее смерти, она была той, с кем был похоронен ее муж, который позже стал называться Израилем. Именно с ней, а не с прекрасной Рахилью.

Как часто ты оставалась невидимой, когда несла свое служение? Как часто ты ждала, чтобы тебя кто-то увидел и похвалил? Библия нам говорит: правая рука не должна знать, что делает левая, и наоборот. Бог видит тебя и уже подготовил тебе награду. Не сдавайся! Когда я передаю сегодня женщинам эту картину, я думаю о тех, кто не может себя принять или считает себя непривлекательной. Женщины, страдающие от комплексов неполноценности: кто тебе сказал, что ты не красива? Бог тебя хотел, и Он считает тебя великолепной!

Я представила семь женщин. Семь – это число Бога, число божественной полноты. Возможно, кто-то из вас думает: «Ну да, Бог стоял на их стороне.» Да, но они были такими же женщинами, как мы. Бог любит не только этих семерых. Он любит каждую из нас и стоит рядом ежедневно. Нет ничего нового под солнцем, как мы можем увидеть в Екклесиасте 1:9, и дьявол, как вчера, так и сегодня, тот же. Он не оставляет в покое, бомбардирует людей сомнениями и мыслями всех сортов. Он получил много имен: Люцифер, Вельзевул и другие. То же самое с проблемами сегодня – у них много имен. Он хочет нас развалить любыми способами – страхами перед неудачами и потерями, беспокойством.

Я посмотрела, что означает Вельзевул. Повелитель мух! Надоедливые мухи! Каждый из нас знает, что надо делать с мухами. Мы гоним их прочь, они возвращаются снова почти сразу, мы их гоним – они снова здесь. Значит, мы должны побеждать их с оружием. Мы берем мухобойку и убиваем их, иначе не будет никакого покоя. Точно так должны мы поступать с дьяволом – побеждать его оружием: молитвой, прославлением и поклонением. От этого оружия надоедливые мухи дьявола отступают.

Вы думаете, что Девора совсем не боялась идти на войну? Или у Эсфири не было страха, что ее обезглавят, если она без приглашения зайдет к царю? Мария не думала: я не достойна? Руфь все потеряла, а тут еще неизвестность. Она не знала, что ждет ее в земле Израильской. Но все эти женщины были сильными и не сдались. Они доверяли Богу, были смелы, чтобы решать проблемы и пройти сквозь них. Конечно, они работали над своим характером, ведь они были окружены людьми.

Чему мы можем научиться у этих семи женщин? Они отличались самодисциплиной, выдержкой, характером, мудростью, смелостью и прежде всего доверием Богу. И, конечно же, юмором, который является признаком мудрости. Я не могу, естественно, сказать, кто из них был меланхоликом или холериком.

Не существуют стопроцентных меланхоликов или стопроцентных сангвиников. Все характеры включают в себя четыре типа темпераментов, в различном балансе. О себе я знаю после теста, что я на двадцать процентов холерик и на семьдесят – меланхолик. Тогда как у Иоханнеса иначе – двадцать процентов – меланхолика и семьдесят – холерика. Естественно, у нас есть качества сангвиников и флегматиков. Но гораздо важнее, чтобы мы доверяли Господу, с Ним проходили наши будни, и надоедливым мухам – мыслям и тому подобному – не давали ни малейшего пространства.

Эти семь женщин отдавали свои будни в помазание от Господа. В Псалме 22[10] мы читаем: *«умастил елеем голову мою»*. Тут стоит докопаться до причины таких слов. Пастухи мазали своих овец маслом, потому что их терзали мухи, использующие любую возможность, чтобы отложить свои яйца на голове овец. Потом там появлялись личинки. Представьте себе, каково это быть сжираемым живьем? Можете себе представить?! Животные сходят с ума. Иногда у нас бывают дни в нашей жизни, когда наши нервы сдают. Тогда нам особенно нужен Божий елей. Позвольте Богу помазать вас на служение. Это означает читать Библию другими глазами и переформулировать предложения веры.

Приоритетной целью остается – жить согласно дарам и быть счастливой. Работай с Божьей помощью над своим характером. Наш характер не должен встать на пути и распоряжаться. Подумай о Марии, «великодушной» – это ты! Подумай о Руфи, «духовно богатой» – это ты! Подумай о Деворе, «героине» – и это ты! Прогони надоедливых мух. Вельзевул проиграл. Господь водрузил Крест в твоей жизни, потому что ты – Его дитя, потому что Он позвал тебя по имени. Ты Его! (Ис. 43:1) Подумай об Анне, в каком смирении она просила о желаемом. Илий послал ее домой, думая, что она пьяна.

Бог хочет, чтобы ты и я росли, процветали и принимали царское достоинство, потому что Он прежде возлюбил нас и одарил нас Своими собственными чертами. Давайте быть женщинами, которые работают на собой и отстаивают праведность Божью, чтобы Его Царство строилось. В этом наше предназначение!

В послании Колоссянам 4:6[11] мы читаем: *«Слово ваше да будет всегда с благодатию, приправлено солью, дабы вы знали, как отвечать каждому.»*

Известный проповедник пробуждения Билли Грэм как-то сказал: *«Целостность – это клей, который держит наш жизненный путь. Мы должны постоянно стремиться сохранить свою*

---

11 *«Пусть ваша речь всегда будет приправленной солью, умейте каждому дать нужный ответ.» [Кол. 4:6; НРП]*

целостность. Когда потеряно богатство – ничто не потеряно, когда потеряно здоровье – потеряно нечто, но если потерян характер – потеряно все.» Давайте шлифовать наш характер ежедневно Божьим Словом. Вы знаете, что алмаз, как и уголь, является формой углерода, и он требует шлифовки. Почему нам должно быть лучше?

Например, на наше мировоззрение накладывают отпечаток наше поколение, общество, происхождение и, конечно же, семья. Поэтому я смотрю на мир через Божьи очки. В этом смысле интересна цитата Элвиса Пресли: *«Ценности, как отпечатки пальцев. Нет одинаковых, но при этом они прослеживаются во всем, что ты делаешь.»*

С другой стороны, мы приобретаем новый опыт, проходя особые жизненные обстоятельства. И моя прошлая форма, и приобретаемый жизненный опыт влияют на мои ценности и принципы. Поэтому я спрашиваю себя, могу ли я перенести на мои ценности и принципы известное высказывание: «Нет ничего более постоянного, чем перемены»? Ни твои обстоятельства, ни твои знания, ни твой опыт не определяют твою ценность, но только твой Творец, Бог!

Как вы можете узнать вашу ценность? Как узнать, что вам ценно? Это совсем просто. Ваши ценности отпечатываются всегда на ваших поступках и вашем поведении. Особенно, когда вы попадаете под пресс, вы показываете себя себе самой и другим, прежде всего в том, что и как вы делаете, во что верите и что считаете ценным. Вы можете только что-то одно сделать за один раз, поэтому нужно выбирать. Естественно, вы выбираете то, что в этот момент для вас самое важное.

Очень интересный пример рассказал Эрнст Модерзон:

«В одной таверне сидело немало выпивающих. Они говорили о том, о сем, в конце концов, темой их разговоров стали жены.

О, и у каждого было предостаточно ворчливых слов, чтобы выразить свое недовольство. Только один сидел молча. Это бросилось, наконец, в глаза другим.

«А ты что ж? – спросили его. – Тебе нечего сказать?»

«Да, – сказал он. – Ничего не могу поделать, но у меня нет оснований жаловаться на свою жену. Она слова дурного мне не говорит.»

Все рассмеялись, и сказали: «Да быть такого не может!»

«Да нет, – защитил он свою жену. – Я уверен, если я ее посреди ночи разбужу и скажу, чтобы она встала и приготовила мне поесть, она без единого резкого слова против встанет и приготовит.»

Насмешки и хохот становились все громче и громче. «Ерунда! Ты просто издеваешься над нами!»

«Спорим?»

И они поспорили. Мужчина хотел тут же доказать, что он сказал правду. Все пьяное сообщество отправилось к нему. Жена была уже в постели, потому что было довольно поздно. Полночь давно миновала, когда компания ввалилась в дом. Ее муж скомандовал: «Жена, поторопись, вставай, приготовь нам кофе, я захватил с собой гостей.»

Гости не ожидали ничего иного, кроме привычных им бранных слов, но нет, таковых не последовало. Вскоре они услышали звон чашек и вскоре она вошла с дружелюбным лицом и дымящимся кофе.

Такое зрелище отрезвило мужчин, и им стало стыдно от вида этой тихой и нежной женщины. Наконец, они сказали ей о том, что поспорили, и один спросил ее: «Как Вы можете быть такой дружелюбной к таким людям, как мы? Как у Вас так получается?»

Она ответила: «Я с болью наблюдаю за тем, как мой муж делает все, чтобы себя разрушить. Но у него только одна жизнь. Вечную жизнь пьяницы не наследуют. Поэтому я хочу ему хотя бы жизнь на Земле, которая у него есть и которую он сокращает, сделать приятной, как только я могу.» Протрезвевшие гости тихо разошлись по домам.

А муж сказал своей жене: «Скажи, жена, неужели тебе так важно спасение моей души?»

И когда он посмотрел в ее полные слез глаза, потому что так мягко он с ней никогда не говорил, то и из его глаз потекли слезы, и он осознал свою вину. Они упали на колени и Бог помог ему стать другим.»

Соответствовало поведение этой женщины ее ценностям? Однозначно! Обстоятельства вокруг нее были против нее, но она была счастлива, потому что нашла свои ценности в Боге, и ее характер был отшлифован. Она не мстила, но терпеливо жила в своих дарах.

Элизабет Кава в свое время сказала: *«Кто нашел источник жизни, должен сделать его доступным другим.»*

Ценности – основа наших решений, нашего мышления и наших поступков. Эта женщина своим образом жизни не только показала мужу Источник, но и ее ценности, которые она получила от Иисуса.

Ценности и характер важны, ведь они подвигают к поступками. У поступков последнее слово, ведь без действия ценности немыслимы и неисполнимы. Какими принципами я руководствуюсь в моей жизни? Какие ценности стоят того, чтобы за них держаться? Здесь я хотела бы назвать милость, праведность, благодать, любовь к ближнему, свободу и семью. Ценности касаются каждого из нас лично. Важно иметь представление о том, какие ценности двигают мной, руководят мной, и какие у них корни.

Я желаю вам обильных Божьих благословений и успехов в том, чтобы быть счастливыми и довольными вашей жизнью и вашим служением!

Хочу процитировать слова Чарльза Гаддона Сперджена: *«Господи, помоги моей молитве исходить не только из моих уст, но из глубины моего сердца.»*, и добавить: *«Помоги нам наблюдать за нашим характером и в этом найти свое призвание, чтобы им жить.»*

Глава 8

Твое счастье станет видимым.

«Когда человек смотрит в воду, он видит своё лицо, так и сердце показывает, что человек представляет собой.»

Книга Притч 27:19[1]

В этом стихе сокрыта истина. К сожалению, мы не всегда довольны нашей внешностью и счастливы, когда смотрим в зеркало. Нам так тяжело принять себя такими, какие мы есть, и не обвинять Творца. Иисус мог бы сказать: «Ты стоишь того, чтобы быть счастливой!», ведь Он умер за тебя и омыл тебя и меня Своей драгоценной кровью. Ты достойна того, чтобы быть счастливой, потому что в тебя Иисус инвестирует Себя снова и снова.

Следующая басня показывает, что нам можно быть счастливыми:

Встретились как-то две кошки, и одна сказала: «Я посетила философский семинар, и там выучила, что самое важное для кошек – быть счастливой. Во-вторых, счастье кошек находится в хвосте. Поэтому я каждый раз приближаюсь к счастью, когда охочусь за хвостом.»

Другая ей отвечала: «Я не такая умная, как ты, и не посещала философских семинаров, но я наблюдала за жизнью и

---

1   *Цитата по редакции 1993-95 г. г. перевода Международной Библейской Лиги, ранее называвшейся Библейским Переводческим Центром (WBTC – World Bible Translation Center). Это был первый современный вариант, альтернативный Синодальному переводу Священного Писания на русский язык. Это место Писания в Синодальном переводе: «Как в воде лицо – к лицу, так сердце человека – к человеку.», в Новом русском: «Как вода отражает лицо, так человеческое сердце – человека.» (Прим. переводчика)*

выявила, что для кошек самое важное быть счастливыми, и что счастье кошки в хвосте. А когда я делаю то, что люблю, я автоматически становлюсь счастливой.»

Это вопрос терминологии. Быть счастливой означает быть в приподнятом настроении, ощущать радость, жить в мире с собою. Каждая должна задать себе вопрос: когда я довольна, когда я чувствую себя счастливой?

Есть люди, которые после вкусного обеда поглаживают себе живот, и в этом довольны и счастливы. Другие бегают каждый день и счастливы и довольны, что потеряли пару килограммов. Третьи же счастливы и довольны, когда, грубо говоря, дали кому-то в морду.) Это такой сорт счастья, когда один рад тому, что другому плохо. Но вопрос-то в том: что такое счастье? Это связано с моей системой ценностей, моим взглядом на жизнь, моей жизненной философией. Люди с мышлением жертвы счастливы и довольны, когда с ними плохо поступают. Важно, чтобы мы рассматривали убеждения, выработанные нами в детстве для того, чтобы получить уважение.

Счастлив человек, который знает, что он уважаем и ценен, любим и защищен. Другой однако пытается хорошими результатами собрать пункты, чтобы его уважали. Вопрос в том, что делает меня счастливой? Я думаю, это могут быть мелочи и повседневные вещи, которые делают меня благодарной и счастливой, такие как красивый дом в мире и довольстве. Все на этой Земле преходяще. Поэтому имеет смысл обратить внимание на внутреннее счастье. И когда я определяю, что для меня счастье, приходит ощущение, что мой Бог доволен мной.

В Книге Притч 28:14[2] стоит: *«Блажен человек, который всегда пребывает в благоговении; а кто ожесточает сердце своё,*

---

2 *«Блажен человек, всегда боящийся Господа, а коснеющий сердцем в*

тот попадёт в беду.» Мы должны делать то, что нас наполняет и делает счастливыми, и когда мы делаем в любви, то и ближние чувствуют себя счастливыми.

Счастье – это вопрос точки зрения. Авраам Линкольн писал: *«По моим наблюдениям, люди счастливы настолько, насколько они хотят быть счастливыми.»* То, в чем раскрываются наши дары и способности, приносит нам счастье. Мы можем радоваться, что нам дана жизнь. Когда мы счастливы, мы делаем счастливыми других. Я желаю моим читательницам и читателям счастья.

Лев Толстой рассказал следующую легенду:

«Один царь был болен и сказал: «Половину царства отдам тому, кто меня вылечит». Тогда собрались все мудрецы и стали судить, как царя вылечить. Никто не знал. Один только мудрец сказал, что царя можно вылечить. Он сказал: если найти счастливого человека снять с него рубашку и надеть на царя – царь выздоровеет.

Царь и послал искать по своему царству счастливого человека; но послы царя долго ездили по всему царству и не могли найти счастливого человека. Не было ни одного такого, чтобы всем был доволен. Кто богат, да хворает; кто здоров, да беден; кто и здоров и богат, да жена не хороша, а у кого дети не хороши; все на что-нибудь да жалуются. Один раз идет поздно вечером царский сын мимо избушки, и слышно ему – кто-то говорит: «Вот слава богу, наработался, наелся и спать лягу; чего мне еще нужно?» Царский сын обрадовался, велел снять с этого человека рубашку, а ему дать за это денег, сколько он захочет, а рубашку отнести к царю. Посланные пришли к счастливому человеку и хотели с него

упрямстве в беду попадет.» [Пр. 28:14; НРП]

снять рубашку; но счастливый был так беден, что на нем не было и рубашки.»

Эта история объясняет кое-что. «Носить рубашку счастливого» – значит, иметь позитивный настрой, который открывает перспективы и обзор счастливого человека, независимо от тех обстоятельств, в которых он сейчас находится.

Счастливый и благодарный человек ожидает доброго и верит, что лучшее время еще впереди. Человек, который верит в благого Бога Любви, Бога, который держит Свое слово и который всегда за него, живет в жизнеутверждающем мире веры, надежды и любви, новых шансов, предназначения, жизнерадостности и свободы действий. Мы не хотим опять и снова просматривать старые кошмары, проводя часы в разочаровании души, тогда мы просто пропустим нашу реальную жизнь, дарованную нам и созданную для нас Богом. Фрэнсис Бэкон, британский художник, свел это к общему знаменателю: *«Не счастливые благодарны, а благодарные – счастливы.»* Я счастлива и благодарна, когда я утром встаю и планирую мой день. Я счастлива и благодарна, когда у моего мужа, моих детей и внуков все в порядке. Я так благодарна Господу за мелочи жизни, потому что мелочи и то, как с ними справляешься в буднях – это так важно. И когда этого нет, а я уже такое испытала во время своей болезни, то должна сказать, меня это делало несчастной.

Йорг Цинк, евангелический теолог писал о 8-м псалме, в котором речь о венце творения: *«Ты дал ему почти все достоинство небесной сущности. Красотой и честью Ты его увенчал. Ты поставил его правителем всего, что Ты создал. Ты все подчинил под ноги его: всех овец и волов, диких зверей, птиц в небесах и рыбу в морях, все, что наполняет глубины моря. Господь, наш Владыка, как божественно, что мы Тебя знаем. Как прекрасно, что Ты здесь!»* Да, Господь нас поднял к венцу творения и одел в одежды высшего достоинства. Ведь должно же наше счастье быть видимым?! Вспомни, как в детстве ты играла, про все забыв, и могла громко смеяться.

Вспомни свое детское любопытство и жажду приключений. Представь себе спонтанность и непосредственность, с которой ты ребенком исследовала мир. Как мало ты себя сравнивала с другими детьми. Вспомни счастливые моменты с твоими друзьями и удовольствия, которые у вас были. В те моменты у тебя не было никаких комплексов неполноценности. Ты радовалась жизни и наслаждалась моментом. Верни себе спонтанность твоего прошлого и начни идти новым путем, свободным от шаблонов и комплексов. Новые способы, когда ты ставишь цель перед собой, и шаг за шагом ее достигаешь.

Возможно, тебе поможет старая басня: *«Давным давно в Древней Греции один путник спросил пожилого человека о дороге на Олимп. Пожилой человек, которым случайно оказался Сократ, ответил: «Если ты действительно хочешь дойти до Олимпа, позаботься, чтобы каждый твой шаг был в правильном направлении.»*

Эта история рассказывает нам лишь о том, что когда ты хочешь быть успешной и счастливой, то все твои мысли и действия должны быть в одном направлении. Иногда помогает, если мы думаем и говорим о том, чего хотим, и можем отказаться от того, чего мы не хотим. Когда комплексы неполноценности давят на тебя ежедневно, заставь себя поразмышлять о том, что ты – личность, уверенная в себе, и дитя Божье.

Я читала: *«Если бы я могла жить снова, то хотела бы быть красивой женщиной до тридцати! Это желание женщин. Тогда как желание мужчин, до шестидесяти быть успешным полководцем, а после – кардиналом.»* За этими словами стоят несбыточные мечты получить от этой жизни так много, сколько в одну жизнь не помещается. Воображаемое желание, сбрасывающее реальность со счетов. Я хотела бы, если бы я могла..., если бы устроилось..., если бы было по-другому...

В 1-м послании Коринфянам 1:28[3] мы читаем: *«и незнатное мира и уничиженное и ничего не значащее [возможно, тех, кто не достиг ничего] избрал Бог, чтобы упразднить значащее...»*

Когда мы с Иоханнесом выделяли время и молились о названии для этой книги, назвали мы ее «Освобождающее прикосновение», потому что Иоханнес видел картину, как Божий палец прикасается к серой массе людей. После этого прикосновения Творца возник переливающийся золотом головной мозг. Наш мозг на вес золота, он неоценим! Поэтому я призываю тебя воспользоваться этой картиной и ею жить, употребляя свой мозг. Не сравнивать себя с другими – все равно что идти по дороге, выложенной золотом. Я знаю, это легче сказать, чем сделать. Тем не менее я советую тебе, каждый раз по чуть-чуть идти дальше, чтобы покончить с комплексом неполноценности. Гораздо важнее сосредоточиться на том, что у тебя есть, что Бог лично в тебе освободил. Делай свое счастье видимым!

Некоторые люди упускают реальные шансы своей жизни из-за несбыточной мечты. Автор Бернард Лисс считал: *«Весь мир гоняется за счастьем.»* Мы, как христиане, придаем значение совершенно иному, для нас важнее семь граней Духа Святого, о которых мы читаем в пророчестве об Иисусе в книге пророка Исайи 11:1-2[4]: *«И произойдет отрасль от корня Иессеева, и*

---

3 *«Он избрал низкое и презренное, то, что в мире не имеет никакой цены, чтобы сделать ничем то, что считается важным...».* [1 Кор. 1:28; НРП]

---

4 *«И выйдет от корня Иессея Побег; вырастет из его корней Отрасль. На Нем будет покоиться Дух Господа Дух мудрости и разума, Дух совета и силы, Дух знания и страха Господня...»[Ис- 11:1-2; НРП]*

ветвь произрастет от корня его; и почиет на нём Дух Господень, дух премудрости и разума, дух совета и крепости, дух ведения и благочестия...»

Это Божья полнота! Здесь речь о том, чтобы мы в нашей жизни поступали мудро, чтобы были проницательны в отношениях с людьми, чтобы мы не настаивали на своих правах, демонстрируя свой неисцеленный характер. Мы должны обращаться к нашему Господу, как к Советчику во всех жизненных ситуациях, чтобы Он давал нам силы преодолевать отрезки пустыни. Его Всеведущий Дух сопровождает нас повсюду, чтобы мы имели Страх Господень, в котором начало мудрости, как говорит нам Библия.

Просите Его вместе о прощении там, где ваши сердца закрыты друг от друга, просите Его воспламенить заново вашу любовь, чтобы вы могли прощать друг друга, как Он вас простил, и чтобы вы могли быть счастливы.

Иисус Христос – скала моей надежды, держава крепкая, Он открывает мне чудесные перспективы, так что я могу любить моего партнера и ближних, как саму себя.

Как иллюстрацию я поведаю историю трех сит:

«В большом волнении пришел человек к мудрому Сократу:

«Послушай, Сократ, я должен тебе рассказать, как твой друг...»

«Стоп! – прервал его мудрец. – Ты просеял через три сита то, что хочешь рассказать?»

«Три сита?» – спросил тот удивленно.

«Да, три сита. Первое сито – это правда. Проверил ли ты все, что хочешь мне рассказать на истину?»

«Нет, я просто слушал, что рассказывали.»

«Так, так. Но, наверняка, ты проверил вторым ситом – ситом добра. То, что ты мне хочешь рассказать, раз уж не доказано, что это правда, принесет ли это добро?»

«Нет, скорее, совсем наоборот.»

Мудрец прервал его: «Давай применим тогда третье сито, и спросим, а так ли необходимо мне рассказывать то, что привело тебя в такое волнение?»

«Нет, в этом нет необходимости.»

«Итак, – рассмеялся мудрец. – В том, что ты хочешь мне сказать, нет ни правды, ни доброго, ни необходимости.. Давай это похороним, и не будем нагружать ни тебя, ни меня!»

Когда мы положительно говорим о других, мы делаем людей и себя счастливыми.

Что означает для тебя: быть счастливой? На этот вопрос каждый из вас должен ответить самостоятельно. Я бы сказала: наше счастье становится видимым, когда мы, женщины, живем в радости ценностями, вложенными в нас Господом. Бог сотворил тебя и меня женщиной. Он – Горшечник, а мы – глина. Мы не можем сказать: почему Ты меня создал женщиной? Он знал зачем и почему Он сотворил тебя и меня женщиной. Бог предназначил женщине быть помощью – так стоит в книге Бытия 2:18[5]. Он дает ей часть Своей собственной готовности помогать – Свое милосердие для нуждающегося в помощи творения.

В Псалме 120:2[6] стоит: *«Помощь моя от Господа, сотворившего небо и землю.»* Господь помогает подниматься и пробиваться, точно так же, как и мы призваны поддерживать наших мужей, наших детей, тех, у кого нет мужей и детей, родственников, всех,

---

5 *«...не хорошо быть человеку одному; сделаю ему помощь приличную ему.» [Быт. 2:18, Перевод Макария Глухарева.] Подобный перевод этой фразы и в переводе на немецкий язык, сделанном Мартином Лютером. В Синодальном переводе стоит: «...не хорошо быть человеку одному; сотворим ему помощника, соответственного ему.» Бытие 2:18. (Прим. переводчика)*

---

6 *«Помощь мне придет от Господа, сотворившего небо и землю.» [Пс. 120:2; НРП]*

кто в нашем личном, профессиональном, соседском окружении нуждается в помощи. Я нахожу великолепным то, что Господь нас – женщин – избрал воплощать такие важные черты Божьей сущности. Как только мы это понимаем, мы приходим в восторг и понимаем псалмопевца, который воздает Богу хвалу за то, что Он так восхитительно создал человека.

Как-то во время нашей поездки по Ирландии, мы с Иоханнесом решили заехать на стоянку. Мы хотели купить воды и размять ноги. Зайдя в «Сувенирный ларек», я заметила пару высказываний, выжженных на небольших деревянных брусках. Например: «Cats have staff, Dogs have owners», что можно перевести как: «У собак есть хозяин, у кошек – обслуживающий персонал.» Там было много интересных высказываний, которые привлекли мое внимание. Более всего мне понравилось: «First God created man, then he had a better idea», т.е. «Сначала Бог сотворил мужчину, а потом Ему пришла идея получше.» Разве это не потрясающе?! Я была вынуждена улыбнуться. Когда мы снова были в машине, я тут же этим высказыванием утерла нос Иоханнесу. Он не счел его удачным, тогда как я совсем наоборот.

В действительности у нашего Творца была превосходная идея, в которой Он задумал женщину! У нас есть право считать себя счастливыми! Наши особенные качества и существенные признаки, вложенные в нас Господом – это неразменный базовый физический и душевный комплект, на который мы весьма влияем в течение всей нашей жизни. Станет яснее, когда мы рассмотрим следующие аспекты стиля жизни женщины. Иоахим Кохловиус это описывает в своей брошюре *«Женщина, которая сегодня следует за Иисусом»*:

«Наше восприятие действительности». Например, мне очень нравятся цветы. Для Иоханнеса они то же самое, что трава. «Как можно столько денег тратить на веник?» – подтрунивает он и считает, что это расточительство.»

«Наши женские сильные стороны проявляются в интуиции».

Как часто мы говорим интуитивно? Благодаря действию нашей интуиции, ощущающей атмосферу, входя в помещение, мы чувствуем себя там хорошо или не очень. Как женщины, мы воспринимаем нашу жизнь, в основном, интуитивно и эмоционально. Мужчина живет здесь и сегодня, ему надо возвращаться из своего мыслительного мира в мир реальной жизни. Благодаря силе интуиции женщине действительность жизни ближе, чем мужчине. Поэтому и будничные события захватывают женщину сильнее, чем мужчину, и она не может от них отвернуться так быстро, как мужчина. Становится понятно, что необходимо дополнение.

В то время, как мужчина выполняет свои задания пошаговым методом, женщина охватывает решение всесторонне. Она может держать в руках и решать одновременно гораздо больше задач. Мужчин восхищает, как жена справляется с рутинными делами на кухне, в домашнем хозяйстве, в воспитании детей, не упуская профессиональные или церковные обязанности. У женщин есть и другие особенные сильные стороны. Они владеют способностью выстраивать и обновлять межличностные отношения. Они принимают участие непосредственно в радости и печали людей, потому что умеют сопереживать. Кроме того женщины, в целом, также хорошо могут словами сочувствовать прямо и лично. Если существует «сильный пол», то это женщины. Для этого ей нужна Божья помощь (Пс. 120:2[7]): *«Помощь моя от Господа, сотворившего небо и землю.»*

---

7 *«Помощь мне придет от Господа, сотворившего небо и землю.»* *[Пс. 120:2; НРП]*

В книге Бытие 2:18[8] написано: *«И сказал Господь Бог: не хорошо быть человеку одному; сотворим ему помощника, соответственного ему.»* Бог создал нас помощницами. Тем самым Он возвел нас в неповторимое достоинство!

Я еще и сегодня хорошо помню один прекрасный солнечный день в феврале, это было в воскресенье после обеда. Иоханнес пригасил меня погулять.

На прогулке он сказал: «Ничего не говори. Я должен тебе сказать что-то очень важное, только слушай, хорошо?»

«Хм... что сейчас будет?» – было моим ответом.

Он притянул меня за руку поближе к себе, чтобы напомнить, что я должна только молча слушать.

«Хорошо, хорошо, я молчу.» – сказала я.

«Ты знаешь... – он колебался. – У меня уже давно на сердце, оставить церковь в Нинбурге и перенять Церковь «Элим» в Ганновере.»

«Что??» – вылетело из меня. Я уже не могла больше молчать

«Пожалуйста, послушай.» – продолжил он.

«Без меня!» – выскочило из меня.

«Хорошо! Тогда решено. Без тебя я не пойду.» – сказал он. У меня было ощущение, что у Иоханнеса есть, без сомнения, целый список контраргументов. Колеблясь, я сказала: «Пожалуйста, говори дальше.»

Ему пришлось подавить в себе ответ, потому что моя готовность имела больше значение для него и для служения. Прошло время. Мы почти не затрагивали эту тему, но внутри Иоханнес хотел быть послушным, потому что Бог показал ему картину, как будет развиваться служение, если он послушается. А я в то время

---

8 *«Господь Бог сказал: Нехорошо человеку быть одному. Я создам ему помощника под стать.» [Быт. 2:18; НРП]*

препиралась с Господом: «Господь, почему так несправедливо? Неужели братья и сестры в Ганновере лучше, чем в Нинбурге? Почему мы должны оставить церковь, ведь все хорошо?»

Я много плакала. Как только я переступала порог церкви, слезы лились по лицу. Я не могла это контролировать. Братья и сестры спрашивали: «Что с тобой случилось?» Я не знала, что должна говорить, потому что и себе с трудом могла объяснить, чем заняты мои мысли.

Должна признаться, что любила молитву Иависа (1 Пар. 4:10[9]) и часто использовала ее в моей жизни: *Господь, распространи пределы мои: человеческие, финансовые, духовные...»* Бог хотел расширить мои пределы, а я ревела. Мы должны действительно обращать внимание на то, о чем мы молимся, потому что Бог воспринимает их серьезно. Время пролетело быстро, был уже август. Как обычно я была в моем прекрасном саду, и как раз начала упрекать Бога.

«Почему, Господь? Это несправедливо!» Все та же шарманка. «Почему, Господи, Ты не обращаешься ко мне? Почему только к Иоханнесу? Если я должна быть вместе с ним, то я хочу, чтобы Ты мне сказал.» Внезапно проговорил Господь в мои мысли: «Я создал тебя помощницей.» Господь хотел продолжить, но я Его перебила: «Господи, пожалуйста, не говори дальше. Пожалуйста!» Плача, я бросила свою маленькую тяпку и побежала домой. «Пожалуйста, прости меня, я знаю, что означает для Тебя – быть помощницей. Прости меня... я знаю, что, как помощница, я должна делать. Когда мой муж придет сегодня домой, я попрошу у него прощения. Я больше не хочу мешать.»

Твое счастье станет видимым.

---

9 *«О если бы Ты благословил меня и расширил мою землю! Пусть Твоя рука будет со мной, пусть убережет меня от зла, чтобы мне не страдать.» [1 Пар. 4:10; НРП]*

И я повторила: «Пожалуйста, не говори дальше. Мне очень жаль.»

Вечером я рассказала Иоханнесу, что произошло и попросила прощения. Теперь у него была свобода следовать в послушании Божьему призыву. Вскоре его попросили поменять церковь.

Руководство церкви в Ганновере составило профиль, и после собеседования, которое было в августе, все сошлось. Так церковь «Элим» решила взять Иоханнеса пастором. Это был огромный шаг послушания для нас обоих, и я нахожу гениальным то, как действовал Господь. Он никого не заставляет, Он проговорил ко мне в моем любимом месте – в саду, который я так люблю. Он дал мне время, не торопил. Господь есть и остается восхитительным! Я могла бы согласиться со словами датского теолога Сёрена Кьеркегора, который сказал: «Мы живем лишь вперед, но понимаем задним умом.»

Мне позволено действовать как помощнице, созданной Богом. Каждая женщина, замужем она или нет, нашедшая внутри себя подход к этому библейскому призванию и местоназначению, переживет в этом глубокую значимость. Женщину, созданную помощницей, можно сравнить с ролью Святого Духа: Он – Помощник, Утешитель и Увещеватель. Разве это не великая честь для нас, женщин, которую Бог нам оказал? Видимо ли наше счастье? О, да! Когда мы так живем.

Когда мы хотим помочь, мы должны, конечно, хорошо знать эту личность. Мы должны знать, что ей нужно – внутренняя или внешняя помощь? Нужно ли содействие или поддержка? Беседа или молчание? Например, я знаю, как дышит Иоханнес, когда он лежит в постели или на диване. И я знаю, когда он болен, его не надо опекать. Он предпочитает быть один. В таком смысле можно помочь, если есть необходимая для этого мудрость. Сама по себе женщина такого рода мудростью не владеет. Но мы можем просить ее у Бога. В послании Иакова 1:5[10] написано: «*Если же у кого из вас недостает мудрости, да просит у Бога, дающего всем просто и без упреков, – и дастся ему.*» Господь слышит такую просьбу, потому что Он Сам хочет, чтобы женщина помогала правильно.

В тринадцать лет мама позволила мне посещать музыкальную школу. Как у растившей детей в одиночку, у нее, действительно, было очень мало денег. Она буквально все сделала, чтобы у меня была эта возможность, накопила денег. Тогда как я через год все сделала для того, чтобы прервать обучение. Есть такая поговорка: «Каждый христианин играет на гитаре». Я тогда думала, что раз я – христианка, то должна уметь играть на гитаре?! То же повторилось через два года с игрой на фортепиано. Сейчас я бы много отдала, чтобы уметь играть на музыкальном инструменте. К сожалению, когда-то я много чего в жизни начинала, и не доводила до конца. Поэтому за собой я оставила немало руин. В народе говорят: «Начали по благодати, закончили человеческими усилиями.» Точно так я и поступала. В послании Римлянам 11:6[11] мы находим основополагающее заявление: «*Но если по благодати, то не по делам; иначе благодать не была бы уже благодатью. А если по делам, то это уже не благодать; иначе дело не есть уже дело.*»

Поэт Кристиан Моргенштерн так сформулировал эти глубокие слова: «*У Бога нет ничего невозможного. Бог – это возможность всех возможностей.*» Не твои мыслительные способности должны решать, но Божьи деяния. И тогда, когда кажется, что

---

10 *«Если кому-то из вас недостает мудрости, пусть просит у Бога, Который, не упрекая, щедро наделяет ею всех, – и ему будет дано.» (Иак. 1:5; НРП]*

11 *«...а если по благодати, то значит не по делам, ведь в противном случае благодать уже не была бы благодатью.» [Рим. 11:6; НРП]*

нет никакого выхода, у Бога есть предостаточно возможностей вмешаться. Бенджамин Франклин выразил это так: «Великий мужчина – это маленький мужчина, делающий что-то первым.» Я бы сказала: «Великая женщина – это маленькая женщина, делающая что-то первой.» Руфь, Анна или Эсфирь начинали в малом и стали постепенно великими.

Райнер Мария Рильке как-то сказал: *«Ты не можешь в жизни пробуждать в себе предчувствие начала достаточно часто.»* Для новых начинаний в Библии есть действующее на весь мир предложение – безусловное, безграничное, бесконечное. Когда мы сами получили прощение, мы можем положиться и дальше: у Бога ты можешь исцелить свои раны, разрушить твердыни и простить прегрешения! Так же и все то, что касается нашего характера, мы можем принести к Нему. Даже когда мы в нашей повседневности оставляем за собой руины, начиная что-то и не заканчивая, и здесь продолжает действовать правило: Господь может из руин выстроить замки. Мы должны быть счастливыми!

В послании Филиппийцам 1:6[12] стоит: *«будучи уверен в том, что начавший в вас доброе дело будет совершать его даже до дня Иисуса Христа...»* Я молюсь о тебе, чтобы у тебя было как у бабочки, которая лишь определенное время провела в коконе. В самом ее творении заложено прикосновение и освобождение, чтобы она жила в свободе, для которой создана. Никакая сила кокона не может ее удержать. Она создана для свободы. То же самое и с тобой: по благодати ты обрела спасение и по благодати его совершаешь, живешь в счастье и благодаришь Господа от всего сердца за Его щедрость к нам. Я молюсь, чтобы ты пережила «освобождающее прикосновение» и твое счастье стало видимым.

---

12 *«Я уверен, что Тот, Кто начал в вас это доброе дело, доведет его до конца ко дню возвращения Иисуса Христа.»* [Фил. 1:6; НРП]

Глава 9

Влюблен, помолвлен, окольцован

«Любовь подобна кольцу, а у кольца нет конца.»
Бразильская пословица

На одной конференции «Sisterhood» («Сестринство») в Лондоне я познакомилась с парой молодых женщин. Мы поговорили о том, о сем. Одна из женщин спросила меня: «Ты откуда? Чем занимаешься? Замужем?» Я отвечала на целый ряд вопросов. Когда я сказала, что я 39 лет замужем (теперь уже сорок, это было в прошом году), она воскликнула: «Ух ты! Дай нам пару советов.» И тут же продолжила: «Я три года замужем. И думаю, что за это время мы научились, как друг с другом обходиться.»
«Ох, по сравнению с нашими тридцатью девятью у вас еще медовый месяц.» – бросила я ей, улыбнувшись.

Она была уверена, что за три года можно научиться, как обходиться друг с другом. «У вас есть дети?» – спросила я. Она ответила отрицательно. «Хм, наша первая ссора пришла вместе с первым ребенком. Это совершенно иные задачи, которые встают перед вами. И всегда есть повод поспорить. Я никому не желаю, но к сожалению, это происходит чаще, чем можно подумать.»

«Об этом я еще даже не думала.» – призналась она.

Во время ужина мы продолжили разговор. Я рассказала, что мне кто-то сказал: «Супружество – как замок. Те, кто внутри, хотят выйти, кто снаружи, хотят войти. Есть, конечно, исключения.

Я как-то говорила о возможных конфликтах в супружестве, и мне возразил один мужчина: «Я уже 25 лет женат и мы еще ни разу не поссорились.» Восхищенно я спросила его: «Как же это возможно? Какой у вас секрет?» И он мне объяснил: «Когда у моей жены отличное от моего мнение, я с ней соглашаюсь. Это же так просто.» Я думала, что он шутит и переспросила: «Вы серьезно или шутите?» Он парировал: «Я совершенно серьезен. Зачем мне ссориться, я проиграю так или эдак, я устроил себе так.» «Хорошо. – сказала я, – если вы с этим так справляетесь... Но я сомневаюсь, что это хороший путь.»

«Когда двое только поженились, то принято говорить, что молодожены вошли в семейную гавань. Определенно это означает, что большой поиск, основное волнительное время выбора партнера завершено, и вот она – семейная гавань. Бурлящее море знакомства, появление уверенности, что это именно тот человек, неопределенность – все эти волны уже утихли. Вдвоем они прибыли в семейную гавань. Но, моя дорогая, это очень большое заблуждение о супружестве. Семья – это совсем не спокойная гавань, но совместное и довольно штормовое путешествие.»

Мы уже сидели большой группой женщин вместе, которые тоже хотели получить советы, потому что услышали разговор.

«Я могу порекомендовать вам книгу доктора Гэрри Чэпмена *«Пять языков любви»*, чтобы вы могли найти ваши личные языки любви, дополнять друг друга и этим друг другу служить.»

Я набрала воздуха, чтобы продолжить, и тут одна из женщин перебила меня: «Хм, я была замужем, теперь в разводе. Мы только ругались. Наша семья долго не просуществовала.»

«Мне очень жаль – успела я вставить. – Мы ничем не отличались. Когда мы в пятнадцать познакомились, то были юными, активными, и не очень-то разбирались в жизни вообще, и тем более совместной. Мы даже долго не размышляли. Мы просто влюбились по уши друг в друга и сделали выбор в сторону завета. Сегодня я знаю, что Бог нас подвел друг ко другу, потому что у Него был план для нас. Так я объясняю это сейчас. Так важно понимать, что в отношения надо все время вкладывать. Это означает и время, и терпение, и силу.» Я была так благодарна, что эти молодые женщины во время конференции «Sisterhood» дали мне возможность поделиться с ними семейным опытом.

Когда Иоханнес тогда спросил меня о моих ценностях, я дала ему (юная и неопытная на тот момент) следующий ответ: «Ты должен быть христианином (он им был). Ты должен быть ко мне всегда справедлив, и стараться быть нелицеприятным. И у тебя не должен вырасти большой живот.» Я не знаю, как я к этому пришла, но это было три ценности, которые я назвала.

У него было пять, которые он мне тем летним вечером озвучил. Они были следующими: Первый пункт совпадал с моим. Второй был, что я должна быть стройной, третий – гостеприимной, четвертый был мне во вкусу – аккуратной и ухоженной, а пятый, что я должна уметь хорошо готовить.

«Христианские ценности» берут свои корни в Божьем слове. В зеркале нашего мышления мы узнаем себя и то, что без Бога у нас не может быть добрых ценностей. Бог дал людям ценности, потому что они позволяют жить достойно. Они хороши для людей. Поэтому мы должны знать, что для нас важно. Иначе мы попадаем в опасность быть захваченными чуждыми ценностями. Я бы дала такое определение: у каждого человека своя правда. К сожалению очень часто люди стремятся свою собственную правду, словно масштаб или норму, применять на других. Из-за этого возникают множественные конфликты. К этому я хочу еще сказать, что ты можешь стоять на Божьей позиции и верить, что твое мнение правильное, но это не так.

Павел об этом писал в 1-м послании Коринфянам 13:9[1]: *«Ибо мы отчасти знаем и отчасти пророчествуем...»* И есть вечная истина: *«В начале было Слово, и Слово было у Бога, и Слово было Бог.»* (Евангелие от Иоанна 1:1[2])

Ценности в обществе меняются, и они так привлекательны для нас – людей. Поскольку ценности влияют на наши решения и наши поступки, они действуют и на наше самосознание. Глубоко посаженная в Божье Слово и Его ценности я обладаю крепостью в жизни. Наши ценности должны обеспечивать нас стабильностью, чтобы мы могли выравнивать нашу жизнь. Тогда, пятнадцатилетними подростками, мы с Иоханнесом озвучили наши ценности друг другу, по которым мы пытаемся жить и сегодня. Ценностям нужны корни, чтобы оставаться стабильными и способными к реконструированию.

Какие ценности могут дать тебе силу и поддержку в победе над твоими комплексами? Найди их и запиши для себя. Они должны тебе помогать, когда тебе будут вспоминаться определенные ситуации, с которыми ты сталкивалась. Вероятно, ты уже не раз пыталась выбраться из комплексов неполноценности. Библейские ценности как сбалансированная целостность – это фундамент. Когда ценности в балансе, тогда фундамент устоит. Относительно нашей семьи мы тоже должны принимать решения. Сегодня супруги часто ориентируются на мирскую практику, и забывают о библейском завете «пока смерть не разлучит нас.»

Анита и Хорст встречались десять лет, но так и не решились пожениться, чтобы стать одним целым. У каждого был свой до-

---

1 *«Ведь наши знания неполны, и наши пророчества частичны...»* [1 Кор. 13:9; НРП]

---

2 *«В начале было Слово, и Слово было с Богом, и Слово было Богом.»* [Ин. 1:1; НРП]

ход, своя собственная мебель. В такого рода жизнь возможное расставание заранее запрограммировано. Так и случилось. После восьми совместных лет жизни они разбежались. Интересно, что потом оба заключили-таки союзы, но с другими людьми. Почему же этого не было у них сразу, когда они были юными и влюбленными друг в друга? Лучше сделать все основательно сразу, не исключать Господа, иначе мы все потерпим неудачу.

То, что я пишу в этой главе о семье, написано не в белых перчаточках счастливого супружества. Я говорю с вами открыто, как счастливая в супружестве жена. Но это не само по себе сложилось. Я знаю, что в супружестве прячется возможность неудач и поэтому мы должны смотреть на него как на благодать, подарок, на то, что не просто так случается с нами.

Гюнтер Биндер пишет в своей книге «У Бога есть юмор»: *«Пришла как-то к пастору женщина с мигренью, чтобы пожаловаться на свои страдания. Она жаловалась на своего злого мужа, на погоду и Бога, на мир и горевала, что все так плохо. Через два часа после встречи она позвонила: "Пастор! Ваше святое присутствие исцелило меня, головная боль исчезла." Пастор возразил: "Нет, не исчезла, теперь она у меня."»*

Не зря консультант по супружеским отношениям М. Хербст сказал: *«Удачный брак – это всегда смесь благоприятных обстоятельств, тяжелой работы и огромной благодати.»* Я призываю тебя вкладывать в свою семью сто процентов, чтобы она удалась и была счастливой.

Скрутить веревку вместе не всегда просто. «...Мужчину и женщину Он сотворил их» – означает и то, что мне надо знать: я сотворена женщиной и желанна такой, какая я есть. Псалмопевец выразил это так: *«Славлю Тебя, потому что я дивно устроен.»*

(Пс. 138:14[3]) Только так я буду способной войти в супружество. Тот, кто может себя принять, может принять и других. Возможно, это первый шаг для всех уже женатых, чтобы свое супружество возродить и обновить.

Когда ты последний раз благодарила Бога Творца за большой подарок супружества? Когда ты последний раз осознанно благодарила Бога за то, что он дивно сотворил твоего супруга и рядом с тобой его поставил? Не без основания во время венчания в церкви обоих венчающихся спрашивают: «Ты веришь, что Бог тебе доверил твоего супруга (или твою супругу)?» В этот момент оба должны еще раз задуматься: твой супруг – это подарок Творца тебе. Благодари Его за это – и ты начнешь смотреть на своего мужа совсем другими глазами.

Еще один образ применяет Иисус, говоря о семье: «что Бог сочетал, того человек да не разлучает.» Я хочу обратить внимание на первую часть: «что Бог сочетал». Если это место посмотреть дословно в греческом оригинале, то там стоит: «что Бог соединил» или «сопряг»[4].

В греческом используется слово, похожее на русское слово «упряжь». Чаще всего это слово в отношении людей используется в негативном варианте, например «запрягать работой» или «напрягать». Но упряжь очень полезная вещь. Два тягловых животных, связанных одной упряжью, обладают большей тягловой силой, чем одно. Вместе вы могли бы семейную повозку тянуть в правильном направлении. Важно, чтобы супруги объяснялись и

---

3 «Буду славить Тебя за то, что я так удивительно сотворен. Чудесны Твои дела, душа моя сознает это вполне.» [Пс. 138:14; НРП]

---

4 Раньше слово сопрячь использовалось при венчании супругов или соупряжников, как тогда говорили, и произошло от слова сопрягать – быть в одной упряжи. (Прим. переводчика)

соглашались друг с другом о том, в каком направлении они хотят тянуть повозку своего супружества и семьи: кто работает и зарабатывает деньги? Какое значение имеют профессия и карьера? Когда будут дети, сколько?

Супруги должны в совместных жизненных целях иметь единство – и не только в начале, но в течение всего супружества. Конечно же, лучше всего совет супругам спрашивать у Бога, который и связал супружество одной упряжью. Дорогие супруги, просите Бога вместе о том, чтобы Он сделал из вас хорошую упряжку, чтобы дал силу тянуть вместе повозку вашего супружества и семьи. Супружеская упряжка, которой Бог как Кучер управляет, – на добром пути.

Чтобы тянуть, как супругам, лямку сообща, необходимо согласование. Поэтому парам так важно и нужно время для разговоров. В одной брошюре я увидела статистику, что среднестатистическая супружеская пара проводит от трех до пяти часов в день перед телевизором, но лишь по восемь минут разговаривают друг с другом.

Если совместные разговоры не практикуются, становится все труднее и труднее. Потом сложнее говорить о себе, о том, что на сердце. Поэтому мы пришли к тому, чтобы еженедельно бронировать супружеский вечер. Время, где говорим вдвоем обо всем, что нас занимает, выясняем мелочи, которые утяжеляют нас и наше супружество – и прежде всего время на молитву. Вам тоже необходимо время на разговор с Творцом, который сопряг вас в одну соупряжку, одно супружество. Просите Его, как Кучера, о силе и руководстве, чтобы вам найти вместе верный путь.

Просите Его, чтобы хорошей упряжкой побеждать напряжения. Первая супружеская катастрофа произошла с Адамом и Евой в раю. Бог создал Адама и Еву одного за другим. Они должны были жить в отношениях обоюдной заботы и доверия. Творец желал им всем сердцем, чтобы каждый жил не только для себя. Он взял их за руку и показал им возможности, заложенные Им в них. Он дал им способность быть верными. Он вложил в них способность находить общий язык. Он дал им спокойствие переносить различия, но призвал их к тому, чтобы над ними работать.

Однако конфликты не заставили себя долго ждать. Адам и Ева совместно нарушили Божий запрет и вместо единства начались игры «найди виноватого» между ними: Адам передвинул вину на Еву (прочтите в книге Бытия 3:12). Она передвинула дальше на змея. Никто не хотел ответственности. Супружество – это даяние Божие. Однако это даяние предполагает всегда и задания. Надо ухаживать за ним, упражняться в верности, учиться прощать и практиковаться в совместных беседах. Если я перенесу это на нашу повседневность, то существует множество мелочей, которые могут обостряться, если мы перегружены и виним других.

Окаменевшие от ран сердца, которые Иисус может сделать плотяными, Он называет явной причиной неудач в супружестве, потому иногда кажется, что развод – единственный выход. *«...По жестокосердию вашему»* (Евангелие от Матфея 19:8[5]) – жесткие сердца разрушают супружество и любые отношения.

Как ведет себя человек с жестким сердцем? Упрямый, черствый, беспощадный, мстительный, не готовый прощать, зато готовый одержать победу любой ценой. Никаких усилий, чтобы понять другого. Всегда виновен другой. Каждый хочет этот мир улучшить, и каждый может его улучшить, если начнет с себя. Я перенимаю ответственность и отказываюсь от обвинений, изменяя себя. На этом основании нам стоит начинать с себя, ведь обвинения – не решение. Тогда не будет разваливаться единство супружества. К сожалению, чаще всего с точностью до наоборот,

---

5   *«...из-за жестокости ваших сердец.» [Мф. 19:8; НРП]*

двойная упряжка тянет не в общем направлении, супружество идет не вперед, а стоит на одном месте или бегает по кругу.

Если повозка застряла в грязи, то супружеской паре безусловно надо быть готовой, чтобы просить о помощи и вытащить из нее повозку. Почему бы не посетить супружеский семинар до того, как начнется кризис?

Супружество можно сравнить с вулканом. Если есть что-то, что ты или твой партнер не переносит или не может с этим справиться, почему бы не перестать провоцировать друг друга?

Иоханнес во время учебы должен быть учить арт-терапию (а это не та область, где у него большие способности), и он изобразил вулкан. Когда он мне это дома показал, я у него спросила, почему он нарисовал извержение вулкана? Он ответил: «Это самотерапия. Так я себя чувствую, и лучше бы взорваться. Но это не хорошо, поэтому я свое состояние открыл, без того, чтобы разрушать окружающих меня.»

То же самое может быть у тебя. В тебе все кипит, снаружи уже короста. Супружеская пара, своевременно ищущая обновление и совет, поступает правильно. Они не оставляют свою повозку в грязи, и тогда затвердевание не приходит. Супружество можно описать так: справа и слева по эгоисту, в центре Господь.[6] И это прекрасно, что Господь находится между. Так Он посредством Духа Святого может с нами работать.

Как-то я задумалась над прочитанным где-то: «Чтобы купить машину, нам надо двадцать часов на решение. В вопросах страхования – два часа. Решение о партнере мы принимаем за минуту, так сказать, любовь с первого взгляда. Хотя должно быть иначе, и этот вопрос должен быть тщательно продуман.» Когда я его

---

6 *В немецком языке это выглядит буквально как аббревиатура: EHE, где первую и последнюю буквы «E» можно отнести к слову Эгоист (Egoist), а центральная буква «H» относится к слову Господь (Herr). (Прим. переводчика)*

процитировала, одна разведенная женщина сказала мне: «Как раз про нас... через два года брака я – разведенная женщина.» У нас есть интуитивное и рациональное мышление. Интуитивное мышление – быстрое и спонтанное, тогда как рациональное – медленное и основанное на опыте, который не всегда был положительным. Лучше всего использовать оба вида мышления. Когда мне что-то мешает, я беру себе время и пытаюсь понять – что и почему. Точно так же я поступаю, если мне что-то не нравится.

Должна быть выработана стратегия, которая послужит удовлетворению потребностей обоих партнеров. Предположим, что муж пришел в пятницу вечером домой уставший и вымотанный. Он радуется отдыху, покою и уютному вечеру перед телевизором. Его жена всю неделю была занята детьми и домашним хозяйством, и хотела бы куда-нибудь пойти. Возможная стратегия: он укладывает детей в постель и наслаждается вечером дома, тогда как она с подругой может куда-нибудь пойти. Так и овцы целы, и волки сыты, без каких-то ссор.

Я охотно повторю высказывание: «Супружество – как замок. Те, кто внутри, хотят выйти, кто снаружи, хотят войти.» Я бы сказала: «Супружество – нечто прекрасное! Когда друг ко другу относятся с уважением, ставят границы и их не перешагивают.» Как-то я услышала, что одна жена своего мужа обозвала тупицей. Я посмотрела на нее удивленно, но она серьезно так считала. Такое обхождение друг с другом я считаю неуважительным. По этой причине я хочу дать пару советов, которые описаны в послании Титу 3:8[7]: *«уверовавшие в Бога старались быть прилежными к добрым делам: это хорошо и полезно человекам.»*

---

7 *«...уверовавшие в Бога, посвятили себя добрым делам. Все это хорошо и полезно людям.» [Тит. 3:8; НРП]*

Никто от природы не даятель, чтобы только и думать о других и их одаривать. Мы все от рождения «берущие». Мы приходим в мир с греховной природой, ядро которой – стремление к эгоизму. Тогда как Бог – Даятель, который нас ежедневно хочет одарить чем-то новым. Его щедрость невозможно представить. Многие люди нашей культуры думают, что это не так. Они Бога держат за скупого, а дьявола – как кого-то, кто вокруг себя благосклонно сорит. Я рада, что ты читаешь эту книгу, и я могу тебе из моего опыта сказать, что нет большего приключения в мире, чем жить избыточной и полной жизнью в Боге, открытой для всех, кто принадлежит Богу.

Кто мне подходит? Уверена, я разбудила в тебе этот вопрос. У одной из наших дочерей были мальчики, которые за ней ухаживали, но ей из них никто не нравился. Однажды Иоханнес ее спросил: «А ты не слишком разборчива?» Она ответила: «Нет, папа, того самого не было среди них. Я молилась и принесла Богу два пожелания: я хочу выйти замуж за пастора и он должен быть два метра ростом, чтобы я не рассталась со своими туфлями на каблуках, ну и другими.» Когда пришел ее сегодняшний муж, он уж в первый же вечер заявил, что хочет быть пастором. Его двухметровый рост было трудно не заметить. Так она сказала себе, что это – тот самый, ведь у нее было два желания, и они были исполнены. Ее молитва была услышана, и ожидание того стоило.

Я знаю одну пару. Оба любят порядок, оба очень пунктуальны, и оба дисциплинированы. Что касается еды, то их девиз: «качество, а не количество», а метод носить «до дыр» им не нравится. Может человек, любящий порядок, создать семью с кем-то, кто любит хаос?! Да вы дойдете до белого каления разгребая кучи мусора, которые он оставляет. Я немного преувеличиваю, чтобы вы меня правильно поняли.

Можешь ты выбрать себе в партнеры кого-то неторопливого, немного небрежного, если ты прилежна и аккуратна? Как выглядит твой день? Что ты делаешь в свободное время? Нас обоих мучают угрызения совести, если мы просто так тратим свое время. Запиши свои ценности и молись об этом. Бог пошлет тебе того самого в то самое время. Как супруги, мы должны проводить время вместе, чтобы понимать друг друга, чтобы наши отношения развивались в радости. Подумай, пожалуйста, как можно эффективно спроектировать время со своим партнером. Это только начало. Хорошая дружба требует осознанных действий и настоящего посвящения, а вот стать лучшим другом своему партнеру – самый стоящий проект в жизни. Содержать супружество в «свежести», означает не проведение косметического ремонта, но создание прочного фундамента.

Соломон в Притчах пишет нам: «мягкий язык переламывает кость» (Пр. 25:15[8]). Точно так же мы должны обходиться друг с другом. Не надо друг другу вколачивать гвозди в голову. Джойс Майер в своей книге «The Confident Woman» пишет: «Нужно семнадцать мышц, чтобы улыбнуться, и сорок три – чтобы сердито посмотреть.» Улыбнуться-то гораздо легче.

В психологии говорится о трех ступенях дружбы. Первая: совместное времяпровождение, вторая: полное понимание и третья: взаимная открытость. Эту теорию дружбы я прочитала в книге Эда Уита *«Любовь в браке»*.

Проводи время со своим партнером просто и непринужденно. Предпринимайте что-то вместе. Может быть, вам обоим интересна фотография или природа? Может быть, вы любите открывать что-то новое? Или просто вместе гулять, держась за руки? Совместные часы, общие интересы и впечатления ведут к общим

---

8 *«...кроткий язык кость переламывает.» [Пр. 25:15; НРП]*

чувствами и доверию друг ко другу. Мне очень нравится, когда Иоханнес вечером приходит домой, и мы обмениваемся впечатлениями дня. Французский писатель Андре Моруа дал следующее определение счастливого супружества – это долгий разговор, который всегда кажется слишком коротким.

Мне больше нравится рассказывать вечером, а Иоханнесу – на следующее утро. Ему нравится ночь переспать, за это время по его мнению многое становится относительным. Он считает: «Если я разделю заботы вечером, я смогу хорошо спать, а ты – нет, поэтому я не хочу тебя без нужды обременять. Тем более, утро вечера мудреннее, и все выглядит часто иначе.» К полному пониманию: когда вы друг другу доверяете внутренние и болезненные стороны своей личности, а обмен такого рода – не только вопрос решимости, то вы будете находить в этом радость. Вы будете не только охотно проводить друг с другом время, но ваши сердца будут этого желать. Грейг Массей так выразил мысль об этом: «*Осознанное даяние своего Я, которое зарождает в другом неизменное, полное радости принятие. Высшей оплатой любви становится взаимность.*» Конечно, основ коммуникации намного больше и вы практикуете что-то свое в супружестве, и придерживаетесь чего-то своего. Взаимопонимание должно быть приобретено конструктивным образом. Молчание можно воспринимать как негативный вызов, его не стоит применять.

Взаимная открытость: мы все, как супруги, должны понимать, что открытость и понимание – это процесс, который длится всю жизнь. Он требует сопереживания – качества, которое приобретается словно один штрих любви в целом. Через сопереживание мы воспринимаем возлюбленного целостной личностью, осознаем его уникальность и ищем для него лучшего. Что касается нас двоих, то открытость не означает, что я рассказываю все, что проносится за день в моей голове или все, что я подумала за день.

Как-то я сказала Иоханнесу: «Ах, как бы я хотела увидеть твой внутренний мир.» Он парировал: «Нет, спасибо. Мне хватает того, что Господь все видит и слышит. Он и я. Этого уже более чем достаточно.»

Сократ вывел такую формулу: *«Разумный учится на всем и у всех, обычный – приобретаемым опытом, а глупец знает все лучше всех.»*

У нас должен быть собственный опыт, чтобы из него учиться и через него становиться мудрее. Есть опыт, который нам очень важен, но, к сожалению, не применим. В книге Бытия 2:24[9] мы читаем: *«Потому оставит человек отца своего и мать свою и прилепится к жене своей; и будут двое одна плоть.»* Двое становятся так сильно соединенными друг с другом, что не могут быть отделены.

Я еще раз процитирую Эда Уита «Любовь в браке»: *«Это не преувеличение. Будучи врачом я наблюдал, как эмоции романтической любви дают людям новый взгляд на жизнь и новое самочувствие. Романтическая любовь – хорошее лекарство от страхов, тревожности и низкой самооценки. Психологи отмечают, что настоящая романтическая любовь оказывает упорядочивающее и конструктивное влияние на нашу индивидуальность. Она выявляет наши лучшие качества, пробуждая волю к самосовершенствованию и к достижению большей зрелости и ответственности. Такая любовь позволяет нам функционировать на высшем уровне. Откровенно говоря, если Вы не влюблены в своего супруга романтической любовью, вы упускаете нечто прекрасное, даже если вы связаны друг с другом обетом верности. Даже удовлетворенность может быть*

---

9 *«Поэтому оставит человек отца и мать и соединится со своей женой, и они станут одной плотью.» [Быт. 2:24; НРП]*

скучной и нудной по сравнению с той радостью, которую Бог запланировал для вас с супругом.»

Возможно, ты думаешь, моя уважаемая читательница: «Ирене, тебе хорошо говорить, вы и после сорока лет супружества все еще влюблены друг в друга. А если бы у тебя все наперекосяк пошло?» Возникает вопрос: что делать? Мой ответ: «Влюбитесь заново друг в друга!» Не думай, что совет притянут за уши. Этот совет очень важен для любого проблемного супружества. Подобные результаты мне знакомы из душепопечения. Естественно, те, кого это коснулось, должны применять библейские принципы и иметь обоюдное желание. Когда только один из супругов заботится, никаких результатов не достигнуть. Хотеть должны оба. Ты можешь создать условия к изучению такой любви двумя способами. Во-первых, используй данное тебе Богом творческое мышление, а, во-вторых, создай для супруга правильную эмоциональную атмосферу. Оба должны включиться в процесс, который себя оплатит. Романтическая любовь видна в том, как я реагирую на моего супруга – на его внешний вид, его чувства, на то, что он говорит и делает. Когда у тебя перед глазами будут его положительные качества, твоя реакция со временем будет более выразительной. Кроме того, оба должны использовать свое воображение, чтобы влюбиться заново и пробудить романтическую любовь. Воображение, возможно, обладает сильнейшим естественным воздействием, которым мы – люди – обладаем. Попробуй!

Подумай, пожалуйста, о романтической встрече из прошлого со своим супругом. В то время как ты вспоминаешь, пробуждается чувство, работающее с твоим воображением. Оно усиливает одновременно твои мысли и чувства. Выстраивай в твоих мыслях романтическую любовь к твоему супругу, которой ты будешь в будущем радоваться. Думай и говори о твоем супруге положительно, задавай себе вопрос: что он значит для меня? Рассмотри для себя, пожалуйста, добрые стороны его сущности и характера. Очень многие пары утверждают, что у них при первой встрече было ощущение, что Бог приготовил для них что-то особенное. Это не означает, что ты должна сдаться, если вы живете отдельно. Поэтому я призываю тебя, не торопиться опускать руки, но держаться.

Одна женщина поведала мне одно переживание. Она и ее муж обдумывали развод. Она сказала: «Однажды вечером мы вели серьезный разговор о будущем. У нас больше не было надежды и оба не знали, что делать. Я плакала, да и он был близок к слезам. Странно, но вскоре мы оказались в объятьях друг у друга. У него появилась потребность меня обнять, а я хотела, чтобы обняли меня. Неожиданно показалось, что мы обменялись чем-то важным. Я осознала, что он мне нужен, а он знал, что я ему нужна. Это было особое переживание, на котором мы могли строить.» Они снова влюбились друг в друга и не могли уже представить будущего друг без друга. Если вы хотите добиться правильного эмоционального климата, то избегайте скуки по возможности, даже если повседневность овладевает вами. Рассматривайте свой союз как длительный любовный роман и наслаждайтесь друг другом, говорите что-то нежное, доброжелательное друг другу, дарите моменты, полные любви. Все это приведет вашу романтическую любовь к обновлению. Самое важное – это визуальный контакт. Психологические исследования показывают, что сильно влюбленные пары смотрят в глаза друг другу чаще, чем другие. Когда Иоханнес приходит домой вечером, я даже сажусь ему на колени и мы можем смотреть в глаза друг другу. Пока мы обсуждаем с ним случившееся за день, пробегают романтические искры. Ты заметишь, как умиротворяет теплый, любящий и полный значения взгляд в глаза твоего супруга. Если ваши глаза говорят о романтическом интересе и чувствах, полных любви, в любом случае последует не менее наполненный любовью ответ. Как христиане, мы знаем, что романтическая любовь стара как мир. Она была в раю, когда Адам встретился с Евой. Никакой из аспектов любви не должен быть принижен или проигнорирован. Каждая сторона человеческой любви между мужчиной и женщиной требует ответа и должна быть отвечена взаимностью.

Библия приводит хороший пример в Ветхом Завете: Иаков так любил Рахиль, что четырнадцать лет работал на ее отца, чтобы жениться на ней. Мы можем это прочесть в книге Бытия. Интересно, что годы работы ему показались днями, так сильно он любил. Британский писатель Чарльз Уильямс высказался как-то, что «был удивлен тому, что романтическая любовь точное соответствие и параллель христианству.» Здесь нам надо вспомнить, что настоящая романтическая любовь, подкрепленная *любовью-агапэ* (греч. *«Божья любовь»*) и переживаемая в устойчивом христианском супружестве, чудесным образом отражается в любви Иисуса Христа и Его Церкви. Поэтому можно и должно просить Бога о Его помощи. Богу нравится хорошее супружество, в центре которого стоит сердечная любовь друг ко другу. Мы с Иоханнесом встречаем новый год вдвоем. Мы шикарно одеваемся, я готовлю пару вкусностей для нас, и мы проводим наш романтический вечер на двоих. Из-за служения мы часто в разъездах, поэтому хотим насладиться временем друг с другом.

Если ты думаешь, что твое супружество безнадежно потеряно для романтической любви, я хочу тебя ободрить, потому что романтическая любовь существует, и не только для других. Я хочу бросить тебе вызов, попробовать эти предложения для себя. Любовь больше, чем чувство. Любовь означает, что нужды и желания другого добровольно восполняются, и тогда, когда это дорого стоит. Любовь желает доброго другому. Любовь требует ежедневных решений – осуществлять, а не реагировать, не выжидать –

действовать. Пожалуйста, выясни то, что важно твоему супругу. Приложи усилия, чтобы узнать друг друга. Это длительный процесс, который себя оплачивает. Сопровождай супруга в изменении потребностей, потому что подобное притягивает подобное.

В одном из своих анекдотов, приведенных в книге «Трижды в неделю» Лорио описывает следующее:

«Десятилетиями одна пара спорила. Не было темы, в которой их мнения сходились. Они спорили и спорили. К всеобщему изумлению они дожили до золотой свадьбы!

На юбилей от их детей они получили подарочный купон на посещение выдающегося психолога. Супруги никак не могли договориться, хотят они принять подарок или нет. Они спорили о том, когда идти. Они спорили о том, как туда добраться. Уже войдя в кабинет, они продолжали спорить. Психолог задал им первый вопрос, и они тут же начали ссориться. Он слушал их длительное время, но потом встал со словами: «Стоп! Я сейчас сделаю то, чего не делал никогда в своей практике до этого.»

Он обошел стол, обнял маленькую пожилую даму и поцеловал ее в губы долгим поцелуем. Потом он сказал изумленному супругу: «Ей это надо трижды в неделю!» Пожилой муж почесал затылок и сказал: «Хорошо, доктор, если Вы так считаете.», – продолжив после короткой паузы: «Я могу ее приводить по понедельникам, средам и пятницам.»

Все, кто читает эту историю, начинают смеяться. Хотя это печально, что так далеко зашло.

Эд Уит предлагает шесть предпосылок счастливых отношений: *во-первых, подобное притягивает подобное!* Тебе принесет счастье совместимость с таким человеком, чьи интересы, вкусы и ценности будут похожи с твоими, например, если оба пунктуальны и спортивны.

Во-вторых, противоположности притягиваются! Природа требует гармонии и баланса. Баланс – самое необходимое в темпераментах двух людей. Иоханнес и я в темпераментах абсолютно различны, но мы научились обходиться друг с другом, шли на компромиссы и ставили границы.

В-третьих, полная посвященность с обеих сторон! Полная посвященность требует искренней решимости сделать отношения успешными. То есть каждый вкладывается на сто процентов.

В-четвертых, привязанность! Гораздо важнее своего супруга любить, чем быть влюбленным. После сорока лет совместной жизни от влюбленности не остается и следа. И нужно ежедневно заново принимать решение любить своего супруга честно и искренне, чтобы привязанность могла возрастать.

В-пятых, похожие «Я»-концепции притягиваются! Для тебя будет привлекательным и подходящим тот человек, который так же счастлив и позитивен, как ты. Поскольку мы с Иоханнесом довольны собой, то можем положительно влиять друг на друга.

В-шестых, быть на одной волне! Основная причина успеха в супружестве заключается в том, чтобы между супругами были настроены волны. Например, Иоханнес любит читать, и он меня постоянно этим заражает.

Я хочу поделиться еще одним очень важным пунктом. Мы все знаем, что эрос базируется на визуальном фундаменте. Поэтому и мужчине, и женщине важно выглядеть максимально ухоженно и привлекательно.

Господь создал тебя и меня женщиной. Мы не могли предписывать Ему, как Он должен был это сделать. Он – Горшечник, а мы – глина. Точно так же и мужчина создан из глины, мы в свою очередь из его ребра, что более ценно: мы должны быть нежными, мягкими, чувствительными, скромными и т.д. Это созвучно кротости. А что означает прочность? Женственность – прочность, спрятанная в бархатную перчатку. Это такое внутреннее качество, которое истекает из женщины, знающей свое призвание и свою ценность. Женственные женщины – сильные, потому их влияние ощутимо. Это глубокое влияние, потому что ему открыты двери. Ему говорят добро пожаловать, потому что оно привлекательно и безобидно. Женственная женщина знает, кто она есть, и она прославляет то, что она – женщина. Она позволяет тому, что для нее естественно, говорить за себя.

Мне нравится быть женщиной. Я люблю все, что в это входит: что я могу быть интеллигентной, интуитивной, проницательной, полной достоинства и силы, мягкой и теплой, щедрой в сострадании, нежной в моем прикосновении, что я могу открыто плакать, что я могу поменять свое мнение тысячу раз, потому что это свойственно женщинам. Быть женщиной так прекрасно. Бог ввел Адама в глубокий сон, чтобы создать женщину. Он не будил его, пока женщина не была совершенно готова. То, что мы сегодня обнаруживаем, создано Богом. Отложи свои комплексы неполноценности, прими себя и наслаждайся драгоценной жизнью.

Записан в категорию «токсичных»?

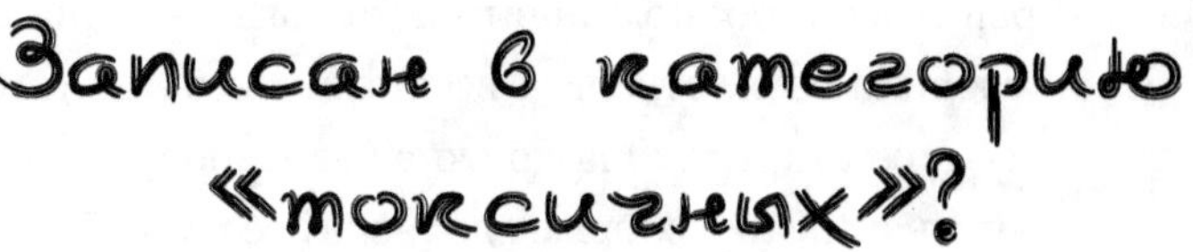

*«Любить, значит видеть человека таким,
каким его задумал Бог.»*
Федор Михайлович Достоевский

Мягкая, нежная, чуткая, скромная, чувствительная и т.д.... так определяют женскую сущность. К сожалению, наша жизнь часто отличается от ожидаемого. Бывают такие дни, когда жизненные обстоятельства звучат не мягко, не чутко и бесчувственно.

В 1-м послании Петра 3:1-2[1] написано: *«Также и вы, жены, повинуйтесь своим мужьям, чтобы те из них, которые не покоряются слову, житием жён своих без слова приобретаемы были, когда увидят ваше чистое, богобоязненное житие.»* Петр обращается к женщинам, чьи мужья еще не во Христе. Он говорит, что их примерное поведение приобретает их мужей, которые в отличие от жен ведут себя не совсем правильно. Возникает вопрос: как должно вести себя в таких случаях? Я не могу и не хочу менять Слова Божьего. Я оставлю так, как здесь написано. Бог ждет от тебя, что ты станешь искусным сосудом чести, инструментом, способным стать причиной изменения путей твоего мужа твоим поведением.

Прежде, чем Бог разбудит твоего мужа к жизни, Он завершит работу с тобой. Он не станет будить мужчину, чтобы тот увидел

---

1   *«Также и вы, жены, будьте послушны мужьям, чтобы, если те и не повинуются слову, были бы без слова покорены Богу поведением своих жен, видя вашу чистую и богобоязненную жизнь.» [1 Петр. 3:1-2; НРП]*

недопеченную сдобу! Бог хочет, чтобы каждая женщина укоренилась и укрепилась в полном понимании того, кем она сотворена, чтобы любила себя, отвергла все комплексы, до того, как он подведет ее к ее супругу. Она должна быть вооружена всеми необходимыми знаниями, которые вдохновят ее мужа быть мужчиной, которым он должен быть. Бог знает, что Ева дана Адаму, чтобы поддерживать его оставаться целеустремленным и по необходмиости время от времени его воодушевлять. Каждый из нас нуждается в воодушевлении. Это очень важно.

Я хочу этой главой достичь женщин, у которых мужья – христиане. Им нужен кто-то, кто заполнит пробелы, держащие их вместе. Им нужна помощница, партнер – кто-то, кто создан специально и может дополнить с любой стороны. Это ты! Ты можешь помочь своему мужу, выполнить его миссию, покориться Божьему творению, следить за порядком, его поддерживать, за ним ухаживать, быть плодотворной и расширять свои пределы. Он не сможет это сделать без твоей помощи.

Павел пишет в послании Ефесянам 5:21-26[2]: «...*повинуясь друг другу в страхе Божием. Жены, повинуйтесь своим мужъям, как Господу, потому что муж есть глава жены, как и Христос глава Церкви, и Он же Спаситель тела. Но как Церковь повинуется Христу, так и жены своим мужьям во всем. Мужья, любите своих жён, как и Христос возлюбил Церковь и предал Себя за неё, чтобы освятить её, очистив банею водною, посредством слова...*»

---

2 «*Подчиняйтесь друг другу из страха перед Христом. Вы, жены, подчиняйтесь вашим мужьям, как Господу. Ведь муж – глава своей жене, как и Христос – Глава и Спаситель Церкви – Своего тела. И как Церковь подчиняется Христу, так и жены должны во всем подчиняться своим мужьям. А вы, мужья, любите ваших жен так, как Христос полюбил Свою Церковь. Он Самого Себя отдал за нее, чтобы сделать ее святой, очистив ее водным омовением через слово...*» [Еф. 5:21-26; НРП]

Часто мне приходится разговаривать с женщинами, у которых нет желания повиноваться мужу. Мое обращение звучит просто: «Мне нравится покоряться тому мужчине, который готов за меня умереть, как Христос за Свою Церковь.» Естественно, это сложно, потому что не у каждой женщины такой мужчина, каким она его представляет. Проще сказать, чем сделать. В любом случае, я настраиваю себя согласно Библии.

Бог преднамеренно вооружил каждого человека, созданного Им, чувством чести. Честь может быть определена как чувство собственного достоинства, высокое самоосознание, принятие и правомерность. Благословляя личность, мы вкладываем в нее Божью честь и достоинство. Некоторые видят это так: «Если ты не прав и молчишь – это хорошо! Но если ты прав и молчишь, значит, ты женат!»

Однажды после плодотворного служения мы обедали и общались с лидерами нашей церкви. Я сидела рядом с молодым пастором, который закончил свой викариат в этой церкви. Мы поговорили о Богослужении, в котором мы только что участвовали, потом перешли на другие темы. Я не заметила, как мы приземлились в разговор о супружестве. Он задавал много вопросов, потому что знал, как давно мы женаты. Неожиданно он меня огорошил вопросом, как ему обходиться с его женой, так как, что бы он ни делал, все было неправильно и он чувствовал себя по-настоящему отравленным ею. Я дала ему пару советов, но он сказал, что уже все безуспешно перепробовал и был уже полностью растерян. Я даже не знала, как ему помочь. Он был разочарован в своей жене, но многократно повторял, что все еще любит ее. Возможно, его жена пережила что-то плохое в прошлом и проецировала это на своего мужа. Это я могла только предполагать. Я не хочу никого обвинять, но я обеспокоена тем, чтобы мы сохраняли образ женщин мягких, нежных и чувствительных, дополняющих мужей, и не были записаны в категорию «токсичных».

Хорошо, когда мы подпитываем достоинства – и наши, и нашего партнера, а не концентрируемся на слабостях, ковыряя их. Попробуйте проводить с вашим партнером так много времени, сколько возможно. С любовью отмечайте достоинства друг друга и не пользуйтесь лексикой жертвы. На чем мы сосредоточены и сфокусированы, то и развивается. Если я что-то конкретное вижу и на нем концентрируюсь, это приобретает все большее значение для меня. Если ничего не происходит, некоторые люди пытаются искать, пока не найдут то, что подтвердит их предположения.

Вам знакомы высказывания: «Он или она никогда не бывает довольна, найдет любую соринку в глазу. Ему или ей никогда не угодишь.» У того, кто всегда ищет соринки в глазах, крайне пессимистичные установки. Если искать целенаправленно, обязательно найдешь, что покритиковать.

Люди с лексикой жертвы преувеличивают в своем воображении проблемы, говоря же об успехе и достижениях – преуменьшают. В ход идут подобные высказывания: «И слепая курица порой зерно находит!» Такое предложение открывает негативные настройки. Мы должны восстанавливать достоинство друг друга, так как в этом большое благословение! Чтобы супружество было примерным, необходимо каждую критическую внутреннюю установку по отношению к нашему супругу превратить в одобрительную. Чтобы поддерживать уважение к своему супругу, нужно позаботиться о том, чтобы никто не очернял ни его, ни тебя.

Однажды в своей колонке жизненных советов Абигейл Ван Бюрен умоляла: *«Не позволяйте никому говорит, что вы несчастны, ни матери, ни сестре, ни соседям. Если это не останавливать, то это приведет к тому, что жена станет недооценивать своего мужа.»* Возьми себе за правило при всех отзываться о своем муже хорошо. Дома ты можешь и должна обращаться к нему с разными вопросами, но дозируй их как лекарство: «Соблюдайте дозировку!» Знаменитое правило Парацельса: *«Все – яд и нет ничего без яда. Только доза превращает яд в лекарство!»* Так и наши слова могут стать ядом. Но когда они дозированы, то приносят исцеление.

В послании Римлянам 12:18[3] предлагается: *«Если возможно с вашей стороны, будьте в мире со всеми людьми.»* В другом месте Павел пишет, что мы должны добиваться мира[4].

Для христианской семьи преимущество взаимной влюбленности совершенно явно, поэтому я надеюсь, то оба супруга придут к решению последовать советам. Гнев и нежелание прощать – огромные заграждения на дороге к посвящению, и должны быть устранены в первую очередь. Тогда и только тогда мы сможем создать необходимую основу для хорошего супружества.

Я хочу смоделировать для вас выразительный пример: если мы на прогулке наблюдаем за лебедем, мы восхищаемся тем, как он грациозно скользит по воде, красиво и уверенно. Когда он выходит на берег, то идет неуклюже переваливаясь. Этим я хочу сказать, что у каждого из нас есть свои достоинства и слабости. У каждого из нас есть таланты и дары. Мы должны их просто соответствующим образом поддерживать.

3   *«Если возможно с вашей стороны, живите в мире со всеми.» [Рим. 12:18; НРП]*

4   *Послание к Евреям 12:14 в переводе РБО: «Добивайтесь мира со всеми людьми и святой жизни, без нее никто не увидит Господа.» Данный перевод Библии является вторым полным переводом Библии на русский язык после Синодального перевода, который выполнен в России. Перевод осуществлялся с середины 1980-х годов по 2010 год в качестве 2-х параллельных проектов (перевод Ветхого Завета и перевод Нового Завета), и впервые вышел в полном издании 1 июня 2011 года в издательстве Российского библейского общества. В Синодальном переводе здесь стоит: «Старайтесь иметь мир со всеми.» (Прим.переводчика)*

Мы с Иоханнесом пытаемся с любовью созидать друг друга. Мы говорим так долго, как это необходимо и пытаемся делать друг другу комплименты. Считается, что белого волка надо кормить, пока черный не умрет. Мы пользуемся такой формулой: «Fishing for compliments!» (Поймай комплимент!). Удочка забрасывается до тех пор, пока на нее что-нибудь не клюнет. Важно повернуться лицом к себе и своим талантам и дарованиям. Есть вещи, которые хорошо, великолепно можешь сделать только ты, только ты – благодаря твоей верности и твоей одаренности. Потому ты и должна это делать!

Иоханнес обычно говорит: «Самохвальство верно!», тогда как народная мудрость утверждает: «Самохвальство гнило!» Есть форма самохвальства, которая не воняет гнилью, но действует на нас благотворно. Мы найдем это на первой же странице Библии (*Книга Бытие*). Когда наш Отец Небесный творил мир, говорил расти деревьям и растениям, Он сказал, в конце концов, людям, что это весьма хорошо.

Дорогая читательница, мы созданы по образу Божьему, поэтому нам можно себя хвалить. Это работает как в немецкой присказке: «Будь осторожен! Хлопая себя мысленно по плечу – не сломай руки.»

В миру держат язык за зубами, когда доходит до похвалы. Нам наоборот надо себя хвалить, даже если что-то пошло не так. Все равно так будет происходить, поэтому не надо задавать вопросы. Более всего я призываю тебя хвалить себя и добавлять в свою жизнь усладу. Мы – дети Бога и к тому же в Нем победители!

Тот, кто хочет быть победителем, должен хорошо знать собственные сильные стороны. Какие у тебя сильные стороны? А у твоего супруга? Знакомься со своими достоинствами и созидай их с пользой. Недаром Иисус выбрал эту формулировку. Он знал, что Его слушатели тут же поймут, что Он хочет сказать: дающий щедро получает ещё больше. У Бога этот принцип универсален. Мы получаем назад больше, чем даем.

Одаривайте друг друга любовью и вниманием. Помогайте друг другу, выясните на каком языке любви говорит ваш супруг. Однако именно здесь супруги часто вступают на неправильную дорогу, выговаривая друг другу, вместо того, чтобы простить. Как только вы познаете чудесную истину обмена дарами, вы начнете становится все более довольными собой и супругом.

В Евангелии от Луки 6:37[5] стоит: *«Не судите, и не будете судимы; не осуждайте, и не будете осуждены; прощайте, и прощены будете...»* Такая взаимозависимость помещает этот обет в отрезвляющий свет. Кто осуждает своего супруга, осуждает себя, и по полной программе. Добрая весть звучит так: кто прощает, тому будет прощено. Кто сеет любовь и понимание, тот получит преизбыточный урожай любви. Это основополагающий принцип в Царстве Божьем, и сбалансированное обращение с ним заложено в сердце.

«Согласен ли ты взять в жены эту женщину, любить и почитать ее?»

«Согласна ли ты взять в мужья этого мужчину, любить и почитать его?»

Веками отвечают двое людей, которым заданы эти вопросы, словом «да». Что же означает «чтить» и как можно почитать своего супруга? Для меня это возможность относиться к другому с уважением. Где двое разделяют друг с другом всю свою жизнь и все, что у них есть, когда возникает взаимное притяжение любви, дружбы,товарищества, и растет нежный интерес друг ко другу. Чтобы чтить друг друга, обходитесь друг с другом уважительно.

---

5 «Не судите, и сами не будете судимы. Не осуждайте, и вы не будете осуждены. Прощайте, и вы тоже будете прощены.» [Лк. 6:37; НРП]

Только так можно представить супружеские отношения длиною в жизнь. Супруги встречаются в защищенности союза на сверхличном уровне. На это требуется время и обоюдное доверие. Кто-то сказал: «Близость рождает удовлетворение, и оно, как хлеб, необходимо и питательно. К сожалению, это становится чем-то обыденным, а не особенным.»

Жена может помочь своему мужу, слушая его внимательно, окружая пониманием и сопереживая в его проблемах. Ему не нужна материнская опека или хорошие советы, даже если они были с добрыми намерениями. Ему нужно быть уверенным в том, что его жена ему доверяет, что она стоит за ним, что он со своими проблемами может справиться. И только потом он готов просить о совете и услышать его, чтобы понять. Каждый супруг должен предоставить другому место укрытия от суровой действительности. Нам всем необходимо утешение в страданиях. Мы нуждаемся в сочувствии и участии других, тех, кто готов предложить нам свое плечо. По моему мнению это аспект любви, который мы называем единством, решающий для счастья нашего супружества.

Нам всем нужен дом, который больше, чем четыре стены и хорошо выглядящие обои. Это место, в котором мы чувствуем абсолютно комфортно и защищенно, где наша жизнь и наше благополучие имеют первостепенное значение для нашего супруга. Английский композитор Джон Пауэлл дал чудесную формулировку: *«Нам нужно сердце другого, как дом для нашего собственного сердца.»* Мне это очень понравилось, ведь именно так функционирует супружество.

Супружество и единство состоят из множества единиц, которые трудно отделить друг от друга. Муж и жена создают одну плоть – что делает больно одному, отдается болью в другом, что поражает одного, то и другого ранит. Желание личностного роста укрепляет обоих. Лучше всего, когда мы друг друга взаимно поддерживаем.

В начале супружества много страсти. Она не должна впитываться, как вода в песок, но должна сохраняться в отношениях. После долгих лет совместной жизни друг ко другу привыкают. Хорошо изредка воздерживаться, чтобы возвращалась страсть. Американский семейный консультант Нэн Лоуренс выразил эту мысль следующим образом: «Любовная страсть возбуждает, но взаимное доверие прежде всего.» Я добавлю «уважение украшает день». Мы – люди – можем сколько угодно прикладывать усилий, но так ничего и не получим. Нам нужна каждодневная помощь Духа Святого, который нас направляет и наделяет силой и мудростью. Когда муж и жена в трудные времена заботятся друг о друге, тогда они исполняют важную задачу запланированного Богом супружества. В Книге Екклесиаст 4:9-10[6] мы читаем: *«Двоим лучше, нежели одному; потому что у них есть доброе вознаграждение в труде их: ибо если упадёт один, то другой поднимет товарища своего. Но горе одному, когда упадёт, а другого нет, который поднял бы его.»* И в 12-м стихе[7] стоит: *«нитка, втрое скрученная, не скоро порвется.»* Сколько истины в этом! Муж, жена и Дух Святой – те трое, кто справится, если будут держаться вместе.

Мужчины уважают женщин с изюминкой. Есть такая песня: «Все бабы, как бабы, а моя – богиня.» Это конечно преувеличенно, но я хочу сказать, что ты должна быть чем-то особенным для

---

6   *«Двоим лучше, чем одному, потому что получат хорошую награду за их труд. Если один упадет, то его друг поможет ему встать. Но горе тому, кто упадет, и не будет никого, кто помог бы ему подняться!»* [Еккл. 4:9-10; НРП]

---

7   *«Веревка, свитая из трех нитей, не скоро порвется.»* [Еккл. 4:12; НРП]

твоего мужа – нежной, чуткой и чувствительной. Это очень хорошо, если твой супруг восторгается тобой.

Раньше, когда наши дети еще жили с нами, я хотела быть совершенной и работала до полного изнеможения. Сегодня я могу на что-то смотреть сквозь пальцы и выполнять только самое необходимое и важное. Этого достаточно, ведь завтра будет еще один день. Перфекционизм ведет к неудовлетворенности, продолжение можете нарисовать вы сами. В конце концов, я не хочу приземлиться в категорию «токсичных».

Иоханнес мне тогда сказал: «Оставь сад, почитай книгу. Ты занимаешься садом в любом случае ради соседей, чтобы они это видели.» И он был прав, я думала: «Что скажут люди? Все должно выглядеть аккуратно!»

Раньше, если мой муж звонил домой, он ломал весь мой распорядок дня, потому что я никогда не была спонтанной. Это было просто невозможно. Сегодня для меня в этом нет проблем. После истощающей депрессии для меня все выглядит совершенно иначе. Сегодня я могу быть спонтанной.

Однажды Иоханнес повысил голос. Я спросила его: «Хочешь поцапаться? Я не кусаюсь.», – хотя и была расстроена. Он рассмеялся, и вечер был спасен. Раньше бы конфликт набрал силу. Сегодня мы смеемся. Мы вышли из «возраста спорщиков». В моей первой книге есть глава под названием «В тени мужа». Никто из нас не должен стоять в чьей-то тени – выходи из тени. Мы должны находиться только под кровом Всемогущего и никогда не быть в чьей-то тени.

Очень часто женщины спрашивают себя, почему мужья теряют к ним интерес, хотя в начале было все хорошо. У каждого есть границы личности и каждый хочет, чтобы они соблюдались. К сожалению, их все чаще переходят в отношениях. Иногда доходит до того, что женщины и мужчины отбрасывают все принципы и поступают по отношению к супругу совершенно неуважительно. Все начинается с таких мелочей, как – непунктуальность, повышение тона во время спора. Не берите на себя роль матери или отца, мы же не можем воспитывать своего супруга.

Границы каждого человека индивидуальны, и у каждого свои принципы, которых он придерживается. Для меня непунктуальность «невозможна», а для другого она в порядке вещей. Что происходит, если ты позволяешь кому-то перейти твои границы? В таких случаях твой супруг будет разрушать твои ценности снова и снова, что является неуважением. Но это происходит тогда, когда ты и себя не уважаешь и ему позволяешь себя так с тобой вести. Если мы никак не реагируем, то пересечение границ становится постепенно нормой, что заставит тебя снова и снова выходить из себя. А это не самое лучшее состояние для отношений, когда ты все время находишься в положении того, чьи чувства растоптаны. Я призываю тебя исследовать, где твои внутренние границы. Какое поведение ты можешь терпеть, а какое тебя ранит?

Вторым шагом пусть будет открытое и честное обсуждение границ. Если вам больно от того, что он не держит свое слово и часто опаздывает, дай ему понять, что это неуважение по отношению к тебе. Так ты будешь не только себе верна, но и с другой стороны к тебе отнесутся серьезно. Старая крестьянская пословица гласит: «Кто себя в обиду не дает, того и чтят.»

Пожалуйста, не мстите, но говорите открыто друг с другом. Месть приведет тебя в категорию «токсичных». Это никому не поможет и принесет только страдания в совместную жизнь. Не заходите так далеко. Можно все вовремя предотвратить, если открыто друг с другом говорить.

Создание годового баланса предприятия – необходимая часть бескризисного ведения дел фирмы. Время от времени владелец должен ставить перед собой вопрос о прибыли и убытках. Такие часы становятся моментом истины. Вполне может быть, что баланс покажет ему, что предприятие пора закрывать, или должны быть введены драконовские меры, чтобы предотвратить несчастье. Любой баланс подразумевает, что норма как бы оговорена, кто ее не знает, не может оценить правильно положение. Соломон сказал своим чиновникам, что нельзя называть кривое прямым и то, чего нет, нельзя считать. Это основа честного баланса. Чтобы не потерять курс, моряк постоянно проверяет его и выравнивает судно. Течения и ветер отклоняют курс, и им надо противостоять. Это мы тоже можем назвать балансом. Подведенный Павлом в конце его жизни баланс был позитивным. Он тоже знал дебет и кредит. Он смотрел, как все идет, и был доволен, судя по тому как он пишет: *«Подвигом добрым я подвизался, течение совершил, веру сохранил...»* (2 Тим. 4:7[8])

У всех есть опасность назвать кривое прямым или считать то, чего нет. Не бойся почаще проводить инвентаризацию и вникать в себя с вопросами: Хорош ли твой рост? Правилен ли путь? Есть ли будущее у твоего супружества? Я думаю, что мы не должны пропускать эти часы самопроверки. Если мы не будем делать проверок, то Бог позаботится о них.

Такие моменты недвусмысленно открывают, где мы реально находимся, и что в нашей вере подлинно, а что лицемерно. Я не хочу, чтобы кто-то из нас предстал бедным, слепым или голым перед Богом. Для этого нам необходим честный баланс. То же самое относится и к тем, кто называет себя учеником или ученицей Господа.

Очень полезно в себя вникать. Кто чаще сомневается, тому легче выравнивать путь заново. И Бог может его довести до цели

---

8 *«Я хорошо боролся, я пробежал всю дистанцию и сохранил веру...»* [2 Тим. 4:7; НРП]

невредимым. Делай свой баланс честно и нелицемерно, тогда Бог будет тебе помогать. В послании Евреям 12:15[9] написано: *«Наблюдайте, чтобы кто не лишился благодати Божией; чтобы какой горький корень, возникнув, не причинил вреда, и чтобы им не осквернились многие.»* Так может быть и супружество разрушено. Оба партнера сломаются и направятся в категорию «токсичных». Среди растений встречаются такие, которые считаются ядовитыми или токсичными. Часто можно прочесть, что дети, поев беладонны, заболевали и нуждались во враче. Подобное встречается и среди грибов, например одни из самых опасных – поганки. Прием в пищу такого гриба заканчивается смертельным исходом. Отсутствие, как прощения, так и открытого конфликта, может тоже стать смертельным. Из этого образуется опухоль, которая всегда грозит лопнуть.

Индейцы Южной Америки используют кураре, полученный из коры различных сортов лианы (Источник: *«Википедия»*). У этого яда парализующее действие. Библия тоже говорит об одном растении, чья токсичность может осквернить сердце и наполнить жизнь горечью. Как правило, горечь распространяется там, где засели разочарования и раны. Я прошу тебя, принеси Богу все без исключения разочарования и раны. Он может исцелить израненную душу, что я пережила бесчисленное множество раз. Найди такого человека, которому ты можешь излить свое сердце, и вместе вы можете принести все Господу, который все видит, все слышит и все знает. Бог хочет ввести тебя в освобождение, а не записать в категорию «токсичных». Быстрее, чем нам бы хотелось, мы можем приземлиться там, если не простим и не предпримем определенные шаги. Мы все чувствительны и хотим, чтобы все

---

9 *«Смотрите, чтобы никто из вас не был лишен благодати Божьей и чтобы никто не причинил бы вам вреда, подобно горькому корню, который пророс среди вас, и чтобы им не осквернились многие.» [Евр. 12:15; НРП]*

обходились с нами осторожно. О том же стоит помнить, в обхождении с нашими ближними.

Печальный пример нам показывает народ Израиля в пустыне. Не успев перейти по сухому дну Красного моря, пережив чудеса Божьи, они вошли в пустыню и у них закончилась питьевая вода. Какой-то разведчик после длительных поисков нашел источник. Нашедший радостно замахал, показывая куда идти. Из последних сил они достигли желанной влаги, но начав пить, поняли, что вода непригодна для питья. Невероятно!

Разочарование было огромным. Мгновенно возник вопрос: Что же это за Бог, который такое допускает? Три дня в пути мы были без воды. Он нас сюда привел, чтобы мы умерли от жажды? Несомненно некоторые громко кричали о своих страданиях: «Боже! Как это возможно?» Моисей был потрясен. Согнувшись от боли, возопил он к Господу и молил о милости для изнемогающего от жажды народа. Тогда Бог показал ему на дерево. Когда Моисей в послушании бросил его в воду, вода стала приятной на вкус. В память о ситуации назвал Моисей это место «Мерра». Что означает горечь. В книге Исход 15:22-26 ты можешь прочитать эту историю.

Этот рассказ показывает, что могут быть ситуации, в которых человек чувствует себя разочарованным Богом. Ваша жизнь повернулась иначе, чем вы представляли. Возможно, вы только что с полным восторгом рассказывали, как у вас все хорошо с Богом и как исполняются ваши желания. И вдруг неожиданно все закончилось.

Семья разваливается, родственник вырван из жизни или церковь отказалась от пастора, и он должен уйти. Прекрасные мечты, которые в одно мгновенье рассыпались. Пришло великое молчание. Небо выглядит закрытым, горло перехватывает во время молитвы. Мысли спутаны и стыдно встречаться с людьми.

Возможно, люди спрашивают с трудом скрываемой издевкой, где был любящий Бог, когда это случилось. Жесткая критика пронзает раненное сердце и появляется риск возникновения горечи.

Поскольку в моей жизни таких ситуаций было много, хочу тебя ободрить. Повернись к своей боли, поговори честно с тем, кто может за тебя молиться. Не выбрасывай свое доверие, в конце концов ты будешь жалеть о своей обиде. В 1-й Книге Царств 22:2[10] стоит: *«И собрались к нему все притесненные и все должники и все огорченные душею, и сделался он начальником над ними; и было с ним около четырехсот человек.»* Речь о Давиде, когда он бежал пред Богом и спасся в пещере Одолламской. Мы попадаем в такие жизненные ситуации, которые кажутся нам настолько безвыходными, что ведут нас к горечи. На этом месте я хочу привести пример с драгоценными алмазами. Они состоят, как и уголь, из углерода. Но давление делает возможным раскрытие красоты. Нужно еще пройти очистку и шлифовку. И по-другому, к сожалению, не бывает.

«Да не смущается сердце ваше,» – ободрял Иисус своих учеников – *«веруйте в Бога, и в Меня веруйте!»* (Ин. 14:1[11]) Мы не должны играть со своей жизнью, жизнью супруга или других людей. Иисус говорит: *«Я есмь путь и истина и жизнь!»* (Ин. 14:6[12]) Этой истиной Он показывает нам верный путь и правильные отношения к другим. Он дает нам жизнь здесь и в вечности.

---

10 *«Все несчастные, обиженные и все должники собрались вокруг него, и он стал их вождем. С ним было около четырехсот человек.» [1 Цар. 22:2; НРП]*

---

11 *«Пусть ничто не тревожит ваши сердца. Верьте в Бога и верьте в Меня.» [Ин. 14:1; НРП]*

---

12 *«Я есть путь, истина и жизнь!» [Ин. 14:6; НРП]*

Мы с Иоханнесом в юности часто вели себя легкомысленно. Мы хотели изменить друг друга, свой характер то ли показать, то ли доказать, были упрямы. Сегодня я жалею об этом. Когда я оглядываюсь на свою жизнь, то могу себя отправить в категорию «токсичных». Молодые люди, которые хотят учиться на чужих ошибках, спрашивают меня: «О чем ты более всего жалеешь в жизни?» Я отвечаю им: «Что восемь лет своей жизни я потратила впустую, пытаясь изменить своего мужа, вместо того, чтобы начать с себя.»

Ты не можешь знать, когда придет твой последний день на этой земле. Поэтому лучше быть со всеми в мире, и более всего с собой. Иисус Навин осознал через 25 лет: *«И дал им Господь покой со всех сторон, как клялся отцам их, и никто из всех врагов их не устоял против них; всех врагов их предал Господь в руки их. Не осталось неисполнившимся ни одно слово из всех добрых слов, которые Господь говорил дому Израилеву; все сбылось.»* (Нав. 21:44-45[13])

Я желаю тебе, дорогая читательница, чтобы твои желания были исполнены, и ты могла жить в мире. Устоит лишь тот мир, который в твоем сердце.

Глава 10

---

13 *«Господь дал им покой со всех сторон, как Он и клялся их отцам. Никто из их врагов не устоял перед ними; Господь отдал их врагов им в руки. Ни одно из тех добрых обещаний, которые Господь дал дому Израиля, не осталось неисполненным, исполнилось каждое.» [Нав. 21:44-45; НРП]*

Глава 11

Единственная и неповторимая

«Низкое падение часто ведет к высокому счастью.»
Уильям Шекспир

В этом изречении Шекспира есть зерно истины. Я помню, как чувствовала себя после каждого конфликта с Иоханнесом. Мне казалось, что я нахожусь в глубокой яме, из которой никогда не выбраться, я ощущала себя жалкой, неправильно понятой. В такие моменты нам никто не может помочь. Только двое решают, хотят ли, важно ли для них жить в мире и гармонии. Широко известно, что есть только один человек, которого я могу изменить – это я сам. Ты можешь изменить только себя.

Конечно, так хотелось, чтобы именно он, мой любимый муж, протянул мне руку и вытащил меня из этой ямы, но по молодости мы хотели друг другу доказать, у кого характер сильнее. После неоднократных подобных напряженных ситуаций друг с другом мы выучили, что границы супруга переходить нельзя. Мы научились правильно обращаться друг с другом и ценить друг друга. Сегодня я спрашиваю себя, для чего все это? Какой в этом смысл? Кому я хочу что-то доказать или хочу ли я быть права?

Совершенно необязательно так выяснять отношения. Зачем тратить драгоценное время друг для друга на войну друг против друга, не спать ночами и не иметь радости в жизни? Не лучше ли друг друга любить и чтить? Сегодня я знаю, что опыт «глубоких ям» принес мне большое счастье.

Во-первых, мы любим друг друга сильнее, чем раньше.

Во-вторых, мы ценим друг друга, и ни в коем случае не хотим причинить друг другу боль.

Я уже упоминала, что однажды молодые женщины попросили меня раскрыть пару секретов супружества, которые я могла «выболтать» только из собственной жизни. К этой главе я бы взяла подзаголовок «Квадратный. Практичный. Мужчина.», потому что мужчины, в основном, проще и практичнее, чем мы – женщины. Первым сотворил Бог мужчину, мы читаем об этом в Книге Бытие 2:7[1]: *«тогда Господь Бог создал человека из земного праха и вдунул ему в ноздри дыхание жизни, и человек стал живым существом.»* (Новый русский перевод). Почему Бог вдунул дыхание жизни через ноздри, а не через рот? Я думаю, чтобы вдохнуть через нос надо очень близко и тесно прижаться к человеку, таких же близких, тесных отношений желал Бог с Адамом. Так стал человек душою живою. Это был Адам. Пятнадцатый стих[2] гласит: *«И взял Господь Бог человека, и поселил его в саду Едемском, чтобы возделывать его и хранить его.»* В это время у Бога с Адамом было содружество. Что такое содружество? Греческое слово для этого «koinonia» переводится как тесный союз, близкие отношения, взаимное долевое даяние и принятие, где каждая из участвующих сторон может оказаться стороной более дающей или более принимающей. Сначала Бог сотворил мужчину, но очень быстро Он увидел, что Адаму нужна жена, помощница.

Что произошло с Адамом? Бог погрузил его в глубокий сон, чтобы сотворить для него женщину. Он не будил Адама, пока женщина не была полностью готова. Сегодня Бог ожидает, что ты

Глава 11

---

1   *«И создал Господь Бог человека из праха земного, и вдунул в лицо его дыхание жизни, и стал человек душою живою.»* [Быт. 2:7, Синодальный перевод]

---

2   *«Господь Бог поселил человека в Эдемском саду, чтобы он возделывал сад и заботился о нем.»* [Бытие 2:15 ; НРП]

станешь готовым сосудом чести, способным быть инструментом, который поможет мужчине изменить свои пути благодаря твоему поведению.

Дальше в 18-м[3] стихе мы читаем: *«И сказал Господь Бог: не хорошо быть человеку одному; сотворим ему помощника, соответственного ему.» «И нарёк человек имена всем скотам и птицам небесным и всем зверям полевым; но для человека не нашлось помощника, подобного ему. »* (20-й стих[4]) Мужчина и женщина трудятся плечо к плечу, они нужны друг другу, потому что дополняют друг друга и зависят от этого.

«И навёл Господь Бог на человека крепкий сон; и, когда он уснул, взял одно из рёбер его, и закрыл то место плотью. И создал Господь Бог из ребра, взятого у человека, жену, и привел её к человеку. И сказал человек: вот, это кость от костей моих и плоть от плоти моей; она будет называться женою, ибо взята от мужа.» (Стихи 21-23[5]) Вам бросилось в глаза, как отреагировал Адам? Он воскликнул: «Наконец-то, я не один, наконец-то есть кто-то для меня!» Вы – одна плоть, но совершенно отличны. Нам, как женщинам, не нужно себя сравнивать с мужчинами. Физически мужчины созданы для тяжелой работы. У них широкие

---

3 *«Господь Бог сказал: "Нехорошо человеку быть одному. Я создам ему помощника под стать".»* [Быт. 2:18; НРП]

---

4 *«Так человек дал имена всему скоту, всем птицам небесным и всем полевым зверям. Но для Адама не нашлось подходящего помощника.»* [Быт. 2:20; НРП]

---

5 *«Тогда Господь Бог погрузил человека в глубокий сон, и пока он спал, взял одно из его ребер и закрыл это место плотью. Из ребра, которое Он вынул из человека, Господь Бог создал женщину и привел ее к нему. Человек сказал: «Вот теперь это кость от костей моих и плоть от плоти моей: она будет называться женщина – потому что была взята от мужчины».* [Быт. 2:21-23; НРП]

плечи, крепкая мускулатура рук. Павел пишет: мы перед Богом похожи, но не идентичны. Мужчины больше реагируют визуально, а мы слухом. Поэтому женщинам так нужно получать от мужчин хорошее лекарство: «Я тебя люблю!». Мужчине этого не требуется. Он хочет, чтобы им восхищались. Он хочет, чтобы его жена смотрела на него, и дарила ему слова похвалы: «Ты – мой силач! Я так горжусь тобой!»

Одна женщина как-то бросила: «А что, если он не заслужил?» Я ответила: «Именно тогда, когда он не заслужил! Если он заслужил, этим восхищаются другие, но муж хочет восхищения своей жены.»

До того как Бог разбудит в твоей жизни мужа, Он хочет завершить Свое произведение в тебе. Он хочет, чтобы каждая женщина была укоренена и укреплена в полном понимании того, для чего ее создали, прежде чем Он подведет ее пред лицо ее Адама. Она должна быть вооружена необходимыми знаниями, чтобы вдохновлять мужа, быть таким мужчиной, каким он должен быть. Бог дал Еву Адаму, чтобы она помогала ему оставаться целеустремленным и время от времени подбадривала его дополнительно. В 1-м послании Петра 3:1-2[6] стоит: «Также и вы, жены, повинуйтесь своим мужьям, чтобы те из них, которые не покоряются слову, житием жён своих без слова приобретаемы были, когда увидят ваше чистое, богобоязненное житие.»

Адам нуждался в помощнице, партнере – ком-то, кто был создан для того, чтобы дополнить его во всем. Этот индивид, названный «женщиной», должен ему помочь выполнить его миссию. Мужчина же должен был вместе с ней перенять ответственность за творение и окружающий мир: поддерживать порядок, следить

Глава 11

---

6 *«Также и вы, жены, будьте послушны мужьям, чтобы, если те и не повинуются слову, были бы без слова покорены Богу поведением своих жен, видя вашу чистую и богобоязненную жизнь.» [1 Петр. 3:1-2; НРП]*

за ним, заботиться о нем, быть плодотворными и распространять свои пределы. Без ее помощи он не мог бы справиться. Господь нас так создал – дополнять друг друга. Библия повествует нам о «яблоке» или плоде, чьи округлости считаются символом совершенства. Как только она надкусила его, исчезли и округлость, и совершенство.

Даже наш мозг работает не так, как у мужчин. В одной брошюре я прочитала, что женский мозг функционирует подобно автомагистрали, тогда как мужской похож на серпантин. Мужчины не так эмоциональны (естественно, есть исключения), мы же совсем наоборот. Это не означает, что у них никаких чувств нет, они их просто иначе выражают. Они думают более абстрактно, мы – в деталях. У мужчин на первом месте логика. У женщин логика идет за ощущениями. О рождении ребенка мы рассказываем в деталях, как долго длилось, какими были схватки, как помогала акушерка, как выглядел малыш. Некоторые мужчины вообще не знают, кто родился. Достаточно, что кто-то родился! Я немного преувеличиваю, но не это вызывает сильное эмоциональное возбуждение. Мужчину можно поздравить, не зная, кто родился – мальчик или девочка.

Я читала, что мозг мужчины как бы состоит из множества коробочек, которые между собой не соединены. Коробочка для работы, другая коробочка для семьи, третья коробочка для финансов, следующая для машин и т. д. Но есть еще одна, так называемая «Nothing box» (просто пустая коробка). Если вы вашего мужа спросите, о чем сейчас думает, он может сказать: «Ни о чем.» И это правда! Женщина такое не может даже с трудом представить. Нам – женщинам – нужно просто им поверить. Самое интересное, что эта «Nothing box» – коробка – самая любимая. Они могут утонуть в ней, когда сидят перед телевизором и даже не знают что они сейчас смотрят, потому что пребывают в

«Nothing box». Мозг женщины тоже состоит из многочисленных коробочек. Только разница в том, что они между собой связаны. Я себя часто спрашивала, почему у нас не так часто бывает короткое замыкание?

В книге *«Думай как мужчина»* я читала о мужчинах, которые говорят сами о себе так: «Мы немного, как собаки, если нас гладить, то мы будем очень верными.» И как себя чувствует женщина, поглаживающая своего мужа, как собаку?

Мужчин можно разделить на пять категорий (Источник: *«Википедия»*): есть «мачо» или еще его называют жиголо. Это такой тип, который бахвалится о других женщинах, хотя ты – его собственная жена – ему очень нравишься. Ему хочется знать, как ты реагируешь и просто заставить тебя ревновать. Можно подумать, что такое незрелое поведение проявляется только у мальчиков, но, к сожалению, это не так. Интересно, что такие «мачо» ни разу не осознают, что так проявляется пассивно-агрессивное бахвальство. Возможно, что такой тип мужчин страдает от низкой самооценки. Им кажется, что они не достойны того, чтобы надолго связывать себя с одной женщиной.

Второй тип – это так называемый «брачный тормоз», который никак не может решиться и взять на себя обязательства. Его невеста уже ждет предложения, а он все тянет время, потому что не хочет обязательств.

Следующий эпизод ярко показывает характеристики «брачного тормоза». Однажды вечером он пригласил ее на праздничный ужин. Во время ожидания заказа он передал ей коробочку. Она была вне себя от напряжения. В восхищении она открыла коробочку. К сожалению, в ней вместо колечка лежала пара сережек. Ее радостное сияние мгновенно сменилось на печаль, потому что она представляла и желала чего-то другого. Грустный пример.

Третий тип – так называемый «маменькин сынок», у которого мама решает за него все. Мама дает предписания о том, как он должен одеваться и т.д., чему он послушно следует. Он никогда не проявляет инициативу, чтобы завершить начатое.

Как должны вести себя мамы? Задача любой мамы состоит в том, чтобы вырастить своих детей и подготовить их к реальной жизни. К сожалению, мамы бывают часто одиноки, и поэтому не замечают того, что между ней и сыном возникает сильная (замещающая) связь, которую необходимо разорвать, точно так, как обрезают пуповину при рождении. Сначала эмоциональное обрезание пуповины от своей мамы способствует его готовности к отношениям. Остается пуповина – сыночку живется уютно в отеле «Мама». Такие мужчины больше прилеплены к своим мамам, чем женам. Так получаются так называемые «психосоматические инвалиды». Как мамы, мы должны над этим работать, воспитывая вовремя в сыне самостоятельность.

Следующий тип можно назвать «мечтателем». Он вырисовывает все на отлично: как должна выглядеть его жена, какой дом у них будет, сколько детей, но он не берет ответственность за все это. Он мечтает без всякого ощущения реальности или привязанности к ней. Такой тип живет в своем собственном мире и делает то, что считает правильным, не задумываясь и не поступая, как взрослый человек.

Наш последний тип «счастливо разведенный», который все знает лучше всех, но со своим браком он так и не справился, дойдя до развода. Что никак не мешает ему продолжать считать себя лучше всех все знающим. Он может дать любому мужчине хороший совет, как функционирует семья, как устроены женщины и много других.

Что я хотела сказать этими примерами? Во-первых, просто проинформировать. Во-вторых, призвать каждую женщину записать ее ценности и представления о будущем муже, и начать молиться. Это действительно не просто, жить с другой личностью, которая не соответствует вашим ценностям. После свадьбы не все «мир, дружба, жвачка». То же самое действительно и для мужчины, который хочет выбрать для себя единственную. Его первая потребность, чтобы его принимали таким, какой он есть, чтобы ценили и хвалили. Мамы и жены должны восхищаться своими сыновьями и мужьями!

Некоторые считают, что «помощница» – это тот человек, который указывает мужчине, что он должен делать. Они помогают, когда говорят: «Делай здесь, там, так и то». Они помогают вам, когда говорят, что вам делать, а что отложить. Но не в этом смысле надо понимать слово «помощница».

Мы – женщины – жизнь дающие. Мы рождаем детей, но без мужчины он бы не появился. Мы воспитываем детей, мы создаем в доме уют. Именно женщина создает до 90 процентов атмосферы в доме, муж в ней акклиматизируется. Мужчины большей частью воспитываются женщинами – дома, в детском саду и школе. Мы – женщины – должны осознавать, что наши сыновья – существа другого пола. Они полностью другие, и нам надо на это обращать внимание.

Моя стратегия, как матери сыновей, была следующей: Что важно сделать? А что лучше оставить? Вопрос: «Когда бы вы хотели сделать ваши домашние задания» – не казался мне эффективным. С самым старшим из наших сыновей я сделала очень много ошибок, потому что многого не знала и в то время не могла бы лучше поступить. У него сильная личность лидера, как и у его отца. Воспитывать его – была задача не из легких, из-за чего я часто была перегружена. С двумя другими сыновьями было уже не так трудно. Да и не было такой необходимости, потому что они были другими. Сегодня я жалею, что была такой строгой со своим старшим. Вместо того, чтобы спрашивать, я командовала им: «Ты сейчас же отправляешься делать домашние задания!»

Ничего удивительно, что мальчишки иногда реагировали, упираясь, во-первых, мальчику нужно всегда предоставлять выбор. Будущий мужчина должен уметь принимать решения, нам – мамам – необходимо это принять и укреплять в нем.

Во-вторых, им нравится, когда мы обращаемся к ним за помощью или спрашиваем – командовать ими – не вариант.

В-третьих, надо набраться терпения. Это очень трудно, потому что я считала себя лицом, ответственным за воспитание, а значит, я должна их научить. Но моя задача терпеливо ждать, пока он не примет решение.

В-четвертых, мы не должны вмешиваться, но сдерживаться, и ни в коем случае не подбадривать подобным образом: «Ты слишком медленный, не стой на пути».

В-пятых, мы должны верить в наших мальчиков. «Ты справишься!», «Я верю в тебя». Это так важно, постоянно поддерживать наших сыновей. Уже в отношениях с матерью сын учится отстаивать свое мнение с женой и не быть под ее покровительством. Где еще должен он начать тренироваться? Я принимала наши столкноваения лично к себе, вместо того, чтобы видеть в этом «тренировочный зал».

Оставленный в прихожей ранец – девочке можно объяснить, что кто-нибудь может о него споткнуться и пораниться. И она не будет следующий раз так делать. С мальчиками же можно говорить, объяснять до мозоли на языке. Стоит поставить корзину для грязного белья перед комнатой, он удивится и спросит: «А почему корзина перед дверью?» «Это твой ранец в прихожой у двери.» – и он сразу понимает.

Вторая потребность, особенно у подростков – хорошее питание. Как там говорится? «Любовь приходит через желудок». Одна из ценностей, названная Иоханнесом, когда в пятнадцать лет мы их озвучивали друг другу, была: «Ты должна уметь хорошо готовить», потому что его мама не придавала этому значения, а ему этого не хватало. Его решение было твердым – он будет искать такую жену, которая умеет хорошо готовить. Тогда ему это было важно еще и потому, что он рос в скудных условиях, сегодня уже по другому. Ценности меняются.

Теперь поговорим о четырех качествах, которые нравятся мужчинам.

Во-первых, «моя жена должна быть сексуальной и соблазнительной». Что это значит? В первую очередь это относится к прекрасной улыбке, что так притягивает мужчин. Она должна быть привлекательной. Каждый мужчина хочет украсить себя миловидной женщиной.

В одной радиопрограмме я как-то услышала, как женщина жаловалась, что муж не считает ее миловидной. Ведущая попыталась раскопать побольше: «А что Вы делаете, чтобы муж Вас стал считать такой?» Она ответила: «Для этого у меня нет времени!» Тут стоит подумать, какие у нас приоритеты!

Любая жена знает своего мужа и его вкус. Почему бы не скинуть пару килограммов, если ему нравятся стройные женщины? Или почему бы не поправиться на пару килограммов, если это обрадует мужа? Занятия спортом полезны. Немного подкраситься, и выглядишь эффектнее. Красивая одежда, которая подчеркивает твой тип, может очень хорошо воздействовать.

Мы должны задать себе вопрос: «Что я делаю, чтобы быть более привлекательной для моего мужа?»

Естественно, не только красивым платьем и макияжем. Гораздо важнее, чтобы мы не теряли отношений с Богом. В Книге

Притч 31:30[7] написано однозначно: *«Миловидность обманчива, и красота суетна; но жена, боящаяся Господа, достойна хвалы.»* Вот тогда мы сияем, и это наша внутренняя красота.

Одна женщина рассказала мне историю: «Когда мои дети были маленькими, а я по горло была занята домашним хозяйством и детьми, пришел однажды вечером мой муж домой. Глядя на него, я понимала, что у него что-то на уме. Осторожно, чтобы не задеть меня, он сказал: «Знаешь, я вижу у нас в бюро каждый день только хорошо одетых и накрашенных женщин. Когда я прихожу домой, я хочу там найти красивую женщину.» Вот это да! Я задумалась. С тех пор я каждый раз переодевалась и слегка подкрашивалась перед его приходом, чтобы мой муж, заходя с радостью домой, находил там привлекательную женщину. В тот день я сказала себе: «Долой растянутые шаровары, изношенные футболки и растрепанные волосы.» Мне и сегодня еще стыдно за свою невнимательность.» Если это важно для вашего супружества, то почему нет?

Во-вторых, «моя жена должна быть с юмором». Как говорят: «Встречают по одежке, провожают по уму!» Когда фактор сексуальности исполнен, и привлекательность подходит, надо добавить немного юмора, и шансы привязать к себе супруга покрепче возрастают.

В-третьих, «моя жена должна быть по-матерински сердечна». Что это значит? По общему признанию, все мужчины даже во взрослом возрасте ищут немного «материнского тепла». Никакого отношения к «маменькиному сынку» это не имеет. Абсолютно! Попробуй найти, что для твоего мужа важно! Хорошо готовить? Немного за ним поухаживать и позаботиться? Кто ему всю жизнь

---

7 *«Прелесть обманчива и красота мимолетна, но женщина, что боится Господа, достойна хвалы.» [Пр. 31:30; НРП]*

готовил хорошую еду? Его мама. Кто за ним всегда ухаживал? Естественно, его мама. То же самое с накрытым столом, выстиранным и выглаженным бельем. Кто создавал уют для него дома и его беспокойства слушал безропотно? Тоже его мама. Это есть и остается мечта многих мужчин. Но так не должно быть. Мужчина должен брать ответственность и вкладывать свою часть в совместную жизнь. Так можно создать доброе будущее. Даже когда изменится жизненная ситуация и жизнь повернется в другую сторону.

В-четвертых, «моя жена должна стоять на своих ногах». Что это означает? Он должна быть уверенной в себе и независимой. Он не должен ей говорить, как вести домашнее хозяйство. С этим она должна и без него отлично справляться. Мужчине нравится расставлять точки над «и», но он доволен, когда жена сама со всем без него справляется.

Итог: «Соблазнительная, остроумная, капельку материнства и при этом независимая.» Это формула сделает тебя совершенной женщиной, в которую влюбляются мужчины.

Я хочу еще раз подчеркнуть, что мы должны относиться к нашим мужьям с респектом. Что означает респект? Это слово ведет нас к латыни, и переводится как «оглядываться, не сбивать с ног». То есть принимать во внимание, обращать внимание на него, говорить «спасибо» и «пожалуйста», учитывать желания супруга, уважать его внутренние ценности. Респект предполагает, что мы смотрим на него как на личность, ценим его представления, чтобы доверие между нами укреплялось. Если есть доверие, то супруг чувствует себя принятым, понятым и уважаемым. Павел в послании Галатам 6:2[8] пишет: «Носите бремена друг друга, и

---

8 *«Помогайте друг другу в трудностях, тем самым вы исполните Закон Христа.» [Гал. 6:2; НРП]*

таким образом исполните закон Христов.» Для меня это означает уважение, когда мы так поступаем по отношении друг ко другу, несмотря на наши разные вкусы и представления. Обращай внимание на его ценности, обстоятельства, чтобы у него была возможность дойти до полного расцвета. Если что-то не вписывается в твою систему ценностей, то это еще не неправильно. Мужчины хотят, чтобы мы – женщины – смотрели на них. Отношения во многих парах далеки от взаимного уважения. «Почему ты оставил здесь свои носки?» «Твои брюки лежат не на месте.» Относитесь к своему супругу уважительно, и он не будет разбрасывать свои вещи. Это покоится на взаимности. Как ты ко мне, так и я к тебе! Или как в пословице: «Как аукнется, так и откликнется.» В Притчах 25:15[9] писал Соломон: *«Кротостью склоняется к милости вельможа...»*

Именно это Господь вложил в нас – женщин: с кротостью и нежностью обращаться с нашими мужьями, им это нравится. Ты – не его мама, ты – его жена, и от своей жены он ожидает уважительную нежность. Мягкое общение друг с другом должно быть основной позицией в наших отношений, чтобы в нашем супружестве была защищенность.

Доктор Гарри Чепмен пишет в своей книге *«Пять языков любви»*, что каждый из нас говорит на своем языке любви. Язык Иоханнеса – готовность помогать. Он хочет, чтобы я использовала этот язык любви по отношению к нему. Когда подбираю ему вещи в нужной цветовой гамме, пока он готовится к Богослужению или какому-то мероприятию, я именно так и делаю. Потом он произносит: «Пойдем одеваться.» На самом деле так он мне

---

9 *«Спокойный разговор может заставить любого изменить мнение, даже правителя.» [Пр. 25:15; взята редакция 1993-1996 г.г. перевода Международной Библейской лиги, ранее она называлась Всемирный Библейский Переводческий Центр (WBTC – World Bible Translation Center).]*

говорит: «Найди мне подходящую одежду, потому что я не силен в цветах». Когда я уезжаю, то предупреждаю его: «Твоя еда стоит в холодильнике справа сверху.» Так он знает, где ее можно найти. Почти у всех мужчин так называемое «туннельное зрение», тогда как у женщин «панорамное». Любимый вопрос моего мужа: «А где масло?» «Прямо перед тобой,» – мой обычный ответ. Но он его не видит. Поэтому лучше всего, если ночью за рулем, когда вы путешествуете, будет мужчина, с их «туннельным зрением» их не слепят встречные машины. Мы этим часто пользуемся. Мне с моим «панорамным зрением», которое все подмечает, ночью мешает все.

Жена Генри Форда очень хорошо поддерживала своего мужа и помогала ему. Она проводила много времени с ним в гараже, подкрепляла его, чтобы он продолжал заниматься автомобилем. Как мы все знаем, позже он изобрел конвейер по сборке машин.

Мужчинам нравится, когда мы – женщины – независимы от них, естественно, в смысле ухода за семьей и домом. Мы должны им доверять, даже когда они что-то делают не так, как мы представляли. Многие мужья перестают помогать женам, потому что те перманентно недовольны или хотят распоряжаться.

Женщины принимают решения не так, как мужчины. И это различие особенно заметно в технической области. Мужчины и ремонт машин почти созданы друг для друга. Мне такого состояния не достичь никогда. Техническое дарование и любовь к технике мне не даны. Иоханнес любит технику и некоторые вещи должны быть всегда на самом новом современном уровне. Для нашего телевизора у него четыре пульта управления, мне хватает одного. Если Иоханнес в поездках, экран телевизора остается одного цвета – потухшего. Конечно, есть множество женщин, у которых с техникой нет ни малейших проблем. Выстраивание отношений с детьми, ведение домашнего хозяйства, скорее, на уровне инстинкта в женщинах, чем в мужчинах, чем мы их и удивляем. От чего вам стоит воздержаться, так это просить вашего мужа угадать ваши желания. Надо навсегда вписать себе в сердце, что это невозможно. В этом смысле, я хочу вас призвать верить в ваших мужчин и ими восхищаться.

В Псалме 89:14[10] стоит: *«Рано насыти нас милостью Твоею, и мы будем радоваться и веселиться во все дни наши.»* Я молюсь, чтобы Господь насытил тебя Его милостью, чтобы ты жила в радости, став женщиной, которая скрыта в тебе.

---

10 *«Насыщай нас по утрам милостью Своей, чтобы мы радовались и веселились все наши дни.» [Пс. 89:14; НРП]*

Любовь — это то, что ты созидаешь.

«С любовью, как с растениями:
кто хочет урожая любви, должен ее посеять.»
Иеремия Готтхельф

В этой главе я хочу поделиться с вами размышлениями, как быть женой человека, занимающего руководящую позицию. Особенно я хочу вас призвать, чтобы вы вместе с Богом и вашим супругом справлялись в любви с теми задачами, которые вам предстоят. Предварительный образец того, каким должен быть пастор.

«Пастор должен...

быть хорошим пастухом, теологически квалифицированным, чтобы учить дидактически и письменно формулировать, ...быть способным руководить работой бюро и иметь дело с общественностью, ...быть убедительным как продавец, элегантным как дипломат, одаренным как политик, ловким как арбитр.

...Уметь руководить скаутами, быть психологом, социальным работником, семейным консультантом и помощником для умирающих. ...Уметь хорошо выступать и динамично проповедовать. ...Следить со вкусом за зданием церкви подобно садовнику и архитектору по интерьерам. ...Петь и музицировать, быть спортивным и остроумным. ...Иметь ответы на все вопросы о жизни, страданиях, смерти, уметь доходчиво объяснить вопросы о Божественном суверените-те. ...На любую тему иметь твердое мнение и уметь его

изложить. При этом ему нельзя вызвать разногласия, он должен уметь проповедовать как страстный Сперджен и как евангелист Билли Грэм, а также регулярно читать всю новую христианскую литературу, естественно, газеты и журналы, чтобы оставаться в целом образованным, ...всегда приветливым, даже если его задели лично или у него просто плохой день. ...Приносить мудрость и опыт, при этом выглядеть юно. ...Относиться внимательно к общественным мероприятиям, на них отлично есть и пить, но оставаться стройным. ...Быть доступным 24 часа.

...Однако посвященным своей семье. Его жена должна выглядеть привлекательно, быть хорошо одетой, но производить впечатление простоты. Естественно, она и сама должна быть приятным существом. Само собой разумеется, что она – хорошая домохозяйка, организатор любой работы – детского служения, работы с женщинами, в бюро, в приемной, ко всему может приложить руку и не отсутствует ни на одном церковном мероприятии.

Если у них есть дети, они должны вести себя примерно, не отличаться от других детей, но быть всегда прилично одетыми. Зарплата не зависит от результатов, опыта или потребностей, а от того, сколько осталось в церковной кассе после оплаты всех счетов. Сверхурочные не оплачиваются, и их нельзя «отгулять». Критика должна приниматься беспрекословно. Возможно, это звучит преувеличенно, но вы, наверняка, слышали, что это то, что сегодня люди ожидают от пастора, независимо от конфессии.»

Я хорошо помню, как наш тогдашний региональный руководитель на посвящении в сан моего мужа все это иронически воспроизвел. Это переполнило мои мысли. Мне вдруг стало ясно, что все это ожидается от меня, даже если сказано в шутку. Мой муж действительно – отличный работник, и может сделать даже больше, чем любой другой его типа темперамента. Он мчится на всех парах вперед, не думая о кнопке выключения. Жизнь нужна ему для того, чтобы постоянно что-то производить и чего-то достигать. Он получил пару образований, и попробовал пару профессий. Как так получилось? Я же напротив была и остаюсь абсолютным интровертом. Бесчисленное количество раз я посылала в небеса мою неотступную молитву: «Господи! Будь со мной рядом!» Практически все из этого вступительного слова есть в нем, кроме умения украшать. В этой области он не умеет творить. Наверное, это вообще единственное, что он не умеет. Представьте, если бы это было серьезно сказано? Общество ожидает, что пастор умеет все. А что делать мне? Что делали бы вы в подобной ситуации? Я-то ничего такого не изучала, а требования ко мне почти такие же. Жен пасторов просто бросают в воду – выплывет или пойдет ко дну. Для жены пастора очень важно понять, что она не берет его роль на себя и не все ожидания должна исполнить. Это реально не простой процесс, но я хотела идти в ногу, даже если это меня перегружало. Пока я не выучила и не поняла: я – не он, и не должна все это выполнять. Я должна исполнять свою роль. Я хотела помочь и хотела выдержать, поэтому гребла, пока могла.

По своей природе я сопротивляюсь переменам, но они неизбежны. Я не могу оставить все как есть и быть одновременно счастливой. Каждый шаг вперед требует изменений. Любой ныряльщик должен постоянно тренировать свою выносливость под водой. Ему нужна способность ставить цели. Достижение их – основа его успеха. При этом люди без целей работают на тех, у кого цели есть, вместо того, чтобы ставить собственные и другим помогать достигать их целей.

Известный американский президент Дуайт Д. Эйзенхауэр утверждал: *«Историю свободных людей определяет не случай, а их решения.»* Я решила поддерживать моего мужа целиком и полностью. Как я уже писала в предыдущей главе, я – его помощница. Быть помощницей означает для меня, что я живу соответственно моей тождественности, не отказываюсь от себя, но вношу вклад в общее дело моими дарами и способностями. Так ясно и понятно Господь мне еще никогда не говорил, как в тот момент, который я описала в 8-й главе. Обычно Он обращался ко мне нежно, с любовью, даже когда о чем-то предупреждал. Я Его фактически провоцировала, говоря: «Я что? Воздух? Почему Ты не говоришь со мной?» Бог должен был сказать мне ясно и просто.

Сегодня я знаю, кто я и что собой представляю. Нам нельзя позволять прорастать горькому корню зависти или сравнения, мы должны хранить свое сердце, потому что любовь означает совместный путь. Если что-то похожее происходит в твоей жизни, проси у Бога прощения за то, что ты когда-то ожесточенно закрыла свое сердце от твоего мужа. Если это взаимная ожесточенность, то просите Бога вместе о прощении о том, чтобы ваша любовь вновь воспылала, чтобы вы могли простить друг друга, как и вам прощено.

В первом послании Коринфянам 13:4[1] мы читаем: *«Любовь долготерпит, милосердствует, любовь не завидует, любовь не превозносится, не гордится.»* Хорошо бы! Это место Писания звучит прекрасно, пока касается других людей. Когда я должна так жить, то это не так уж и легко. Завидовала ли я своему мужу? Конечно! Искала ли эгоистично своего? Разумеется! Было время, когда я искала свою тождественность в сравнениях, а уникальность потеряла из виду. Как легко и свободно идти своим путем и к тому же обогащать своих ближних без задних мыслей. Мой

---

1 *Любовь терпелива, добра, она не завидует и не хвалится, она не гордится... (1-е послание Коринфянам 13:4; Новый русский перевод)*

муж стоял в свете рамп и нес свет миру. Я была дома с нашими шестью детьми. Иоханнес всегда был личностью с доминирующими лидерскими качествами, в положительном смысле. Наиболее выразительные его качества: разговорчивый, общительный, энергичный, спонтанный, сердечный, жизнерадостный, оптимистичный. А я? Этот вопрос я задавала себе часто: Кто я?

В начале нашего служения наши дети были еще маленькими, поэтому я всплывала в церкви по выходным. Многие в общине вообще меня не знали. Другие, в свою очередь, приветствовали меня: «О, это жена нашего пастора» или встречали меня в школе, когда я забирала детей. Там я была мамой Даниеля или Эрики. Все во мне кричало: «Что со мной? Кто я? У меня есть мое имя!»

Конечно, дело было во мне, я должна была победить свои комплексы и принять себя. Затем я осознала: «В первую очередь я – дочь Бога, как и все другие верующие женщины!» Я начала реально над собой работать, перестала завидовать мужу и пошла против любых комплексов, чтобы обрести уверенность в себе.

Шекспир назвал ревность и зависть «чудовищем с зелеными глазами». Так и есть. От ревности становится противно. Она стремится все контролировать. Не оставляет в покое, забирает сон. Не оставляет места на важные и существенные вещи. Ревность может свести с ума. Необходимо как можно быстрее от нее избавиться. Я была зависимой от своего мужа и совершенно не уверенной в себе.

Потом я как-то послушала семинар русского психотерапевта Михаила Ефимовича Литвака. Он был адресован людям, зависящим от своих партнеров, все равно мужчин или женщин. Его высказывание подтолкнуло во мне процесс исцеления. Он сказал: «Вы недоделанные!». С этого момента я начала следить за собой, чтобы не впасть в зависимость снова. Я тренировалась и укрепляла себя. Необходимо постоянно трудиться над любовью между мужем и женой, чтобы она могла долговременно возрастать. Кто-то однажды сказал: «Идеалы, как звезды, мы никогда не дотронемся до них рукой, но мы можем следовать за ними, как моряки в открытом море, чтобы достичь нашей цели.» Наши супружества никогда не будут совершенными, тем не менее мы должны стараться. Никто не рождается мастером. К счастью все больше и больше людей осознают необходимость научиться понимать свое супружество с Божьей точки зрения. Интересной я считаю поговорку квакеров: «Ты поднимаешь меня, я тебя, а вместе мы восходим.» В нашем обществе более популярен иной девиз: «Ты пнешь меня, я тебя, и вместе мы пойдем ко дну.» Я вспоминаю, как мы начинали строить общину. Сначала едва ли кто-то был, я перенимала все служения, в том числе и детское, хотя мне его и дома хватало. К этому была кухня, книжный стол, работа с женщинами, уборка и так далее. Желательно как можно быстрее выяснить, в чем ты хорош, а какое служение не для тебя. Когда появились другие служители, первое, что я оставила, было детское служение. Самая важная задача в нашем служении – найти место, где мы счастливы и можем в радости служить. Тем, что я поддерживаю Иоханнеса, с ним вместе езжу, я служу Богу! Мы можем обмениваться мнениями о пережитом, и я чувствую себя комфортно в этом задании. Кроме того я охотно езжу, тогда как Иоханнес лучше бы остался дома. Как мне нравятся его слова: «Благодаря тебе, моя любимая, у меня всегда с собой уют и частичка дома.»

Ментальный тренер Андреас Акерманн сформулировал очень метко: *«Кто весь день пашет как лошадь, старается как пчела, вечером уставший как собака, должен пойти к ветеринару, возможно, он – верблюд.»* Чем безостановочно пахать, лучше заняться собственными способностями – совершенствовать их и обновлять. Сюда также относится физическая и умственная жизнеспособность, и «плюс» на эмоциональных банковских счетах наших близких. Мы все тяжело работаем и хотим чего-то достичь. Важно, чтобы то, что мы делаем, нам доставляло радость и наполняло ею.

Я начала заниматься самообразованием, больше читать и ко мне пришла мысль получить теологическое образование в центре союза пятидесятников «Верия». Она меня привлекала тем, что я буду лучше знать Библию, смогу лучше аргументировать и т. д. После долгого раздумья мне стало понятно, что это – не мое. Я не должна заниматься тем же, чем занимается Иоханнес. Что будет с нашей семьей? А если она не выдержит? С «Верией» пришлось быстро расстаться. Супружество означает для меня – отдавать, прощать и никогда не сдаваться! Это мой девиз! Различия – это не противоречия, но дополнения!

В моей книге *«Невидимое перо»* я назвала одну главу «В тени мужа». Сегодня я открыто говорю, как я вышла из этой тени.

Женщины, предоставляющие мужьям свободное пространство и стоящие за их спиной, – это «Hero Maker», точнее «создательницы героев». Они видят, что Господь вложил в их мужей, и поддерживают их. Или вспомним мам, которые все делают для детей, инвестируя правильно. Они видят в детях то, что в них вложил Господь и поощряют их. С уверенностью они трудятся и молятся, потому что знают, что наша брань не против крови и плоти, но против сил тьмы, которые распространяются в мире (см. Послание Ефесянам 6:12). Эта тьма может быть и в нас, если мы хотим изменить нашего ближнего и приспособить его к себе. Мы черпаем силу из понимания нашего тождества, что означает, что мы – дети Небесного Отца, и Он дает нам силу на каждый день. Мы стремимся служить другим, выражая им признательность. Я знаю, о чем говорю – я была двадцать лет домохозяйкой. Библия нам говорит: «Всему свое время» (прочти третью главу Книги Екклесиаста) – время выходить замуж, время рожать детей и время их воспитывать. Это означает, что время быть домохозяйкой не будет длиться вечно, даже если иногда оно кажется бесконечным. Поверь мне, время домохозяйки пройдет быстрее, чем кажется.

Я знала, что хотела из него выйти, но не знала куда. Но не это было целью. Цель нужно определять. Почему я хочу достичь именно этой цели? Хочешь ты этого лично для себя или используешь для других, и прежде всего для Царства Божьего? Кроме того я постоянно задавалась вопросом: «Есть ли у меня вообще призвание?» Сегодня я знаю, что мое призвание делать то, что доставляет радость, то, где я буду счастлива и довольна. Сейчас наступило время быть служителем, и служить моему мужу. Мы с мужем более семи месяцев в году не находимся дома, если объединить все поездки по служению. Я отдала все мои служения в церкви, потому что не могу занимать никакой руководящей позиции, если меня почти год нет на месте. Сегодня я служу только моему мужу, пишу книги, рисую картины, веду женщин, проповедую на конференциях и провожу семинары.

Как-то ко мне подошла женщина и выразила свою признательность со слезами на глазах, говоря, что ее коснулись мои слова, что я для нее – добрый пример. Я была благодарна от всего сердца Господу, что мои плоды могут расти на деревьях других людей. Точно так же растут наши плоды на деревьях наших детей и наших мужей. Нам нельзя все время проводить в саду, ухаживая за ним, мы должны найти баланс – прочитать хорошую книгу, найти время на чашечку кофе или на мороженое с кем-то. Разочарования неизбежны. Разочарования приходят без приглашения. Разочарования приходят, как от них ни бегай. Как солнце встает на востоке и садится на западе, точно так же мы сталкиваемся с разочарованиями. Наши разочарования являются важными жизненными уроками для нас. Мне вспоминается пословица: «РАЗ-очарование – освобождение от очарования.» Единственное, что имеет значение, так это то, как ты с разочарованиями поступаешь, когда они нежеланно и неожиданно на тебя сваливаются. Разочарования и ревность – величайшие убийцы супружества! «Считается не то, что упал, а то, как высоко потом поднялся.» Это я поняла вовремя. Разочаровывал меня Иоханнес? Естественно. Разочаровывала его я? Само собой, и не один раз! Вполне возможно, что мы наше настоящее жертвовали прошлому. Что не означало, что мы хотим точно так же поступать в нашем будущем. Мы должны были, как можно быстрее, распрощаться с прошлым, чтобы строить здоровое будущее.

Авраам Залежник из Гарвардской Школы Бизнеса провел несколько лет назад исследование о роли разочарований в жизни людей. Он обнаружил, что более успешные люди реагируют на разочарования иначе, чем менее успешные, и что реакция на разочарование – хороший индикатор того, с какой вероятностью человек может стать успешным в жизни. Сегодня я отношусь к таким вещам с юмором. Но так было не всегда. Я забиралась в скорлупу, где могла просидеть и три дня. Холерики иногда нуждаются в ограничении скорости между разумом и ртом. Я была постоянно обижена, а мой муж лез на стену, и был где-то наверху. В начале нашего супружества я не могла снизу из скорлупы измерить эту высоту. На таком фундаменте нельзя строить.

Стивен Р. Кови писал в своей книге *«Восьмой навык: От эффективности к величию»*: *«Если Вы – обычный интеллигентный человек, то организуете каждую область Вашей жизни так, чтобы избежать в ней неудач и разочарований. Вы как можно больше планируете, принимая все возможные меры предосторожности. Вы стараетесь взвешивать ситуации, и идти в том направлении, которое наиболее благоприятное для успеха по Вашим расчетам.»* Мы это практикуем ежедневно, избегаем любого спора и храним нас от разочарований. Что такое вообще – спор? У некоторых все в клочья летит. Для нас спор, если кто-то повысил тон, потому что тон делает музыку. Соломон пишет в Книге Притч 15:1[2]: *«Кроткий ответ отвращает гнев, а оскорбительное слово возбуждает ярость.»*

Лучше поговорить друг с другом о чувствах и ощущениях. Быть хорошим собеседником означает быть хорошим слушателем, не перебивать, вслушиваться. Известный швейцарский поэт Готфрид Келлер верно подметил: *«Больше слушать, чем говорить – этому учит нас природа: слушаем мы двумя ушами, а говорим одним ртом.»*

Улыбаясь, я вспоминаю, как мы упражнялись в десятиминутном такте. Иоханнес говорил десять минут, во время которых я смотрела ему в глаза и внимательно слушала. Мне нельзя было вставить ни слова. Потом он должен был меня слушать десять минут, и при этом не отвлекаться ни на что, а быть внимательным. Это было не просто, когда два «неисцеленных» характера сталкивались своими слабыми сторонами.

В разговоре с чужими людьми мы чаще всего очень вежливые, с собственным же супругом мы теряем терпение и воспитание. Хороший разговор – как прилив и отлив. Все протекает гармонично. Мы не слышим «не те тона», не сердимся и довольны. Люди, которые живут у моря, могут это подтвердить. Внезапно вода отступает тихо, уровень ее понижается, и также беззвучно возвращается, поднимая уровень воды – гармоничным чередом.

Мы работали над нашим общением друг с другом, и обещали, что никаких затаенных обид или тайн у нас друг от друга не будет.

Любовь – это то, что ты созидаешь.

---

2 *«Кроткий ответ отвращает гнев, а резкое слово будит ярость.»* *[Пр. 15:1; НРП]*

Конечно, это касается только нашего супружества, потому что в пасторском служении запрещено разглашение тайны исповеди.

Полезный совет: «Когда смех и разговоры уходят из совместной жизни, значит самое время что-то предпринять.» Нам нужно много места для общения. Это очень важно! Честно и мудро относитесь друг ко другу: я молилась, чтобы Бог меня этим одарил. Когда мы просим о мудрости, это – не признак слабости. Некоторые молитвы нужно часто повторять, пока мы не станем принимать друг друга с уважением.

Американский психолог Маршалл Б. Розенберг свел это в один пункт: *«В кризисных ситуациях есть две возможности – быть правым или счастливым.»* Мы хотим, конечно, и того, и другого, но так не бывает. Старая индейская притча рассказывает, что у каждого из нас внутри есть два волка – белый и черный. Что означает, что в каждом есть и недостатки, и достоинства. Когда мы одного «волка» больше кормим, умирает другой. Нужно подкармливать достоинства супруга, тогда его слабости умрут. Наши недостатки супруг может восполнить своими достоинствами. Я уже писала о своей неспособности к технике. Здесь меня великолепно дополняет мой технически одаренный муж. Это можно перенести также на работу в команде церкви или в профессиональную жизнь. Одну из самых важных ролей играет прощение. Махатма Ганди говорил следующее: *«Самый большой вред наносит не сам укус змеи, а ее преследование, когда яд уже проникает в сердце.»* Поскольку мы все делаем ошибки, мы должны прощать и получать прощение.

Мы с Иоханнесом много говорим друг с другом. Мы концентрируемся на наших собственных ошибках и просим прощения, вместо того, чтобы видеть ошибки другого и ждать, когда другой первым извинится, чтобы его с неохотой простить. Лучше иметь дух женщины, которая молится: «Господи, помоги мне простить каждого, кто грешит не так, как я.» Хочу привести еще одну цитату Ганди: «*Гнев – это кислота, которая может больше повредить сосуд, в котором она находится, чем то, на что ее выливают.*» В этом есть зерно истины, над которым мы можем подумать. Не прощая, мы когда-нибудь приземлимся в гнев. Я еще хорошо помню, как себя чувствовала, когда мы выясняли отношения. Библия нам говорит: «*...солнце да не зайдет во гневе вашем.*» (Еф. 4:26³). Детей мы этому научили, но сами не всегда придерживались. Я думала: «Господи, у нас сейчас так пасмурно. Я даже не знаю, где находится солнце, может быть, оно уже и зашло.» И мы шли в постель, так и не примирившись. И это были не самые благотворные ночи, особенно для меня.

В послании Евреям 12:12-13⁴ стоит: «*Итак, укрепите опустившиеся руки и ослабевшие колени и ходите прямо ногами вашими, дабы хромлющее не совратилось, а лучше исправилось.*» Мы должны молиться друг за друга и за наших детей, чтобы пресечь все конфликты еще в зародыше, и получить силу для наших будней в вере. Вера видит невидимый мир, воспринимает то, что в этом невидимом мире происходит, и действует на мир видимый. Когда мы меняем нашу веру, меняется и реальность.

Божье слово не возвращается тщетным, когда мы стоим в проломе, молясь за наших детей. В Книге Исайи 55:8-9⁵ написано:

---

3 «*...пусть ваш гнев пройдет прежде, чем зайдет солнце...*» *[Еф. 4:26; НРП]*

---

4 «*Поэтому укрепите опустившиеся руки и дрожащие колени. Идите по прямому пути, чтобы тому, кто хромает, не покалечиться больше, но опять стать здоровым.*» *[Евр.12:12-13; НРП]*

---

5 «*...Мои мысли – не ваши мысли, а пути ваши – не Мои пути, – возвещает Господь. Как небо выше земли, так Мои пути выше ваших путей, и Мои мысли выше ваших мыслей.*» *[Ис. 55:8-9; НРП]*

«Мои мысли – не ваши мысли, ни ваши пути – пути Мои, говорит Господь. Но как небо выше земли, так пути Мои выше путей ваших, и мысли Мои выше мыслей ваших.»

Мы молимся друг за друга, но так было не всегда. Сейчас мы привыкли к тому, что никто не выходит из дома без молитвы. Когда у Иоханнеса служение, я возлагаю руки на него и благословляю. Он делает то же для меня. Если бы я сердилась на него, я не могла бы молиться, как и он бы не мог. Сначала мы убирали мешающее, потом молились. За наших детей мы молились всегда, но только сейчас более осознаем, как это важно. Об этом нас предупреждает Петр: *«Трезвитесь, бодрствуйте, потому что противник ваш диавол ходит, как рыкающий лев, ища, кого поглотить.»* (1 Петр. 5:8[6])

Сегодня я знаю, что жизненно необходимо молиться за детей и внуков, чтобы им не столкнуться с тем, что пережил наш старший сын: однажды раздался звонок, и кто-то неизвестный сообщил нам, что наш сын употребляет наркотики. Для нас рухнул весь мир. Три дня мы не могли отойти от шока. Потом мы сели втроем, чтобы обсудить происходящее. Мы решили, никого не упрекать и не обвинять. Мы, как люди, быстро начинаем искать виноватого. *«Что было, то и будет; и что делалось, то и будет делаться, и нет ничего нового под солнцем.»* (Еккл. 1:9[7]) Из Библии мы знаем, что поиски виноватого начались еще в Эдемском саду. Адам обвинил Еву, а она – змея (перечитайте третью главу Книги Бытие).

6 *«Будьте бдительны и бодрствуйте. Ваш враг, дьявол, бродит вокруг, как рычащий лев, в поисках жертвы.»* [1 Петр. 5:8; НРП]

7 *«Что было, то и будет, и что делалось, то и будет делаться опять. Нет ничего нового под солнцем!»* [Еккл. 1:9; НРП]

Мы решили, что будем поститься и молиться. Это продолжалось шесть месяцев, пока наши молитвы не были услышаны, и Бог освободил нашего сына. Этот пример показывает, что служение и жизнь выматывают. Американский президент Теодор Рузвельт заметил: *«Каждый из нас либо используется, либо ржавеет.»* Каждый из нас! Мой выбор и мое предпочтение – быть использованной. Я приняла решение и согласилась с Божьим поручением в использовании меня. Я хочу и вас призвать к тому же, потому что там, где принимаются решения и берется на себя Божье поручение, там небеса касаются земли. Туда врывается Божье благословение во всей Его силе! Что мы без Него? Мы зависим от Него, но это добрая зависимость!

Глава 13

Все зависит от дружбы!

*«Маленькая вера приносит душу в небеса,
большая приносит небо в наши души!»*
Чарльз Г. Сперджен

Я уверена, что тебе приходилось слышать такое высказывание: *«Чтобы приобрести хорошего друга или подругу, нужно сначала хорошим другом стать.»*

Это тот первый шаг, который можем сделать все мы. Я утверждаю, что общности в разных областях – ключевой фактор. Это и есть та сила, которая поворачивает ключ в замке.

Иисус – лучший пример тому, как дружить. У него было двенадцать близких друзей, с которыми Он разделял как Свою жизнь, Свои мысли, так и Свои заботы и желания. Регулярно Он отходил от них, но редко бывал один. Большую часть времени Он проводил с людьми. Его двенадцать избранных друзей были Его доверенными лицами, за исключением одного, который Его позже предал. Это был огромный экзамен для Иисуса. Он знал, что Иуда Его предаст, и вел Себя с ним так же, как всегда до самого конца, чтобы дать ему шанс измениться. Я сильно сомневаюсь, что это было возможным. Справиться с предательством нелегко.

Автор книг Стейси Элдридж писала следующее: *«Друзья действительно подобны драгоценным украшениям, которыми надо дорожить и за которыми надо ухаживать.»* Ухаживать и дорожить не всегда просто, даже если мы берем пример с Иисуса. Все-таки наши подруги всего навсего несовершенные люди, у которых бывают и плохое настроение, и стресс. Любить их со всеми их недостатками очень непросто.

Однако у Бога мы все драгоценные украшения. Целью Иисуса была любовь, ею Он и жил. Мы созданы любить, к этому относятся дружба, принятие, признание собственных ошибок и просьбы о прощении.

Если жизнь сравнить с дорогой из камней, то надо внимательно смотреть, куда мы наступаем. Можно не увидеть камень, который скрылся под водой. У людей точно так же, невозможно заглянуть вглубь души. Поэтому мы подчас непредсказуемы для других. Почему мужчины иногда считают наши реакции непредвиденными? Я думаю, что это и наши гормоны, и то, что мужчины совсем другие. Мы для них – тайна, которую надо раскрыть. Им нужна помощь, потому что в одиночку им загадку женщины не разгадать. Потому некоторые отношения остаются неразгаданными и покрытыми туманом.

В жизни женщины есть четыре сезона, которые долгое время повторяются для нее ежемесячно. В ее теле есть гормоны, которые работают в месячном сезонном цикле. «Зимой» два важных женских гормона – эстроген и прогестерон – находятся на глубоком уровне. Как и в природе, зимой не бывает плодов, так и находящаяся в «зимнем» состоянии женщина не может забеременеть. Это дни менструации. В это время очищается слизистая оболочка матки, в дни очищения женщина чувствует себя разбитой и болезненной. Ее настроение падает, а у некоторых бывает легкая депрессия.

В природе за зимой следует весна. «Весной» у женщины заканчиваются «страдания» и приходит радость. Подобно тому, как просыпается природа, просыпается и тело женщины. Она выглядит жизнерадостнее и счастливее. Какие витамины нужны женщине весной? Возможно, следующие: ново-туфлин, ново-сумкин, ново-платьин, маникюрин, педикюрин, до-полудня-поспин, с-подругой-погулин и на-работу-не-ходин.

Когда я это прочитала, я подумала: «Наконец-то, у меня есть рецепт, который мне однозначно поможет целый год быть счастливой.» Конечно, это клише, но в любом клише есть частичка правды.

«Летом» вырабатывается много эстрогена. Все набирает в женщине обороты, как и в природе все цветет и зеленеет. Весной и летом женщины легко беременеют.

«Осенью» женщина становится заботливой мамочкой. Ее уровень гормонов падает, поэтому она часто выглядит довольной и уравновешенной. Позже гормоны падают ниже, женщина становится все печальней и с глазами на мокром месте.

В Книге Притч 25:28[1] написано: «*Что город разрушенный, без стен, то человек, не владеющий духом своим.*» Не воспринимайте однозначно: не то, что женщина не может владеть собой, например, во время конфликта. Нет! Я хотела показать этим местом из Писания, что она ничего не может с этим сделать. Ее тело не дает ей. Есть, конечно, исключения, но, в основном, у женщин происходит так.

В 1-м послании Коринфянам 6:19[2] мы читаем: «*Не знаете ли, что тела ваши суть храм живущего в вас Святого Духа, Которого имеете вы от Бога, и вы не свои?*» Это место из Библии укрепляет меня принимать себя, а не презирать, даже если я себя плохо чувствую. Цель нашего бытия и действий состоит в том, чтобы представлять Бога, тем, что Ему служим, во имя Его и в Его

1   «*Каков город, чьи стены рухнули, таков и человек, не владеющий собой*». [Пр. 5:28; НРП]

2   «*Разве вы не знаете, что ваше тело является храмом Святого Духа, Который живет в вас и Которого вы получили от Бога? Вы уже не принадлежите самим себе...*» [1 Кор. 6:19; НРП]

силе. Мы рождены, чтобы любить. Господь призвал нас любить, не только своих по вере, но и тех, кто в ней нуждается.

«Возлюби... ближнего твоего, как самого себя», – такими были слова Иисуса (Евангелие от Луки 10:27[3]) Я исхожу из того, что ты себя любишь, потому что ближнего любить невозможно, если не любишь себя. Чем больше ты себе нравишься и себя уважаешь, тем больше гармонии в твоей жизни. Единственный путь любить больше других людей состоит в том, чтобы начать посылать самой себе положительные мысли в подсознание, например «я себе нравлюсь». Это можно повторять больше, чем один раз в день. Чем больше ты себя любишь, тем больше ты можешь вкладывать свое сердце в то, что ты делаешь.

Я вспоминаю одну ситуацию, когда еще все дети жили дома, и я для всех готовила обед. Когда они сели за стол, моя дочь сказала: «Мама, не добавляй болгарский перец в это блюдо.» Я ей ответила: «Это полезно, перец должен быть!» Точно так же говорит Библия: «Возлюби... ближнего твоего, как самого себя», и мы морщимся, словно жуем лимон.

Послание Римлянам 12:1-2[4] прекрасно подчеркивает ход моих мыслей: *«Итак, умоляю вас, братия, милосердием Божиим, представьте тела ваши в жертву живую, святую, благоугодную Богу, для разумного служения вашего, и не сообразуйтесь с веком сим, но преобразуйтесь обновлением ума вашего, чтобы*

---

3   *«Люби ближнего твоего, как самого себя.» [Лк. 10:27; НРП]*

---

4   *«Поэтому я умоляю вас, братья, ради милости Божьей принесите ваши тела в живую жертву, святую и угодную Богу. Это и есть подобающее для вас служение Ему. Не приспосабливайтесь к образу жизни этого мира, но преображайтесь, обновляя ваш разум, чтобы вы сами могли постигать волю Божью, благую, угодную и совершенную.» [Рим. 12:1-2; НРП]*

вам познавать, что есть воля Божия, благая, угодная и совершенная.»

Мне нравится высказывание: «Я ищу моего брата (в нашем случае, я бы сказала, мою сестру), чтобы ему (ей) служить в его (ее) нужде, и нашел всех троих: моего Бога, мою душу и тебя.» [Аноним].

Что такое дружба? Дружба – это обозначение межличностных отношений. В книге Руфи 1:16-17[5] стоит: *«не принуждай меня оставить тебя и возвратиться от тебя; но куда ты пойдешь, туда и я пойду, и где ты жить будешь, там и я буду жить; народ твой будет моим народом, и твой Бог – моим Богом. и где ты умрешь, там и я умру и погребена буду; пусть то и то сделает мне Господь, и ещё больше сделает; смерть одна разлучит меня с тобою.»* – так говорит Руфь, моавитянка. Ноеминь должна была возвращаться в свою страну, в город Вифлеем. Она покинула Израиль много лет назад, когда там царствовал голод. Ноеминь попрощалась с Орфой, но Руфь осталась с ней. Вы наверное думаете: «Ну да, это место из Библии устарело.» Соглашусь. Но для меня это наглядный пример. Кто захочет жить со своей свекровью? Поймите меня правильно. Все мы будем свекровью или тещей, но со свекровью никто не хочет жить. Каждая женщина хочет сама решать, что она варит на обед и как устраивает дом и сад.

Дело не в том, что в этом лично для меня, а в том, чем я могу помочь. Бог хочет, чтобы мы с Ним и другими людьми вместе трудились. Чем больше мы пользуемся нашими талантами и раз-

Глава 13

---

5 *«Не уговаривай меня покинуть тебя или отвернуться от тебя. Куда пойдешь ты, туда и я, и где ты остановишься, там остановлюсь и я. Твой народ будет моим народом, и твой Бог – моим Богом. Где умрешь ты, умру и я, и там буду похоронена. Пусть Господь сурово накажет меня, если что-нибудь кроме смерти разлучит меня с тобой.» [Руфь 1:16-17; НРП]*

виваем их, тем больше талантов мы получаем, и тем лучше становятся наши способности. Возможно, вы знаете такое высказывание: «Знать что-то, но не делать этого, означает на самом деле – ничего не знать.» Поэтому, верой познаем и по вере поступаем.

Одним из элементов дружбы является взаимоподдержка. В послании Филиппийцам 2:3-4[6] написано: «*ничего не делайте по любопрению или по тщеславию, но по смиренномудрию почитайте один другого высшим себя. Не о себе только каждый заботься, но каждый и о других.*» В этом Руфь для меня – пример. Она могла уйти, как Орфа, но она не ушла. Для меня здесь яркая иллюстрация настоящей дружбы.

Скорее всего они друг друга поддерживали, потому что обе потеряли своих мужей, и каждая чувствовала то же, что другая. Руфь решила держаться со свекровью. Только так они могли выстоять трудные времена, разделяя страдания. Позже Руфь проявила свою храбрость и отправилась вместе с Ноеминь в Вифлеем. Нашей жизнью и нашим примером мы укрепляем наших друзей. Дарите своим подругам ваше внимание, разделите с ними то, что их обременяет, чтобы уменьшить их боль, мы можем и должны сказать: «я здесь!» Это и есть поддержка!

Дружба означает, что мы становимся подругами. В Книге Притч 24:26[7] мы читаем: «*Честный ответ – знак настоящей дружбы.*» В некоторых жизненных ситуациях приходит к нам

---

6 «*Не делайте ничего из эгоистичных или же из тщеславных побуждений. Будьте скромны и считайте других выше себя. Руководствуйтесь не только своими интересами, но и интересами других.*» [Фил. 2:3-4; НРП]

---

7 «*В уста целует, кто отвечает словами верными.*» [Пр. 24:26; Синодальный перевод]. «*Честный ответ, – что поцелуй в губы.*» [Пр. 24:26, Это перевод «Надежда для всех» приведенного автором. Этот перевод использует смысловое значение поцелуя в уста, как знака искренней дружбы.) (Прим. переводчика)

мысль: «я бы кому-нибудь рассказал, о чем я думаю, кому-то, кто бы меня выслушал, не высмеял и не укорял.» Нам нужна подруга или друг для нашего физического, духовного и эмоционального здоровья, чтобы радость и горе вместе разделить и вместе помолиться. Настоящая дружба познается в несчастье, что мы видим у Давида и Ионафана (см. 1 Цар. 23:16). Ионафан призвал Давида не сдаваться, но довериться Божьей помощи. Плачевная песнь Давида о его падшем друге Ионафане принадлежит к самому трогательному и сокровенному, что можно сказать о дружбе (прочти во 2 Цар. 1:17-27). Дружба может быть ближе, чем родственные отношения, как написано в Книге Притч 17:17[8]: *«Друг любит во всякое время и, как брат, явится во время несчастья.»*

Так же и в Книге Притч 27:9[9] подтверждается ценность дружбы: *«Масть и курение радуют сердце; так сладок всякому друг сердечным советом своим.»* Такие дружеские отношения укрепляются, и поддерживают свою ценность там, где они основаны на живом Боге, т.е. где Бог является основой дружбы. В Библии мы находим много примеров дружеских отношений. Один из них – Иисус, Мария, Марфа и Лазарь.

А как дружат? В послании Римлянам 12:3[10] написано: *«не думайте о себе более, нежели должно думать; но думайте скромно, по мере веры, какую каждому Бог уделил.»* По мере веры означает: не лучше о себе думать, но и не хуже. Оценивать себя

---

8   *«Друг любит во всякое время, и брат рожден разделить беду.» [Пр. 17:17; НРП]*

---

9   *«Ароматное масло и благовония радуют сердце, и приятно слышать душевный совет от друга.» [Притчи 27:9; НРП]*

---

10   *«По данной мне благодати я говорю каждому из вас: не воображайте о себе слишком много, судите о себе здраво, по мере той веры, которую Бог дал каждому.» [Рим. 12:3; НРП]*

надо правильно, а не переоценивать или недооценивать. «Вера» может быть понята разносторонне. Соединив вместе, можно так ее описать: Вера – это активное доверие, выраженное через послушание.

Мера веры дается нам, чтобы увидеть, что подготовил Господь. Вера воспринимает то, что происходит в мире невидимом и воздействует на мир видимый. Меняя нашу веру, мы меняем нашу реальность. Бог дал каждому его меру веры. Наша задача – познавать то, что нам поручено в соответствии с этой мерой.

Но речь не просто о познании, а о последующем действии. В послании Иакова 4:17[11] написано: *«...кто разумеет делать добро и не делает, тому грех.»* Это означает, что мы делаем добро, не ценим себя больше, чем должно, и хотим жить в дружбе скромно.

Какие ожидания возлагаются на дружбу? Мы должны укреплять такие дружеские отношения, из которых мы черпаем силу, надежду и поддержку. Существуют и «вампиры», которые высасывают из нас всю кровь. Каждый должен сам для себя решить, кто из людей делает ему добро, а кто просто не подходит. Свою социальную среду я отчасти могу определить сама. Мое вовлечение в социальную жизнь влияет на мою личную.

В послании Евреям 12:12[12] можно прочесть: *«укрепите опустившиеся руки и ослабевшие колени...»*, чтобы в молитве стать сильными. Ваши дрожащие колени должны снова окрепнуть, чтобы вы могли делать уверенные шаги в вере. Это означает, что

Все зависит от дружбы!

---

11 *«Всякий, кто знает, какое добро должен делать, и не делает, тот грешит.» [Иак. 4:17; НРП]*

---

12 *«...укрепите опустившиеся руки и дрожащие колени.» [Евр. 12:12; НРП]*

мы сами по себе слабы, и нам нужно утешение и поддержка. И ни в коем случае не «вампиры», крадущие наши последние силы.

Сколько времени может отнимать дружба? Об этом стоит вам подумать заранее, прежде чем начать крепкие дружеские отношения. Вопрос времени должен быть оговорен, чтобы различные ожидания не привели к неопределенностям. Некоторые считают, что с подругой надо говорить по телефону раз в неделю, другие рассчитывают на поход в кафе, чтобы поболтать, третьи встречаются два-три раза в год.

Есть такая пословица: «Все, что не прожил, о себе напомнит.» Поэтому очень важно изначально договориться об отношениях, иначе будут трудности.

К этим размышлениям я хочу добавить слово из послания Римлянам 15:6-7[13]: *«дабы вы единодушно, едиными устами славили Бога и Отца Господа нашего Иисуса Христа, принимайте друг друга, как и Христос принял вас в славу Божию.»*

Это место говорит само за себя. Но подругу себе я хочу тем не менее найти целенаправленно! Некоторые из гармоничных дружеских отношений возникли и выросли благодаря осознанному выбору. Дружба растет из знания, что подруги друг другу доверяют. Крепкая и настоящая дружба возникает не мгновенно. Люди открываются постепенно и становятся друзьями. Возможно только на определенное время. Чем больше доверия, тем быстрее понимаешь все без лишних слов.

Как найти подругу? Могу привести пример из своей жизни: одна женщина была мне симпатична, и я хотела ей предложить свою дружбу. Когда я помолилась, во мне возникло побуждение: «Оставь это, тебя с ней ждет такое же разочарование, каких ты

---

13 *«Ради прославления Бога принимайте друг друга, как и Христос принял вас.» [Рим. 15:7; НРП]*

уже достаточно пережила.» Говори с Господом, чтобы Он тебе подарил настоящую подругу. Запиши, что тебе нужно и что ты подразумеваешь под дружбой:

а) У нее должны быть дети того же возраста.

б) Если у вас нет детей, то лучше иметь подругу без них, чтобы твоя боль не стала острее, чем уже есть.

в) Она должна быть христианкой. Насколько это тебе важно?

г) Если ты замужем, должен ли у нее тоже быть муж? Такие размышления нельзя откладывать в сторону.

д) Как она относится к конфиденциальным вопросам? Она сплетничает?

Эти факторы стоит учитывать, чтобы не потерпеть неудачу. Разочарования неизбежны. Разочарования приходят непрошенно. Разочарования приходят, как от них ни беги.

Хорошая подруга в вашей жизни – это подарок! Не забывайте, что это происходит не мгновенно. Дружба должна укрепляться, как и взаимное доверие!

Какую роль играет дружба? Дружба для решения проблем или для поддержания отношений? Есть подруги, которые ожидают от тебя терапевтической консультации, и это может очень сильно повредить дружбе. Подруги – не мусорные ведра, куда можно выкинуть свой мусор. Об этом надо помнить. Бог создал нас для взаимоотношений – с Ним и другими людьми. Мы созданы по Божьему подобию и во взаимоотношениях Отца, Сына и Святого Духа. Это основа, ядро отношений с неизменным Богом. Пустота, которую мы иногда в нас ощущаем, может быть заполнена только Богом. Но здесь я хочу сказать о пустоте, которую могут заполнить наши друзья. Поэтому наш Отец небесный хочет, чтобы у нас были друзья.

Что значили друзья для Павла? Об этом можно прочесть в послании Филиппийцам 4:14-19[14]: *«Впрочем, вы хорошо поступили, приняв участие в моей скорби. Вы знаете, Филиппийцы, что в начале благовествования, когда я вышел из Македонии, ни одна церковь не оказала мне участия подаянием и принятием, кроме вас одних; вы и в Фессалонику и раз и два присылали мне на нужду. Говорю это не потому, чтобы я искал даяния; но ищу плода, умножающегося в пользу вашу. Я получил все, и избыточествую; я доволен, получив от Епафродита посланное вами, как благовонное курение, жертву приятную, благоугодную Богу. Бог мой да восполнит всякую нужду вашу, по богатству Своему в славе, Христом Иисусом.»*

Они разделили все друг с другом. Церковь в Филиппах поддерживала Павла не только финансово, но и плодом и наградой, которые возрастают. Это означает, что мы обогащаем друг друга нашими дружескими отношениями. Далее он пишет о благовонной жертве, благоугодной Богу. Это я имею ввиду, когда говорю, что мы одариваем друг друга. Мы даем и принимаем.

Если мы разделяем с нашими друзьями те дары, что у нас есть, не только их и наша радость удваивается, но и печаль уменьшается наполовину. Кроме того каждый несет невидимую броню на своей груди, на которой написано: «Я хочу быть любимой! Я хочу

---

14 *«Впрочем вы хорошо поступили, разделив со мной мои беды. Вы, филиппийцы, помните, как в начале моего служения провозглашения Радостной Вести, когда я отправился из Македонии, ни одна церковь не оказала мне финансовой помощи, кроме вас одних. Даже в Фессалонику вы неоднократно посылали мне эту помощь, когда я в ней нуждался.*
Я говорю это не для того, чтобы что-то получить от вас, но хочу, чтобы вы делали то, что будет служить к вашему же благу. Вы прислали мне через Эпафродита даже больше, чем мне необходимо, и у меня сейчас все есть. Это – как ароматный запах, как жертва, угодная и приятная Богу. Мой Бог восполнит все ваши нужды из Своих славных богатств через Иисуса Христа!» [Фил. 4:14-19; НРП]

быть значимой! Я хочу, чтобы мной восхищались!» Когда мы так дорожим друг другом, функционирует наша дружба.

В определенных обстоятельствах трудно найти друзей. В любом случае мы можем просить Бога о подходящей подруге. За дружескими отношениями надо ухаживать, и очень важно в дружбу вкладывать. Когда я была в санатории, то пережила, как Бог может подарить подругу, о которой ты Его просишь. К сожалению, пару лет назад она умерла от рака. До самой ее смерти у нас были хорошие дружеские отношения, построенные на честности и взаимоуважении. Она звалась Ханнелоре. Мы писали друг другу письма от руки, и если ответ задерживался, то никто из нас не обижался, потому что мы обещали друг другу, что не будем ничего требовать.

Если опыт в твоей жизни был плохим, Господь поможет тебе создать новый и добрый. Он освобождает нас от разочарований. Дружба может быть словом в нужное время или делом, которое доставит необходимое принятие, любовь или благодарность. Дружба между женщинами, которые друг друга хорошо понимают, способна облегчить эмоциональную и физическую боль, которую мы носим с собой. Быть кому-то подругой, означает быть женщиной Бога!

Не существует совершенных мужчин или женщин. Это понятно. Но есть такой тип женщин, которых не только мужчины избегают, но и нам женщинам стоит держаться от них подальше. Моим источником в представлении и обозначениях был женский онлайн-журнал GoFeminin.

1. *«Капризуля и королева драмы»* – от таких лучше всего спасаться бегством. Быть эмоциональной – это одно, а вот пользоваться этим для себя – нечто совсем другое. Когда женщины пользуются своими слезами как оружием для исполнения своих желаний, это просто нечестно. Пожалуйста, не смотри на это

только негативно, у всего есть своя теневая и солнечная сторона. Солнечной стороной в этом случае является то, что это чаще всего веселые личности.

Брайан Трейси в своей книге *«Достижение максимума. Последовательный план для обретения успеха»* пишет следующее: *«Эмоция подобна электрическому току или огню, который может быть либо конструктивной, либо разрушительной, в зависимости от использования.*

«Принцип эмоции» стоит на том, что принятие решений и последующие действия стопроцентно основаны на эмоциях. Они не большей частью эмоциональны, не на девяносто процентов эмоциональны, а на десять логичны, как до этого привыкли считать. Они полностью эмоциональны.»

Все, что мы делаем, основывается на какой-то эмоции. Раньше я думала, что поступаю всегда логично. Теперь же я выучила урок и знаю, что часто была слугой своих эмоций. Говорят, что мы — женщины — эмоциональны и иногда несправедливы. Поэтому будет правильным, если мы научимся вовремя проверять наши эмоции до того, как они взорвутся.

2. *«Милашка»* — выглядит приятно и аккуратно, но легкомысленная и не очень умная, и считает это классным. По ее мнению достаточно хорошо и мило выглядеть. Ее жизненный стиль наполнен поверхностным — уходом за волосами, макияжем, нарядами. Позитивно в этом то, что она хорошо знает как показать свою красоту. Ей бы научиться внешнюю красоту с внутренней привести в согласие.

3. *«Малышка»* — к сожалению, считает, что мужчин можно обвести вокруг пальца надутыми губками и жеманством «Лолиты». В противоположность к «милашке» она не глупа, но притворяется такой, что еще сильнее раздражает. Вполне возможно, что некоторых мужчин поведение подобной «малышки» привлекает,

но женщины хватаются за голову. Такая женщина не годится для дружеских отношений. Позитивно в этом типе то, что в ней сильный внутренний ребенок и она открыта для нового.

4. *«Злючка»* – все вокруг считает плохим. Она клевещет на людей, усложняет им жизнь – естественно, за их спинами. Ее единственная тема – ошибки других. Так жаль, что она тратит время и жизнь на клевету. Позитивно в этом типе то, что такая личность обладает даром острой наблюдательности, но было бы лучше, если бы она обращала внимание на доброе и о нем говорила, чтобы быть благословением другим.

Немецкий тренер личностного роста Николаус Б. Энкельманн признавал: *«Кто критикует других, ухудшает свою ситуацию, кто других признает, улучшает ее.»* У каждого из нас есть способность принимать своих ближних такими, какие они есть – с их ошибками. Было бы лучше постараться видеть людей такими, какими бы они могли быть. Это вера!

5. *«Принцесса»* – всю свою жизнь ждет принца на белом коне, который заберет ее из ее сказочного замка. Неудивительно, что ни один реальный мужчина не может вписаться в ее представления, а всем другим приходится страдать от ее аллюров. Позитивным в этом типе можно считать сильное воображение. Такой тип женщин хочет, чтобы все вокруг кружились по ее воле. Такую дружбу не стоит заводить.

Нам, женщинам, не стоит друг друга добивать, но немного конструктивной критики еще никому не помешало! Я надеюсь, что мы можем друг друга укреплять, ведь мы внимательны и умеем слушать.

Дружба с супругом тоже не само собой разумеющееся. Как супруги, мы должны находить время друг для друга, чтобы развивать взаимопонимание и радость от общения друг с другом. Подумайте, как вы можете использовать совместное время лучше и эффективнее друг для друга. Но это только начало. Хорошие дружеские отношения укрепляются сознательно поступками и настоящим посвящением. Стать лучшим другом своему супругу – самый окупаемый проект твоей жизни. Как я уже писала, сначала я хотела изменить своего мужа. Я очень старалась и потерпела неудачу. Сегодня я знаю, что тем самым я подавала сигнал: «Ты не достаточно хорош, поэтому я хочу тебя изменить.» И ссора уже запрограммирована. Маленькое действие может повлечь большое следствие. В ситуациях, когда многое бросается на чашу весов, маленькие вещи могут иметь «гигантские» последствия.

Из Библии мы знаем впечатляющие истории женщин, преодолевавших трудности – Сепфоры, Авигеи и Асенефы, хотя им мало кто уделял внимания.

Сепфора была женой Моисея. Удивительная женщина! Ее имя переводится как птица, в частности маленькая птичка. Она была красива, самобытна, самостоятельна и хорошо справлялась с делами. Сепфора познакомилась с Моисеем у колодца, когда со своими шестью сестрами пришла туда напоить отару их отца. Но тут пришли другие пастухи и отогнали их. Моисей заступился за них и даже помог напоить отару. Благодаря этой услуге Моисея пригласили в дом Сепфоры и в конце концов, ее отец Иофор, который был жрецом, отдал ему Сепфору в жены. Об этом написано в книге Исход 2:16-21. Сепфора родила Моисею двух сыновей – Гирсама и Елиезера (Книга Исход 18:2). Скорее всего Сепфора отлучилась к своим родителям, чтобы их навестить, потому что после выхода из Египта она приходит с сыновьями и Иофором к Моисею в лагерь в пустыне (см. книга Исход 18:1-6). Получается, что какое-то время она была одна с двумя сыновьями. Она отпустила своего мужа, чтобы он мог вывести свой народ из Египта. Она стояла за ним!

Дальше мы читаем в 12-й главе книги Чисел, что неожиданное появление Сепфоры в лагере вызвало открытую ревность Мириам – сестры Моисея. Она вместе с Аароном использовали кушитское происхождение Сепфоры, чтобы порицать Моисея примерно так: «Кого ты сюда привел? Ты вступил в брак с эфиопкой?» Сегодня мы могли бы ее назвать арабкой. Ее отталкивали и не принимали в семью, но ее это не трогало. Она вышла замуж не за семью, а за своего мужа, и могла это различать. С уверенностью она бы могла думать: «Пусть говорит!» Кто стоял за Моисея, когда он был в пустыне один? Только его жена Сепфора. Когда Моисей был в расцвете своей жизни, пришли так называемые друзья-советчики. Его родные хотели, чтобы он делил власть с ними. Сепфора ничего подобного не требовала. По крайней мере, об этом ничего не стоит в Библии. Она ему доверяла и любила, была его тылом. Доверие – это невидимая сила, которая видна в наших поступках. Любовь, смысл и долг— высшие источники человеческой мотивации и приносят невероятные результаты. Сепфора была тому примером.

Когда Моисей был поражен при появлении Бога, Сепфора спасла его жизнь, обрезав необрезанного до этого их первенца Гирсама и коснулась крайней плотью его ног (прочти в книге Исход 4:24-25). Сепфора руководствовалась любовью, целью и обязательством. Она была ему женой не только на бумаге, но и его отличной подругой! Между строк я здесь читаю: «Я верю в тебя!» Она служила своему мужу и Богу, пока жила, иначе бы она так не поступала. Ее действия вдохновили и меня на поступки.

Когда Моисей был в опасности, так как ангел хотел его убить, Сепфора не обвиняла: «Разве Моисей не должен был знать, что сыновья должны быть обрезаны?!» Такой вопрос задали бы почти все мы, но не Сепфора. Вместо того, чтобы нападать и сражаться друг с другом, мы должны друг друга поддерживать и друг другу помогать. Это дружба без жертв. Жертва означает отдать что-то хорошее, чтобы получить лучшее.

Общая концепция супружества должна совпадать. Супруги стоят друг за друга и оказывают взаимную поддержку. Как сегодня общаются пары друг с другом? Чего стоит супружество? Авраам Линкольн как-то сказал: «Отчетливей всего виден характер не в ударах судьбы, а когда человеку дают власть.» Это точно!

Авигея была умной и красивой женой Навала. Согласно Библейскому словарю ее имя означает: «Радость отца». В отличие от своего мужа она была *весьма умная и красивая лицом*, - сообщает нам Библия в 1-й книге Царств 25:3[15]. Когда ее муж бесцеремонно и грубо отверг просьбу Давида о дарах, она тайком послала подарки Давиду и тем самым удержала его от убийства Навала и его людей. Буквально по утру Навал умер, а Авигея позднее стала женой Давида.

Обе женщины – Сепфора и Авигея, наверняка, боялись, но проявили смелость. Есть известная цитата американца Эмброуса Редмуна: «Смелость – это не отсутствие страха, а осознание того, что есть что-то важнее страха.»

Асенефа была согласно Ветхому Завету египтянкой, женой Иосифа. Она упоминается в Библии только в Книге Бытие 41:45[16]. Ее имя означает «принадлежащая». *«И нарёк фараон Иосифу имя: Цафнаф-панеах («Бог говорит: Он живет»), и дал ему в жену Асенефу, дочь Потифера, жреца Илиопольского. И пошёл*

15 *«Она была умной и красивой женщиной.» [1 Цар. 25:3; НРП]*

16 *«Он дал Иосифу имя Цафнат-Панеах и отдал ему в жены Асенефу, дочь Потифера, жреца города Она. И отправился Иосиф в путь по всей египетской земле. Иосифу было тридцать лет, когда он поступил на службу к фараону, царю Египта. Он вышел от фараона и отправился в путь по всему Египту.» [Быт. 41:45; НРП]*

Иосиф по земле Египетской. Иосифу было тридцать лет от рождения, когда он предстал пред лицо фараона, царя Египетского. И вышел Иосиф от лица фараонова и прошёл по всей земле Египетской.»

Асенефа происходила из благородной египетской семьи. Ее отец, Потифер («тот, кого дал бог-солнце Ра»), не Потифар, который был начальником телохранителей фараона, а жрец из города Она (Илиополя), культурного центра бога солнца. Асенефа была дана в жены Иосифу фараоном после того, как Иосиф растолковал сновидения фараона о семилетнем голоде. Она родила Иосифу двух сыновей – Манассию и Ефрема. Представьте себе, что она была благородная и образованная женщина и вышла замуж за иностранца, который еще был рабом. Она полностью была за него как сильная и любящая жена, поддерживающая своего мужа. Имена ее сыновей были еврейского происхождения как у их отца. Будучи египтянкой она могла настоять на том, чтобы ее сыновья носили египетские имена.

Старшего сына звали Манассией, что переводится как «заставляющий забыть». Я думаю, что эти имена выбирал Иосиф, чтобы сказать своей жене, что через нее Бог заставил его забыть страдания в прошлом. Младшего сына Иосифа звали Ефремом, что означает «плодовитый». Асенефа родила его до голодных лет, начавшихся потом в Египте. Что это означает? Это говорит нам о том, что душе Иосифа было благостно. Его жена не сражалась с ним, но поддерживала его. Она была его помощницей.

В книге Эсфирь мы находим негативный пример. Царица Астинь показывает нам, как не стоит поступать. Она была непочтительна к своему мужу и была отвергнута. Если бы она предвидела это, то вела бы себя по-другому. Уважение означает для меня быть внимательным друг ко другу.

На мой взгляд она его презирала. Презрение непоправимо, если не происходит изменения сердца. Важно принимать и ценить представления супруга, чтобы доверие возрастало. Доверие принадлежит к важнейшим аспектам в отношениях. Если я доверяю своему супругу, то он чувствует себя принятым, понятым и уважаемым в его системе ценностей и его представлениях.

Царь праздновал, вероятно, выпил лишнего и призвал Астинь, чтобы показать гостям свою красивую царицу. Но она не была к этому готова. Было бы лучше, если бы у нее было развито отношение служителя, тогда ее, возможно, и не отвергли бы. Но своим отказом она потеряла все. В таких случаях стоит действительно подумать, правильно ли ты поступаешь. Она не была подругой. Подруга себя так не ведет. Подруга бы оделась в лучшие одежды и предстала во всем царском великолепии: «Вот я, если вы находите меня красивой, любуйтесь!»

Павел призывает нас: *«Носите бремена друг друга, и таким образом исполните закон Христов.»* (Гал. 6:2[17]) Даже если, как я понимаю, поведение царя не устраивало полностью Астинь, и он в ее глазах вел себя недопустимо, было бы лучше придерживаться поведения служителя. Но ей захотелось проучить своего мужа, чтобы он действовал согласно ее представлениям. Такое поведение неуважительно и непочтительно. Почтением для меня было бы уважение к внутреннему миру моего супруга, уважение к нему самому и его дарам благодати, которые в него вложил Бог. Прежде всего я должна быть внимательна, чтобы в нем распознать доброе, а не то, что не вписывается в мою систему ценностей, а потому неправильно.

---

17 *«Помогайте друг другу в трудностях, тем самым вы исполните Закон Христа.» [Гал. 6:12; НРП]*

В Книге Притч 24:29[18] Соломон пишет: *«Не говори: «как он поступил со мною, так и я поступлю с ним, воздам человеку по делам его».»* От такого мы должны держаться подальше! Астинь лучше бы потом с глазу на глаз сказала царю: «Скажи мне, я все еще царица, а не кукла. Ты хотел мною похвастаться.» Но до этого не дошло. Должно быть это было очень горько для нее.

В нашем ежедневном сосуществовании таятся камни преткновения наших слабостей. Это ошибки нашей «ветхой природы». Более эмоциональное оснащение женщины делает такие недостатки более очевидными, создавая угрозу разрушения отношений. В Книге Притч 18:24[19] точно сказано: *«Кто хочет иметь друзей, тот и сам должен быть дружелюбным; и бывает друг более привязанный, нежели брат.»*

Наши возможные различия в дружбе иногда могут разрушать созданные отношения. Мы делаем что-то необдуманно, что другим понимается неправильно, и неожиданно что-то ломается в другой личности. Неосторожное слово, сердитый взгляд, возможно, невнимательность может нанести другому удар из ниоткуда, и сердцу становится грустно и тотчас горько. Так могут быть уничтожены и длительные отношения.

Библия содержит множество предупреждений о том, что обид и ссор нужно избегать. Я надеюсь, что большинство из нас следует библейскому совету: *«уклоняйся от зла и делай добро; ищи мира и стремись к нему...»* (1 Петр. 3:11[20]).

---

18 *«Не говори: «Поступлю с ним, как он со мной; отплачу ему за то, что он сделал.» [Пр. 24:29; НРП]*

---

19 *«Человек с друзьями может разрушиться, но истинный друг ближе иного брата.» (Пр. 18:24; НРП)*

---

20 *«Пусть он удаляется от зла и творит добро, ищет мира и стремится к*

В 1-м послании Коринфянам 6:7[21] Павел пишет: *«И то уже весьма унизительно для вас, что вы имеете тяжбы между собою. Для чего бы вам лучше не оставаться обиженными? для чего бы вам лучше не терпеть лишения?»*

«Господи, что мне делать, если она в моего мужа влюбилась?» Здесь поднимается вопрос, насколько далеко может подпустить к себе женатый мужчина подругу или дружеские отношения? Сколько можно моей лучшей подруге знать о моих семейных проблемах? Что случится с дружескими отношениями, если Вы свою подругу подпускаете слишком близко и так расхваливаете своего мужа, что она в него влюбляется? Именно такое произошло со мной. Важно понимать: «Есть то, что случается со мной и то, что случается во мне.» Возможно ты думаешь, что после этого случая я отказалась от дружеских отношений? Этого не случилось, у меня есть хорошая подруга! Я научилась с этим правильно обходиться. Если на вас сегодня свалились напасти, не принимайте их близко к сердцу. Не дайте своему настроению от этого умереть. Скажи себе: «Самое худшее, что может сегодня со мной случиться – это провести чудесный день!»

Я хочу историей наглядно проиллюстрировать сказанное: *Было два друга, один молодой, другой постарше. Они шли вместе через пустыню, разговаривали, и как-то разговор перешел в ссору. Молодой внезапно разгневался и ударил старшего по лицу. Старший упал на колени без слов и написал пальцем по песку: «Сегодня мой друг ударил меня по лицу.»*

нему...» [1 Петр. 3:11; НРП]

21 *«Уже одно то, что вы подаете друг на друга в суд, является полным поражением для вас. Не лучше ли остаться пострадавшими? Не лучше ли остаться обманутыми?» [1 Кор. 6:7; НРП]*

Затем он встал, и они молча пошли дальше. Было жарко и не было у них уже воды. Спустя несколько часов они вышли к оазису. Младший побежал быстрее туда и прыгнул там в пруд. Но пруд оказался полный зыбучих песков, которые могли его утянуть вниз, и он бы утонул. Старший прыгнул за ним, схватил его и вытащил из песка.

Тогда младший упал на колени без слов, взял камень и нацарапал им на скале, рядом с прудом: «Сегодня мой друг спас мне жизнь.» Старший спросил его: «Почему царапаешь ты так усердно на скале? Я написал мое предложение на песке.» Младший посмотрел на него и сказал: «Удар в лицо, о котором ты написал на песке, унесет ветер прощения. Но то, что ты своей жизнью рисковал ради меня, эта любовь останется вечно.»

Дружба укрепляется сама собой или через множество маленьких и малюсеньких событий. Только в долгой дороге можно реально сказать, что вы стали другом другого человека. Так узнают того, кто рядом. Ты знаешь, что приносит другому боль, часто не нужны слова, чтобы другого понять. Но как же быстро можно разбить дружбу... Злоупотребить доверием, рассердиться в обычных делах – или просто не находить времени, которое необходимо для общения. Некоторые традиции со временем становятся обременительной обязанностью. Однако жизнь без настоящей дружбы немыслима.

Наш уютный дом тоже может стать камнем преткновения. Например, мания порядка? На кон поставлено все, главное, чтобы было чисто! Один мужчина называл свою жену «овчаркой». Каждый вечер, когда муж и сын приходили домой с работы, она сидела у двери, ожидая их, как верная собака. Но лишь для контроля, сняли ли они рабочую обувь? Поставили ли ее на правильную полочку в правильном направалении? Потом она проверяла, была ли снята рабочая одежда, и не высыпались ли из нее пылинки и песчинки. У нее была мания порядка. Ее дом блестел чистотой, вот только ее прозвали «овчаркой», которая лает, если ей кто-то не нравится.

Когда наши дети еще жили дома, мы хотели, чтобы когда мы вернемся домой, все оставалось на своих местах. Как правило, букет на журнальном столике пропадал. Хорошо, если вазу удавалось спасти. У нас в прихожей стояла деревянная вешалка рядом с большим зеркалом. На ней была ваза с несколькими расческами. Практически постоянно, если дети хотели зайти в зал, то опрокидывали ее, потому что толкались или торопились. Ваза ломалась почти каждую неделю. Это раздражало, потому что вазы были дорогие, и к тому же не всегда можно было найти замену. В какой-то момент мне это надоело и я придумала, что же можно сделать. Мне пришла идея, что вазу можно приклеить универсальным клеем. Это сработало, и ваза с тех пор оставалась целой. Вместо того, чтобы сердиться и ворчать, лучше подумать об альтернативе. К тому же, приходя домой, мы приходим на ночную смену, а не для отдыха. И мы призваны к новому – любить наших детей и мужей.

Конечно, очень важно быть со своей семьей. Но это не означает, что надо все делать, как раньше, надо пойти на компромиссы или просто смотреть на что-то сквозь пальцы. Как-то я спросила одну женщину: «Почему ты трешь пол?» Она ответила: «Чтобы было чисто.» Я подумала, что она не поняла моего вопроса. Я бы сказала: чтобы всем было приятно, когда они придут домой или, например, в церковь. Если бы мы пытались всегда сделать приятное другим, у нас изменились бы и обстоятельства. К сожалению, не все является дружбой, что выглядит на нее похожим.

Что такое женственность? Это синоним кротости, что означает контролируемую силу. Женственность – это прочность, спрятанная в бархатную перчатку. Это внутреннее качество, которое истекает из женщины, знающей свое призвание и свою ценность. Женственные женщины – сильные, потому что их влияние ощутимо. Это влияние проникает сквозь любую поверхность, открывая двери. Ему говорят добро пожаловать, потому что оно привлекательно и безобидно.

Любой, кто «принимает друга искренне, родственников с вниманием, женщин с вежливостью, бедных с дарами и милостью, гордых со смирением, заблуждающихся с мягким наставлением, мудрых по их уму есть человек дружелюбный» – писал Иоганн Готфрид Гердер. Это касается всех нас, и если бы мы так жили, у нас было бы много друзей. Если что-то имеет значение для твоей единственной подруги, то какая разница, если мы будем дружить целым поколением женщин? Мы бы пронесли нас сквозь низины, и вместе радовались высотам. Любя своих друзей, мы им говорим, что принимаем их такими, какие они есть.

В 1-м послании Петра 2:2-4[22] стоит: «...*как новорожденные младенцы, возлюбите чистое словесное молоко, дабы от него возрасти вам во спасение; ибо вы вкусили, что благ Господь. Приступая к Нему, камню живому, человеками отверженному, но Богом избранному, драгоценному...*» Какое великолепное высказывание! Мы можем прийти к Господу и достигнем цели, потому как знаем, что Он благ! Настоящее отталкивается от прошлого и притягивается будущим. То, что мы пережили и чему научились, дает нам движущую силу, а то, о чем мы мечтаем, позволяет смотреть вперед.

Все зависит от дружбы!

---

22 *«Как новорожденные младенцы, стремитесь к чистому, духовному молоку, чтобы, питаясь им, вырасти в вашем спасении, раз вы вкусили, что Господь благ. Когда вы приходите к Нему, к живому камню, отверженному людьми, но драгоценному, избранному Богом...» [1 Петр. 2:2-4; НРП]*

Глава 14

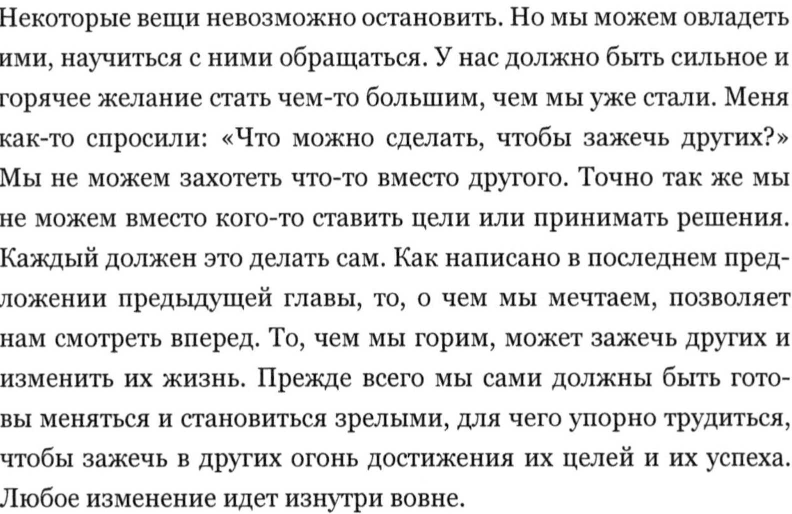

В твоей руке.

«Ты не можешь остановить волну,
но ты можешь ее оседлать.»
Карин Крудуп

Некоторые вещи невозможно остановить. Но мы можем овладеть ими, научиться с ними обращаться. У нас должно быть сильное и горячее желание стать чем-то большим, чем мы уже стали. Меня как-то спросили: «Что можно сделать, чтобы зажечь других?» Мы не можем захотеть что-то вместо другого. Точно так же мы не можем вместо кого-то ставить цели или принимать решения. Каждый должен это делать сам. Как написано в последнем предложении предыдущей главы, то, о чем мы мечтаем, позволяет нам смотреть вперед. То, чем мы горим, может зажечь других и изменить их жизнь. Прежде всего мы сами должны быть готовы меняться и становиться зрелыми, для чего упорно трудиться, чтобы зажечь в других огонь достижения их целей и их успеха. Любое изменение идет изнутри вовне.

Поразмышляйте о секвойях национального парка Калифорнии. Многие из них больше 135 метров в высоту со стволом диаметром в 12 метров. Некоторым по 3-4 тысячи лет, и они еще растут. Их секрет в том, что их корни разрослись к источникам глубоко под землей, чтобы утолять жажду днем и ночью и доставлять драгоценную влагу до самых вершин, даже в жару их корни достигают ручьев. (Источник: *«Википедия»*)

И я вспоминаю Псалом 1:1-3[1]: *«Блажен муж»*, у которого *«в законе Господа воля его, и о законе Его размышляет он день и ночь! И будет он как дерево, посаженное при потоках вод, которое приносит плод свой во время своё и лист которого не вянет; и во всем, что он ни делает, успеет.»* Я хочу ободрить тебя жить твоим призванием, потому что с Божьей помощью ты преуспеешь в нем. Внутренняя жизнь человека принадлежит важнейшей части нашей сущности, нашего я. Это скрыто подобно корням дерева. Каковы же источники, что заботятся о нас? Чиста ли вода или загрязнена? И если что-то не так, то мы не должны удивляться, если наши листья вянут, и нет хороших плодов. Каждый ответственен сам за качество своей «воды жизни».

Человек – не то, что он говорит, но что думает и что чувствует. Каждый думает, живет и поступает, исходя из своего мировоззрения. Его стремления, желания и меры ценностей подобны корням, что постоянно жаждут насыщения. Как правило, это недооценивается, и мы удивляемся, когда многое в нашей жизни идет не так, когда сбои идут один за одним, и возникает чувство, что мы ходим кругами. Наши комплексы появляются в результате неправильных тренировок. Никто не рождается со страхами и комплексами. Течение жизни – наш тренировочный зал. Не торопясь, мы должны тренироваться правильно, избавляясь от ненужного.

Младенец полностью свободен, и ведет себя соответственно. Потом окружение оставляет на нем свои отпечатки – некоторые из них важные и добрые, другие – наоборот вредны для него. Я хочу продолжить примером из жизни насекомых.

---

1 *«Блажен человек,..»* который *«в Господнем Законе находит радость, и о Законе Его размышляет день и ночь. Он как дерево, посаженное у потоков вод, которое приносит плод в свое время, и чей лист не вянет. Что бы он ни сделал, во всем преуспеет.» [Пс. 1:1-3; НРП]*

У куколок бабочек существует особенный феномен – период глубокого покоя или диапауза. Примерно от 10 до 50 % куколок малого ночного павлиньего глаза (малой павлиноглазки) вылупляются не после первой зимовки, а через год, а то и два. Предполагается, что это приносит преимущества для выживания популяции. Кроме того диапауза способствует исключению или сокращению инбридинга (спаривания близких родственников). Если например в климатически невыгодном году вымрет вся популяция гусениц, то «спавшие» куколки «спасут» следующий год. Этот феномен изучают уже несколько лет. Результаты пока не показали, как куколки «узнают» какой будет погода весной. (Источник: *«Википедия»*) Точно так же с нами – людьми, хотя мы не используем свои таланты и дары, они по-прежнему живы, и мы можем их применить..

Однажды после Богослужения я рассказывала женщине о своей книге, над которой как раз работала. Я упомянула, что она называется *«Освобождающее прикосновение»* с подзаголовком «Избавление, данное Творцом». И она поведала мне свою историю:

«Десять лет я искала избавления от этой тесноты, в которой находилась. Я думаю, что название книги попадает в цель, Ирене. Именно такого прикосновения, дающего освобождение, я искала многие годы. На одном конгрессе исцеления я записалась в испытуемые у Клеменса Куби (немецкий режиссер и автор документальных фильмов), потому что у меня были сильные боли в верхней части живота, несмотря на операцию по удалению желчного пузыря. Я получила билет и место, чтобы попробовать все, что предлагалось на конгрессе. Мое описание, что я чувствую себя как в коконе, едва ли кто-то мог понять и принять.

Дополнительно к боли меня не покидало ни днем, ни ночью чувство скованности, связанности и беспомощности. Я не могла объяснить, чего мне не хватало, но я рассказывала всем, что чувствую себя гусеницей, у которой нет выхода. В коконе было совсем темно, я ничего не видела, никакого будущего. Паника и одиночество сидели во мне. Я была гусеницей, у которой нет сил освободиться самостоятельно, несмотря на многочисленные попытки. Было просто невозможно выйти наружу. Тогда на конгрессе у меня была надежда, но несмотря на все попытки многих компетентных людей, освобождения не произошло. Даже один шаман танцевал вокруг меня и бил в свой бубен.

У меня бывало ощущение, что я не могу дышать. – рассказывала она дальше. – Я боялась, что задохнусь в этом коконе. Разнообразные дыхательные техники, которые мне показывали, не приносили мне облегчения от этой тесноты. Это было ужасно – чувствовать себя постоянно запертой. Сегодня, после того как я познакомилась с Богом, я могу сказать, что только Божественное освобождающее прикосновение и помогло мне оттуда выйти. Это случилось четыре года назад, но метаморфоза была длительным процессом. Однако я с этим справилась хорошо, потому что Бог был очень нежен и давал мне время. Я рада этому, потому что мое тело, под которым я понимаю и мои «крылья» как у бабочки, было стянуто коконом.»

После этого разговора мне стало понятно, почему никто не мог помочь, ведь помогающие сами сидели в коконе – и это было для меня новым открытием. Бог смотрит на все со стороны, и только Он может Своим исцеляющим, полным любви, осторожным прикосновением разорвать кокон.

«Спасибо за любовь и доброту! Сегодня я – бабочка на свободе. Я могу летать, останавливаться, восхищаться, вдыхать ароматы цветов и взмахивать своими крыльями. Они растут, становятся прекраснее и больше, я знакомлюсь с новыми людьми, доверяю и люблю. Я снова могу дышать и видеть. И за это я бесконечно благодарна нашему Богу!»

Она верила и надеялась, что Господь поможет тем, кто ищет и хочет измениться. Это находится у тебя в руке, потому что разница лишь в вере. Что означает вера? Послание Евреям 11:1-2[2] описывает ее так: *«Вера же есть осуществление ожидаемого и уверенность в невидимом. В ней свидетельствованы древние.»*

Это рассчет на исполнение того, на что человек надеется, убежденность в реальности невидимого. Поскольку наши предшественники имели эту веру, Бог одобряет их в Писании. С другой стороны в послании Иакова 2:26[3] написано: *«Ибо, как тело без духа мертво, так и вера без дел мертва.»*

Я хочу привести в пример Раав. Я назвала бы ее «решительной». Мы читаем о ней в послании Евреям 11:30-31[4]: *«Верою пали стены Иерихонские, по семидневном обхождении. Верою Раав блудница, с миром приняв соглядатаев (и проводив их другим путём), не погибла с неверными. »*

Таким было положение народа Израильского: они были освобождены из египетского рабства, провели сорок лет в пустыне и достигли, наконец, под руководством Иисуса Навина земли Ханаанской, которую им обещал Бог. Однако возникла проблема: в

2 *«Вера – это уверенность в том, чего мы с надеждой ожидаем, подтверждение того, чего мы не видим. Древние жили такой верой и заслужили одобрение.» [Евр. 11:1-2; НРП]*

3 *«Так что, как тело мертво без духа, так и вера без дел мертва.» [Иак. 2:26; НРП]*

4 *«Верой упали стены Иерихона после того, как семь дней подряд израильтяне обходили город. Верой блудница Раав, с миром приняв израильских лазутчиков, не была убита вместе с неверующими.» [Евр. 11:30-31; НРП]*

Земле Обетованной были заселенные города. Жители этих городов должны были быть сначала побеждены, до того, как израильтяне смогут поселиться на ней.

Безвыходная ситуация? Выглядит именно так. В нашей жизни мы тоже часто чувствуем себя скованными в коконе, темном и безнадежном. Но не для Раав: *«И послал Иисус, сын Навин, из Ситтима двух соглядатаев тайно, и сказал: пойдите, осмотрите землю и Иерихон. Два юноши пошли и пришли в дом блудницы, которой имя Раав, и остались ночевать там.»* (см. Книгу Иисуса Навина 2:1[5])

А как же Раав? Чем отличилась она? Раав – блудница, которая стала прапрабабушкой Иисуса. Первое, что мы о ней узнаем – она была блудницей. Тут можно глаза тереть от изумления: блудница в родословной Иисуса – рядом с такими женщинами как Руфь и Мария? Это же ни в какие рамки не входит. Кто-нибудь может презрительно сморщить нос. Однако Иисуса не смущало смотреть на свою родословную и видеть там таких людей, как Раав, с которой он был в родстве через своего земного отца Иосифа.

Иисус видел людей, которые стояли за штампом «блудница». Он знал их историю жизни, которая скрывается в предложении: страдание, слезы, отчаяние, порочный круг, в который попал человек и из которого не выбраться своими силами.

Как случилось, что она вела такую жизнь? Может быть, принуждение, насилие, торговля людьми? Вероятно, поэтому у Иисуса был особый подход к грешникам Его времени – к мытарям, да и блудницы были не последними в списке, ведь в Его родословной была Раав. Возможно грешники того времени искали Его

---

5 *«Иисус, сын Навина, тайно послал из лагеря, расположенного в Шиттиме, двух лазутчиков. «Пойдите, осмотрите эту землю, - сказал он, - особенно Иерихон.» Они отправились и пришли в дом блудницы по имени Раав, и остались там ночевать.» [Навин 2:1; НРП]*

близости, потому что чувствовали: здесь Тот, Кто их не осуждает, но прикладывает все силы, чтобы освободить их от пут. Для Иисуса не существует никаких маргинальных недостойных групп! Он любит всех и прилагает все усилия, чтобы их привести к искуплению. Бога, похоже, не беспокоит ни сомнительная история Раав, ни ее отверженное социальное положение. Он нашел женщину, готовую сыграть в Его планах маленькую, но важную роль. И даже если она была поймана в тиски своей судьбы, она решила изменить положение. Она действительно хотела. Такие люди отличают частную жизнь и жизнь в обществе. Не обстоятельства определяли ее положение, но решение верой изменить ее ситуацию. У Раав была смелость. Она осмелилась спрятать чужих разведчиков у себя. Она нашла в себе смелость! Она осмелилась на этот шаг, ее вера придала ей храбрости. Бог постучал в дверь Раав.

История Раав продолжается дальше во второй книге Иисуса Навина, стихах 2-11[6]: *«И сказано было царю Иерихонскому: вот, какие-то люди из сынов Израилевых пришли сюда в эту ночь, чтобы высмотреть землю. Царь Иерихонский послал ска-*

---

6 *«Царю Иерихона донесли: "Какие-то израильтяне пришли сюда вечером, чтобы разведать эту землю." Царь Иерихона передал Раав свой приказ: "Выведи людей, которые пришли к тебе домой, потому что они пришли, чтобы разведать всю эту землю". Но женщина спрятала тех двоих мужчин. Она сказала: "Да, ко мне приходили эти люди, но я не знала, откуда они. В сумерки, когда наступило время запирать городские ворота, эти люди ушли. Я не знаю, куда они пошли. Поспешите вслед за ними и вы сможете их догнать." (А она отвела их на крышу и спрятала среди разложенных там снопов льна.) Преследователи бросились в погоню за лазутчиками по дороге, что ведет к бродам на Иордане, и как только они вышли, ворота заперли. Прежде чем лазутчики легли спать, она поднялась на крышу и сказала: "Я знаю, что Господь отдал эту землю вам, и великий страх перед вами охватил нас. Всех жителей этой страны охватил ужас перед вами. Мы слышали о том, что Господь осушил ради вас воды Красного моря, когда вы вышли из Египта, и о том, что вы сделали с Сигоном и Огом, двумя царями аморреев к востоку от Иордана, которых вы полностью истребили. Когда мы услышали об этом, наши сердца обессилели и каждый пал духом из-за вас, потому что Господь, ваш Бог – это Бог на небе вверху и на земле внизу".»* [Нав. 2:2-11; НРП]

зать Рааве: выдай людей, пришедших к тебе, которые вошли в твой дом, ибо они пришли высмотреть всю землю. Но женщина взяла двух человек тех и скрыла их и сказала: точно приходили ко мне люди, но я не знала, откуда они; когда же в сумерки надлежало затворять ворота, тогда они ушли; не знаю, куда они пошли; гонитесь скорее за ними, вы догоните их. А сама отвела их на кровлю и скрыла их в снопах льна, разложенных у неё на кровле. Посланные гнались за ними по дороге к Иордану до самой переправы; ворота же тотчас затворили, после того как вышли погнавшиеся за ними. Прежде нежели они легли спать, она взошла к ним на кровлю и сказала им: я знаю, что Господь отдал землю сию вам, ибо вы навели на нас ужас, и все жители земли сей пришли от вас в робость; ибо мы слышали, как Господь иссушил пред вами воду Чермного моря, когда вы шли из Египта, и как поступили вы с двумя царями Аморрейскими за Иорданом, с Сигоном и Огом, которых вы истребили; когда мы услышали об этом, ослабело сердце наше, и ни в ком из нас не стало духа против вас; ибо Господь, Бог ваш, есть Бог на небе вверху и на земле внизу...»

Раав уже слышала об израильтянах. Она слышала, как Бог освободил израильтян из Египта и как расступилось Чермное (Красное) море, чтобы они прошли. Раав знала, хотя это случилось сорок лет назад, во времена до ее рождения. Язычники слушали и рассказывали друг другу о чудесах Бога. Они слышали, какие походы уже совершил Иисус Навин, и они боялись. В такое смутное время в ее дверь постучали.

Не существует никакой гарантии успеха. Поэтому нужна смелость что-то с верой начинать. Кто-то написал: «Если сначала убрать все препятствия с пути, тогда и делать будет нечего.» Чем отличалась Раав? Она верила и действовала.

Что скажут о тебе? Говорят ли люди из твоего окружения о твоей вере в Бога? Говорят ли неверующие о Божьих чудесах, случившихся в твоей жизни? Возможно ты должна сама попробовать. Возможно, мы должны предоставить Богу больше шансов, совершать чудеса в нашей жизни. Возможно, мы должны рискнуть и просить Бога, чтобы Он нам помог устроить жизнь, жить дарами и принять призвание.

Бог не только сверхъестественен, у Него сущность Чудотворца. Все из Него и к Нему, все, что Он делает чудотворно. Быть в Духе означает, считаться с чудесами, верить Духом означает верить в чудеса, ходить в Духе означает двигаться в чудесах. Ты тоже создана для знамений и чудес! Чем отличаемся мы? Мы верим и действуем смело!

Точно как Раав, которая распахнула двери, и впустила Бога. Я думаю, что Раав просто приняла в своей жизни самое главное и правильное решение. Какие далеко идущие последствия имело это решение видно из прочитанного выше. Я хочу еще раз осветить жизненные этапы Раав. Читатель может проверить при этом, не находится ли он на каком-либо из этих этапов.

Книга Иисуса Навина 2:12[7]: «*итак, поклянитесь мне Господом, что, как я сделала вам милость, так и вы сделаете милость дому отца моего, и дайте мне верный знак.*» Здесь мы видим женщину, находящуюся в довольно безнадежном положении. Бог дает ей возможность, за которую она хватается, и ее жизнь принимает совершенно иной оборот. Чем отличалась Раав? Принадлежностью к какому-то народу или этнической группе? Полом или прошлым? Ее доверчивой верой, ее действующей верой! Возможно, в некоторых у нас это разбудит желание,

---

7 «*Итак, пожалуйста, поклянитесь мне Господом, что вы проявите милость к моей семье, как я проявила милость к вам. Дайте верный знак...*» [Нав. 2:12; НРП]

чтобы Бог – как и к Раав – вошел в нашу жизни и наша жизнь приняла другой оборот.

Тогда выбери доверие Господу!

Кто выбирает – побеждает! Шагни к действию! Для успеха нет гарантий, однако все успешные люди пытались и осмеливались делать что-то больше и чаще, чем неудачники. Раав поставила на карту действительно все и использовала Божественную возможность. Она рискнула собственной жизнью и приняла решение в пользу Бога, совершенно не зная, что из этого выйдет. Возможно, в какие-то моменты Бог стучит в твою дверь и жаждет твоего смелого решения по направлению к Нему, чтобы ты раскопал свои дары и таланты и реализовал их.

Как закончилась эта история? Бог сдержал Свое слово и спас Раав. Первоначальное имя Иисуса Навина звучит Осия или Хошеа, его имя изменил Моисей (Книга чисел 13:8-16). Новое имя Иисуса Навина (евр. Иехошуа – «YHWH-Шуа – Яхве есмь Спасение») звучит точно так же как Иисус (Иехошуа, Иешуа).

Тогда Иисус Навин стал спасителем Раав, сегодня Иисус – наш Спаситель. Является ли Иисус твоим Спасителем? Бог дал Раав новую тождественность и новое будущее. Раав приняла очень важное решение. Вскоре после этого вся ее старая жизнь лежала в пыли и пепле, а она стояла посреди чужого народа. Пути назад не было. Так стала Раав пра-пра-бабушкой царя Давида, и пра-пра-пра-больше 20 раз пра-бабушкой Иисуса. Если Бог обновит нашу жизнь так, как Он это сделал с Раав, то невозможное станет возможным! Зависит от нас, ведь это у нас в руке – не от Бога, в котором нет и тени перемен. У Него нет настроений. У Него не бывает фактора неопределенности. Наша вера, которая любую неопределенность, любое неверие должна оставить позади себя. Вера имеет значение!

Есть ли гарантия успеха? Нам нужна смелость, немного веры, чтобы начать без гарантии на успех. Вера означает верить, когда мы не видим. Как же часто бывает: мы что-то видим, и верим не тому, что видим, а во что хотим верить. Например, потепление климата одна из актуальных тем. Если бы мы все в это верили, то и поступали бы по-другому.

Оптимист верит и думает позитивно. Даже когда идет дождь, он верит, что там за тучами светит солнце. Он остается позитивным, даже если не любит дождь. Он научился не быть водимым негативными чувствами, но овладевать ими. Я хочу тебя, моя дорогая читательница (и конечно, тебя, мой дорогой читатель) призвать, больше времени инвестировать в принятие и развитие конструктивного библейского мышления через Слово Божье. Действуй, чтобы себя укрепить. Я могу тебе из собственного опыта сказать, что произойдет, когда ты пойдешь путем обновленного мышления. С каждым шагом веры вперед будет расти твое самосознание и знание того, что ты под сенью Всемогущего находишься. Так ты сможешь твой жизненный путь с Иисусом пройти победоносно. Я хочу тебя ободрить, идти этим путем с большей решимостью, потому что только у Него мы находим убежище, которое нас защищает подобно крепости. Решение ты принимаешь самостоятельно – у тебя оно уже в руке.

Как-то два нахальных паренька решили подшутить над старым отшельником. «Что вы от меня хотите?» – спросил их пожилой мужчина. «Старик, у нас к тебе вопрос. Что в наших руках за спиной?» Отшельник, казалось, пронзил их своим проницательным взглядом.

Вскоре он ответил: «У вас в руке птица.» «Что за птица?» – спросил один парнишка. «Воробей.» – ответил старик. Пареньки ухмыляясь переглянулись. «Скажи-ка, Старик, а птица жива или мертва?» Они решили раздавить воробья, если старик скажет, что жива. А если скажет, что мертва, то выпустить ее из рук.

Отшельник уставился в землю, задумавшись на время. Наконец, он дал ответ: «Как вы выберете! Решение находится в ваших руках.»

Дорогая читательница, у тебя тоже есть нечто в руках. У тебя есть выбор принять или не принимать твое призвание. Хочешь ты в нем жить с помощью Господа или хочешь всю жизнь быть несчастной и в угрызениях совести? Это твое решение.

Во 2-м послании Петра 1:10[8] стоит: *«Поэтому, братья, еще более старайтесь укрепляться в вашем положении призванных и избранных. Так вы никогда не споткнетесь.»* Никто не будет тебя заставлять развивать новый взгляд на жизнь. Я рекомендую тебе самой решить. У Господа есть план для каждого без исключения, и Он снабдил каждого человека талантами и дарами.

Недавно меня очень коснулась одна история:

Притча одного служителя по имени Рассел Конвелл была так известна, что он повторил ее более 5 000 раз, слово за словом. Название притчи было «Алмазные россыпи». В ней речь шла об одном фермере, который узнал от странствующего торговца о том, что в Африке найдены новые алмазные месторождения, и на этом можно стать сказочно богатым. Он продал свою ферму и уехал, чтобы найти алмазы, и несметным богатством короновать свою жену.

Многие годы он рыскал по африканскому континенту в поисках алмазов. В конце концов, остался один, без денег, брошенный всеми и закончил тем, что бросился от отчаяния в море и утонул. Купивший его ферму как-то повел поить своего

В твоей руке.

---

8 *«Поэтому, братья, еще более старайтесь укрепляться в вашем положении призванных и избранных. Так вы никогда не споткнетесь...»* [2 Петр. 1:10; НРП]

осла к ручью, что лежал наискосок от фермы. Там он нашел большой и странный камень, который сверкал, когда на него попадал свет. Он взял его домой и забыл о нем.

Спустя какое-то время все тот же странствующий торговец снова проходил мимо и заночевал на ферме. Когда он увидел этот камень, то разволновался и спросил, не вернулся ли прежний фермер домой? Нет, ответили ему, его так больше никто и не видел, а почему он спрашивает? Торговец взял камень и сказал: «Этот алмаз высокой ценности и дорого стоит.» Новый фермер был настроен скептически, но торговец хотел в любом случае увидеть, где тот нашел камень. Оба пошли к тому месту, где фермер поил осла, и когда они подошли, то увидели еще множество алмазов. Так они установили, что ферма была алмазной россыпью. Прежний фермер уехал в глубины Африки, чтобы искать алмазы, которые не видел под собственными ногами. (Источник: «Википедия»).

Вероятно, твои алмазы тоже лежат у тебя под твоими собственными ногами. Как правило, они одеты в упорный труд. Твои алмазные россыпи – это твои таланты, твои дары, которые Господь тебе дал, чтобы ты жила твоим призванием в твоем предназначении. Тебе не нужно пересекать весь мир, разочаровываться и грустить о том, что у тебя чего-то так мало. Каждому Бог дал дары, каждого оснастил по своему. Он никого не забыл и не упустил из виду.

Теодор Рузвельт подвел итог: *«Делай, что можешь, с тем, что имеешь, там, где ты есть.»* Я могу лишь согласиться с ним. Избавляйся от своих комплексов, живи жизнью избытка твоей волей, твоими собственными алмазами, талантами твоей жизни.

Новейшие исследования показывают: То, что мы говорим, влияет на 90 процентов наших поступков, а также на наше душевное и физическое благополучие. Я хочу тебя призвать, чтобы ты осознала, что ты – одаренная и талантливая! Составь свой позитивный автопортрет и говори о себе, что ты – победительница.

Я как-то смотрела телепередачу *«Власть духа над материей.»* В ней было показано, что картина болезни у пациентов улучшалась на 50 %, когда они слышали, что за них молятся. Проводились эксперименты, когда некоторым пациентам вместо настоящих давали плацебо-медикаменты. И получали тот же результат, люди верили в лечебное действие медикамента и их состояние улучшалось до 50 %.

Наш Бог нас не обманывает, Он не снабжает нас никакими плацебо, Он стоит за Своим словом. Его слово пребывает вечно, Он и есть гарантия – и этим мы хотим воспользоваться.

Некоторые высказывания в этой книге заставили тебя улыбнуться, другие, возможно, взгрустнуть. Я рекомендую тебе взять карандаш и подчеркнуть те предложения, в которых ты нашла себя. Что ноты для музыканта, что подача для теннисиста, то мысли, которые я здесь написала для читателей. Возможно они станут причиной изменения в тебе или даже боеприпасами для сражений твоей жизни.

С Божьей помощью ты добьешься того, о чем давно мечтала. То же случилось с ковбоем Джимом. Он хотел создать семью и подыскивал себе ранчо. Что-то приличное он не мог себе позволить, поэтому купил на небольшую сумму денег захудалое именьице. Засучив рукава, он трудился день и ночь: расчищал территорию, ремонтировал заборы и приводил дом в порядок. Через два года его посетил один проповедник. «Джим, какой чудесный участок земли дал тебе Бог!» Ковбой отреагировал: «Да, но тебе надо было видеть, что тут было, пока Он тут один управлял.» (Источник: Гюнтер Биндер *«У Бога есть юмор»*)

Бог дает нам жизнь и все, что с ней связано. В наших руках то, что мы с ней сделаем. Джим доверял Богу и Бог его вознаградил.

Я вспоминаю, что как-то во время молитвы на одной из встреч пасторов ко мне было обращение: «Для тебя, дорогая Ирене, мне был показан процесс восстановления твоей жизни: Виноград созрел и должен был быть отправлен в давильню. Это означает, что его будут давить, иногда ногами. В античности виноградная давильня называлась латинским словом calcatura – нажимать ногой, утаптывать. Раньше было обычным, что виноград давили босиком, чтобы потом в деревянной бочке хранить годами в подвале до нужной выдержки. Хранить до определенного момента, к которому предназначено вино: например, для особенной встречи двух людей в особенную ночь – для мгновения, когда оно будет открыто, созрев до нужного вкуса. Во мне это было так, будто Господь хочет тебе сказать, что время давильни и созревания подходит к концу, и наступает твой момент.»

Услышанное произвело на меня доброе впечатление. Размышляя о прошлом, я понимала, что оно было наполнено моментами «давильни». Возможно ты тоже утаптывалась ногами, как виноград в давильне? Возможно тебя отодвинули в сторону и хранили в темной бочке? Я уверена, что у тебя тоже есть мечты, как у любого человека! Я хочу тебя призвать жить ими и стать «добрым и вкусным вином».

Что вы любите делать и что вы любили делать до того, как похоронили мечты своего сердца? Где твое сердце? Я думаю, что Бог дает нам благодать, чтобы наслаждаться тем, к чему Он нас призывает.

Конечно, на нашем пути в Божьем предназначении есть нужды, препятствия и трудности, которые надо победить, но, в конце концов, Божье призвание для нашей жизни отмечено радостью. Когда то, что ты начинаешь в своей жизни не приносит тебе никакой радости, тебе стоит пересмотреть свой путь. Я предлагаю тебе быть честной и смелой, отвечая на вопрос: К чему меня страстно влечет? И просить Бога тебя в этом направлять.

Жизнь коротка, чтобы идти не в ту сторону, как в нижеследующем примере:

В одном большом королевстве, в самом его центре был прекрасный сад. В палящие часы дня хозяин сада любил в нем гулять. Благородный бамбук был для него самым любимым и самым красивым среди всех деревьев и растений разных видов. Год от года бамбук рос, становился все изящнее. Он знал, что хозяин его любил и наслаждался им.

Однажды хозяин в большой задумчивости пришел к своему любимому бамбуку, и тот склонил до земли свою могучую голову пред ним в большом почтении. Хозяин сказал ему: «Дорогой бамбук, ты нужен мне».

Казалось, что наступил тот самый важный день, день, ради которого было создано дерево. Бамбук ответил тихо: «Господин, я готов, используй меня так, как ты хочешь!»

«Бамбук, – голос хозяина бы серьезен, – чтобы использовать тебя, я должен тебя срезать.»

«Срезать меня? Меня? Того, кого ты создал столь прекрасным!? Нет, только не это, пожалуйста, нет. Употреби меня так, как ты желаешь, мой господин, но только не срезай меня!»

«Мой любимый бамбук, – голос хозяина стал еще более серьезным. – Если я тебя не срежу, то не смогу использовать!» В саду стало тихо. Даже ветер затаил дыхание.

Медленно склонил бамбук свою прекрасную голову, и прошептал:

«Господин, если ты не можешь использовать меня, не срезав, то делай со мной, что хочешь, и срезай меня! »

«Мой дорогой бамбук, но я должен срезать твои листья и ветви.»

«О, мой господин, сохрани меня от этого! Разрушая мою красоту, оставь мне листья и ветви!»

«Если я не отрублю их, я не смогу тебя использовать.»

Солнце скрыло свое лицо. Бабочка в страхе улетела прочь. И бамбук, дрожа от того, что на него свалилось, тихо сказал: «Господин, руби их.»

«Мой бамбук, я должен сделать не только это. Я должен распилить тебя и вынуть твою сердцевину. Если я этого не сделаю, я не смогу использовать тебя.»

Бамбук склонился до самой земли: «Господин, руби и дели!»

Итак, хозяин сада срезал бамбук, обрубил его ветви, оборвал его листья, разделил его на две части и вырубил его сердцевину. Затем отнес его туда, где бил источник чистой и бурлящей воды, в центр сухих полей.

Там осторожно положил хозяин свой любимый бамбук на землю. Один его конец он соединил с источником, а другой положил к каналу в поле. Источник приветственно зажурчал и чистая, сверкающая вода радостно побежала по разбитому телу бамбука в канал, оттуда к иссохшим полям, которые жаждали ее. Там рос рис. Прошли дни, семена проросли, и пришло время урожая. Так стал прекрасный бамбук большим благословением. Когда он был высоким и красивым, то рос он для себя и наслаждался своей красотой. Но когда он отдал себя, он стал каналом, который был нужен хозяину, чтобы сделать землю плодоносной.

Как верно! Как верно! Господь управляет! Но все в твоих руках. Ты можешь стать благословением, ты можешь своей красотой наслаждаться, можешь служить другим и быть счастливым! В

Псалме 32:13-15[9] стоит: *«С небес призирает Господь, видит всех сынов человеческих; с престола, на котором восседает, Он призирает на всех, живущих на земле: Он создал сердца всех их и вникает во все дела их.»*

Не говори так, как я уже слышала не раз: «Я всего лишь женщина.» Разве Бог не дает дары тому, кого Он создал? Тот, кого Бог наполнил Духом Своим, не должен ли передать Его дальше? Не призвал ли Он того, кому дал дары?

Мать Тереза описала в своем дневнике, как в возрасте 36 лет в поездке через Калькутту она была потрясена нищетой людей, и как она встретила Иисуса и услышала Его слова: «Жаждут меня!». Это был для нее призыв служить беднейшим из бедных. Угнетение ее души стало началом ее жизненного призвания. Было нелегко следовать такому призванию, но она осознанно действовала в нем. До самой своей смерти она оставалась верной.

Мы не должны быть совершенными, но когда мы нацелены на небеса, то способны на многое. Мы не можем угодить всем. «Угодить каждому – это искусство, которым не владеет никто.» – говорит крылатое выражение. Когда еще все наши дети жили дома, и я готовила еду для всей семьи, я поняла, что невозможно угодить всем. «Я не люблю болгарский перец!», – подчеркивал один. «Как? Перец должен быть обязательно!» – требовал другой. «Я не ем лук.» «Лук должен быть в любом случае.» – кричал четвертый. Пятый не ел авокадо и так далее.

То, что Бог обещает, зависит от того, что люди собираются делать. Это в наших руках. Каждый из нас говорит на своем языке любви, будь то взаимность или готовность помочь. Наш Бог говорит на Своем языке любви, он называется «послушание». Он

В твоей руке.

---

9   *«Господь взирает с небес и видит весь род человеческий. Он смотрит со Своего престола на всех, кто живет на земле. Он, Кто создал все их сердца и вникает во все, что они творят.» [Пс. 32:13-15; НРП]*

хочет, чтобы мы были послушны и служили Ему теми талантами и дарами, которыми Он нас оснастил.

В начале февраля этого года у меня была возможность посетить Сибирь. Там была женская конференция, куда собрались женщины из тридцати городов и трех стран. Я приняла приглашение. У нас было прекрасное время с насыщенной программой, позволяющей женщинам себя побаловать. В программе была так называемая «пророческая комната». Сначала я сомневалась, стоит ли мне туда идти. Но так получилось, что я туда зашла, в ней молились шесть женщины, разделившись по двое.

Когда подошла моя очередь, две женщины положили свои руки на меня и начали тихо за меня молиться. Через короткое время женщина слева от меня начала пророчествовать: «Ирене, я вижу тебя в каком-то помещении, в нем на большом столе под зелеными листьями лежит очень много куколок или коконов. Ты осторожна с каждым из них, заботишься и ухаживаешь. Одному нужно больше заботы, другой как раз сейчас образовывается, некоторые вот-вот вот вылупятся. Терпеливо ты наблюдаешь за ними и заботишься о каждом коконе. Через некоторое время вылупляются тысячи бабочек и летят на свободу.» Это женщины, которым я уже служила и еще буду служить.

Я была в восторге от такого подтверждения. Я сидела там, и слезы текли по моим щекам. Эта женщина не могла знать, что я как раз дописала вторую главу «Из гусеницы в бабочку».

Я была ошеломлена! Разве наш Бог не колоссален? И как Он действует! Это было еще одним подтверждением того, чтобы продолжать работу над книгой. Господь показал уже мне всю последовательность действий, и тут я получила еще одно подтверждение, которое меня вдохновило. Я должна быть послушна, тогда Он сможет меня одарить одному Ему возможным способом. Я посмотрела, как функционирует кокон. Скрытая стадия начинается с так называемого окукливания. Выросшая гусеница ищет подходящее место, чтобы в покое окукливаться. Собственно, это напоминает линьку, кожа гусеницы лопается, а под ней оказывается куколка. Как и где это происходит, зависит от вида. А есть такие гусеницы, которые обматывают себя тонкой нитью как поясом. (Источник : *«Википедия»*)

Я желаю каждой из вас такого же пояса самоуважения, при помощи которого ты воссоздашь в твоей жизни то, что еще скрыто в тебе, но ты сможешт это в себе открыть. Как и где, ты можешь решить сама. Ты знаешь, что Бог принимает во внимание твою волю. Он не давит на тебя, но предлагает возможности. Важно, что ты способна слышать, что Он тебе говорит. Твой враг тоже принимает твою волю во внимание. Он не может противостоять твоей воле, если она соединенна с Божьей. Бог – твой Отец. Куда Он тебя ведет? Туда, где Его имя прославляется. Он идет всегда впереди. Какая поддержка для нас всех! Он так же рядом с тобой, над тобой и в тебе. Там где Он, там и мы.

Он – единственный источник, из которого можно утолить жажду, чтобы в силе идти дальше. Тебе не нужно пить никакой застоявшейся воды. Его источник всегда свеж! Итак, ты в Боге, и Он вокруг тебя. Твой Бог всегда рядом с тобой по дороге твоей жизни. У Него есть цели для тебя, и Он помогает тебе их достичь, чтобы ты пришла к источнику обновления твоей жизни. Ты должна осознать, что у Бога есть для тебя что-то, что прославит Его имя. У Его источника ты ощущаешь, что ты ценна для Него. Он искупил тебя высокой ценой.

Подумай о твоей жизни. За что ты благодарна? Возможно не все твои ожидания и желания исполнились, но осознанно вспомни, в каких ситуациях Он восполнил твои недостатки. Возможно есть что-то в твоей жизни, за что ты хотела бы попросить прощения у Иисуса? Возможно, тебе очень трудно поверить, что ты драгоценна? Возможно, были времена в твоей жизни, когда ты сомневалась в Божьей заботе о тебе? Он окружает тебя Своей Славой и никогда не осуждает! Он принимает тебя в Свой дом. Ты желанна для Него и находишься под Его защитой. Ты осознаешь это отчетливей, когда Он помазывает твою голову елеем и наполняет твой сосуд.

Мы все знаем, что живем только в Его присутствии, а не сами по себе. Это просто фантастика! Мне вспоминается Псалом 138[10]: «*я дивно устроен. Дивны дела Твои, и душа моя вполне сознает это.*» К окончанию своего пребывания гусеницей, особь начинает плести себе солидный кокон. Многие сначала выпускают из себя крепкую нить, чтобы закрепиться на ветвях и стеблях, где потом разместится кокон. Кокон – это не просто оболочка, у них довольно изысканная внутренняя конструкция. Нити, из которых состоит сплетенная оболочка, направлены наружу. На внутренней стороне кокона нити склеиваются, чтобы образованная оболочка была крепкой. Кокон не только защищает куколку от хищников, но и создает благоприятный микроклимат, чтобы не было слишком влажно, и куколка не заплесневела, или слишком сухо, и она не высохла (Источник: «*Википедия*»). Подумать только, как все продумал Творец даже у этой малюсенькой куколки, что уж говорить о людях?! Мы намного более ценны и значимы, чем коконы, которых после пары месяцев и не существует. Насколько более наш Творец стремится к тому, чтобы мы пришли к нашему расцвету. До этой поры Он заботится о тебе, чтобы ты могла наслаждаться особым микроклиматом и никакой хищник не повредил тебе. Со всех сторон Он окружает тебя!

---

10 «*...я так удивительно сотворен. Чудесны Твои дела, душа моя сознает это вполне.*» [Пс. 138; НРП]

В Книге пророка Исайи 41:9-10[11] стоит: *«ты, которого Я взял от концов земли и призвал от краев её, и сказал тебе: «...Я избрал тебя и не отвергну тебя»: не бойся, ибо Я с тобою; не смущайся, ибо Я Бог твой; Я укреплю тебя, и помогу тебе, и поддержу тебя десницею правды Моей.»*

Это обещание восхитительно! Бог помогает нам и не оставляет нас, Он делает нас сильными! Какое бесподобное высказывание! Поэтому я хочу тебя призвать: «Выходи из своего кокона в Божьи возможности, которые Он давно для тебя приготовил.» Ты хочешь войти в свое призвание и жить им? Оно перед тобой! В твоих руках!

В твоей руке.

---

11 *«...ты, кого Я взял с концов земли и призвал от ее краев, говоря тебе: «Ты Мой слуга», Я избрал тебя и не отвергну. Не бойся, ведь Я с тобой; не страшись, ведь Я – твой Бог. Я укреплю тебя и помогу тебе; Я поддержу тебя спасающей правой рукой Моей.» [Ис. 41:9-10; НРП]*

Глава 15

Мужество и решимость противостоять страхам

Хотя эту историю часто рассказывают, я хочу о ней упомянуть. О Томасе Эдисоне говорят, что он – величайший неудачник своего времени, хотя он был самым успешным изобретателем современности. Но у него действительно было больше неудачных экспериментов, чем у какого-либо другого ученого. Ему понадобилось 11 000 попыток, чтобы изобрести лампу накаливания. В одном анекдоте рассказывается, что как-то после 5 000 неудачных экспериментов, молодой журналист спросил Эдисона, зачем он продолжает свои попытки после 5 000 неудач? На что Эдисон сказал: «Молодой человек, Вы не разбираетесь в том, как движется мир. У меня не было неудач. Я успешно обнаружил 5000 способов, которые не работают. Это ведет меня по пути обнаружения рабочих способов, теперь я на 5 000 шагов ближе.» (Источник: *«Википедия»*) И он прав! Самая большая проблема нашей жизни – страх. Он лишает нас счастья, и заставляет довольствоваться меньшим, чем возможно. Единственно, что хорошо в страхе – то, что, если мы учимся бояться, значит можем и разучиться. Страх неудач или отвержения запрограммирован в нас. Такие виды страхов удерживают нас вдали от возможного успеха. Противоположностью страха является любовь, которая начинается с любви к себе. Хорошо, что существуют такие люди как Эдисон, которые не только ничего не бояться, но и довольно решительны. Они пробуют так долго, пока их эксперимент не сработает. Тебе надо не бояться своего призвания, а смело применять свои таланты для созидания Царства Божьего.

Точно так, как нечто невероятное происходит во время окукливания, хотя мы этого не можем видеть снаружи. В коконе – так называется защитное образование или корпус, в котором происходит трансформация – тоже совершается свое чудо. Гусеница растворяется почти полностью в подобие «гусеничного бульона». Эта живая протеиновая жидкость с «имагинальными дисками», из которых «строится» бабочка. Некоторые части гусеницы однако остаются неизменными. (Источник: *«Википедия»*)

Тебе это никого не напоминает? Когда уже ничего не осталось, с Божьей помощью может состояться новое. И тебе не надо для этого растворяться, ведь жизнь – неделимая целостность, и Бог на твоей стороне. Даже если твоя вера мала, ее достаточно, чтобы выросло что-то большее.

Набери в гугле «не сдаваться», ты получишь более 12 млн. результатов по этому запросу. Я хочу тебя призвать, быть мужественной! Ты не знаешь, где ты сейчас находишься. Возможно, ты уже рядом с целью?! Было бы так жаль, если ты оглянувшись назад узнала, что сдалась, будучи в двух «молитвошагах» от цели, которой так жаждало твое сердце.

Жизнь приносит с собой разнообразные задачи. Мы знаем, что Бог хотел нас. Однако у нас не всегда есть возможность получить то, что в глубине нашего сердца, потому что обстоятельства не подходящие. Случается так, что нас подводит наш собственный организм, и жизнь бросает нам вызов. Иногда люди не расположены к нам, или перед глазами стоят страхи и проблемы, придавливая нас унынием.

Для меня примером всегда была Анна из 1-й Книги Царств (главы 1 и 2). У нее было предостаточно еды, она была любима, но у нее не было детей, а это было ее самым большим желанием. Однако Анна была настойчива в молитве и не сдавалась. Я знаю, что не все наши желания исполнятся, только обещания и определения Божьи. Поэтому начинать стоит с того, чтобы принести все наши заботы в молитве перед Богом, потому что Его Слово нам говорит: *«Все заботы ваши возложите на Него, ибо Он печется о вас.»* (1 Петр. 5:7[1])

Анна молилась год за годом в Храме, не сдаваясь. Сегодня мы можем молиться повсюду, нам не надо ждать целый год. В первой Книге Царств 1:10-11[2] мы можем прочесть: *«И была она в скорби души, и молилась Господу, и горько плакала, и дала обет, говоря: Господи Саваоф! если Ты призришь на скорбь рабы Твоей и вспомнишь обо мне, и не забудешь рабы Твоей и дашь рабе Твоей дитя мужеского пола, то я отдам его Господу на все дни жизни его, и бритва не коснется головы его.»*

Она была не только готова получить ребенка, но отдать его Господу. Представьте себе, как мать отдает собственного ребенка? Слова: «Ты призришь на скорбь рабы Твоей» – меня тронули особенно.

В моей жизни были времена, когда я сильно страдала. Я думаю, что каждый из нас уже пересекал «долины тьмы» – жизненные ситуации, которые выглядят непреодолимыми. Это могут

---

1 *«Возложите все ваши заботы на Него, ведь Он печется о вас.»* *[1 Петр. 5:7; НРП]*

---

2 *«Скорбя душой, Анна горько плакала и молилась Господу. Она дала обет, говоря: – О Господь Сил, если Ты только посмотришь на горе Своей служанки и вспомнишь меня, если не забудешь Свою служанку, но дашь ей сына, то я отдам его Господу на всю жизнь, и бритва никогда не коснется его головы.»* *[1 Цар. 1:10-11; НРП]*

быть короткие фазы или длительные периоды времени, давящие на нас сверх нашей силы, когда не видно никакого облегчения – сомнения, страх, гнев, разочарование. Возможно, глубокая рана, которая давно мучает вас? Неудача? Как так, вообще, случилось? Этот вопрос я часто задавала себе во время депрессии. Я могу понять людей и прочувствовать то, что они сейчас проходят, потому что сейчас я стала любить людей еще больше. Кроме того я не знала на тот момент, что Бог поднимает меня на еще одну ступень, проводя через «огненное испытание».

Как уже упоминалось, я стала другим человеком. И здесь я хочу сказать, что перемены должны происходить и нужны нам для вечности. А что вечно в нашей жизни? Люди! Единственное что остается, из того, с чем мы сейчас встречаемся – люди. Человеческие души живут вечно.

Я призываю тебя быть решительной. Это сражение с нашими ощущениями, которых, как мы считаем, не должно быть, отводит наш взгляд от Того, Кто зовет: *«Придите ко Мне, все труждающиеся и обремененные, и Я успокою вас; возьмите иго Моё на себя и научитесь от Меня, ибо Я кроток и смирен сердцем, и найдете покой душам вашим...»* (Мф. 11:28-30[3])

Это так прекрасно! Я каждый раз заново переживаю, когда читаю это место. Слова Иисуса дают надежду и силу.

Хочу отметить, что не играет никакой роли, как много любви, времени или ободрения мы приносим людям, важен источник, из которого мы черпаем для этого силу. Мне ее дает Он. Он оснащает нас. Поэтому Иисус и сказал: *«Итак, во всем, как хотите,*

Мужество и решимость противостоять страхам

---

3 *«Придите ко Мне, все уставшие и обремененные, и Я успокою вас. Возьмите на себя ярмо Мое и научитесь у Меня, потому что Я кроток и мягок сердцем, и вы найдете покой вашим душам.»* [Мф. 11:28-30; НРП]

чтобы с вами поступали люди, так поступайте и вы с ними, ибо в этом закон и пророки.» (Мф. 7:12[4])

К сожалению, в наши дни количество депрессивных и внутренне раздавленных людей не уменьшается, а наоборот растет. Исследования в нашей стране подтверждают, что депрессия стоит на первом месте среди широко распространенных заболеваний. Я знаю, о чем я говорю, потому что я ее пережила сама. Это ужасно! В моей книге «Невидимое перо» в 18-й главе я подробно рассказываю о времени моей депрессии. После почти двух лет Господь по благодати исцелил меня. Некоторые же страдают душой от этого заболевания почти всю жизнь.

Я так тебе сочувствую, если это тебя касается. Как ты реагируешь? Я буквально присела на Божьи уши, молясь бесчисленное количество раз в день: «Боже! Исцели меня!» Моя молитва состояла из трех слов. Я хотела выздороветь и не сдавалась. Я не задавала Богу вопросов: «Господи, как я освобожусь от боли прошлого?» или «Как должно выглядеть мое будущее?»

Непрестанно и открыто я молилась: «Господь! Исцели меня!» Я не хотела заниматься будущим и тем, кто казалось заоблачно далеким, но надеялась изо всех сил, что Господь меня исцелит. Несмотря на фазу тьмы каждый человек может найти хотя бы одно «да» в пользу жизни.

В то время, как я лежала семь месяцев в постели, я читала книгу *Путешествие пилигрима* Джона Баньяна, который написал, сидя в тюрьме Бедфорда, глубоко проникающую книгу. Как удивительно! Она меня сильно поддержала.

«Благословен Бог и Отец Господа нашего Иисуса Христа, Отец милосердия и Бог всякого утешения, утешающий нас во

---

4 *«Поэтому во всем поступайте с людьми так, как хотите, чтобы они поступали с вами. В этом суть всего, что написано в Законе и в Книгах Пророков!»* [Мф. 7:12; НРП]

всякой скорби нашей, чтобы и мы могли утешать находящихся во всякой скорби тем утешением, которым Бог утешает нас самих!» (2 Кор. 1:3-4[5])

Это место Писания влияет благотворно, оно проникает в самое сердце. Бог был милосерден ко мне, подарил мне благодать и утешение. Я могу понять людей, находящихся сегодня в подобной ситуации. Когда я оглядываюсь, то осознаю, что Бог был со мной и сопровождал меня в этой дороге, в которой я должна была выстаивать месяцами. В конце концов, все послужило мне во благо, и я знаю, что без этого экзамена я бы не стала той, кем сегодня являюсь. Он изменил меня, благодаря чему у меня есть доступ к людям, страдающим от депрессии.

Я знаю, что Бог дает нам настоящее всеобъемлющее утешение в глубочайших бедствиях. Это утешение от Бога проникает в самые глубины наших ран и боли. Боль прошлого, которую мы претерпеваем, служит нашему процессу созревания, который впоследствии приносит благо и другим. Как христиане, мы страдаем точно так же, как и те, кто не знает Бога, но Он держит нас. В страдании у человека две возможности – смягчиться или ожесточиться. Я решила «смягчиться». Бог – мой лучший Утешитель, тот, у кого нет Бога, переживает лишь утешение человеческое, которое не обладает Божьей силой. Утешение человеческое чаще всего состоит из пустых слов, которые не проникают в глубину раненного и страдающего сердца. Живущие без Бога и без веры в Него отказываются от лучшего Друга, поддерживающего и помогающего. Исходя из личного опыта хочу вас призвать не сдаваться, но продолжать держаться, смотреть вперед и искать свет, пронзающий

---

5 *«Благословен Бог и Отец Господа нашего Иисуса Христа, Отец милосердия и Бог всяческого утешения. Он утешает нас во всех наших тяготах, чтобы и мы, в свою очередь, могли утешить других в их горе тем утешением, которым Бог утешает нас.»[2 Кор. 1:3-4; НРП]*

тьму. Я убеждена, что каждый из нас падает и делает ошибки, но мы снова встаем. Ты – не единственный в мире человек, который совершает ошибки. Мы все их совершаем.

Когда я вернулась домой после восьми недель в санатории, я спросила: «Что делать дальше, Господь?» Я должна была вслушиваться в свое тело и планировать каждый день, чтобы не переусердствовать. Я просила о помощи именно на сегодняшний день. Потому что завтра принесет свои заботы, как говорит нам Библия в Евангелии от Матфея 6:34. Я была так благодарна Богу, что Он давал мне мудрости справиться с задачами каждого дня. Все шестеро наших детей еще жили дома, и у меня было предостаточно забот и ответственности. Я хотела вернуться туда, где я была до болезни. В те времена я была в состоянии многое успевать и держать все в руках. Оглядываясь назад, я знаю, что Бог радовался мне и каждому моему шагу, стоя рядом и шепча: «Будь тверда и мужественна!»

Часто я вспоминала Псалом 8:5-6[6]: «что есть человек, что Ты помнишь его, и сын человеческий, что Ты посещаешь его? Не много Ты умалил его пред Ангелами: славою и честью увенчал его...»

Каждый день, который я побеждала вместе с Господом, основывался на мужестве и решимости. Моя надежда росла, и вера моя укреплялась. Нам всем во благо, если мы с Его помощью развиваем в себе позитивное состояние души и духа. Благодаря этому мы можем смотреть в ограниченное будущее с надеждой. Как важно не терять уверенности, ведь она делает нас сильными. Поэтому и выбор в пользу Бога, стоит того.

Я призываю вас непрестанно молиться.

6   «...кто такой человек, что Ты переживаешь о нем? Кто такой сын человеческий, что Ты заботишься о нем? Ты немногим умалил его пред Богом, Ты увенчал его славой и честью.» [Пс. 8:5-6; НРП]

«Просить» – это молитва веры, которой мы принимаем Божьи обетования.

«Искать» – это молитва посвящения, которой мы пытаемся познать Божью Волю.

«Стучать» – молитва ходатайства, которой мы достигаем людей, которые не молятся о себе сами.

Мы знаем из Ветхого Завета, что были времена, когда Господь не говорил месяцами и даже годами к Своему народу. В Новом Завете такое случалось редко. Богу не надо ежедневно и в каждой ситуации что-то говорить нам, Он оставил для нас Свое драгоценное Слово – Библию. Через нее Он говорит с нами. Когда молимся, мы можем надеяться и верить, что Он действует и ответит.

Жизнь прекрасна, когда все хорошо, но бывает, что на душе тяжело и страшно. Второе послание Тимофею 2:13[7] дает нам обещание: *«...если мы неверны, Он пребывает верен, ибо Себя отречься не может.»*

Я хочу призвать тебя к стойкости. Если ты сегодня еще пребываешь в состоянии гусеницы, завтра ты можешь стать прекрасной бабочкой, если противостоишь своим страхам и мужественно шагнешь в свое предназначение.

В 1970 году в Бангладеше погибло от урагана 500 000 человек, большинство из-за несвоевременного или полного отсутствия оказания медицинской помощи. Редактор одного медицинского издания Раймонд Борель был настолько шокирован ситуацией, что начал искать врачей, готовых помогать жертвам природных катастроф. А 20 декабря 1971 года он с коллегами основали организацию «Врачи без границ». Что у тебя на душе? В этом примере

---

7 *«Если мы неверны, Он остается верным, потому что Он не может изменить Самому Себе.» [2 Тим. 2:13; НРП]*

ты можешь найти указание на твое предназначение, которым можешь жить, даже если обстоятельства трудны. Будь мужественна!

Мы не должны соглашаться с менталитетом жертвы, даже если это выглядит приятным и простым. Ведь если я – жертва, то мне не надо ничего делать, ничего менять. Весь мир плохой, я слабая и мне не надо за собой следить. Стратегию жертвы часто выбирают люди незрелые и эгоистичные.

Существуют также эгоисты и высокомерные жертвы, которые делают все, чтобы не меняться, и считают, что они – центр Вселенной: «В конце концов, я хочу, чтобы все поняли, что все идет так, как хочу я.» Есть и «покорные судьбе» жертвы, которые пытаются жертвовать собой так, чтобы не принимать ни в чем участия. В действительности чрезмерная охота за признанием. Каждому из нас нравится быть любимым и признанным. Вопрос в том, какой путь мы для этого избираем. Готова ли я идти на жертвы, жертвовать так, чтобы люди давали мне то, в чем я нуждаюсь? Известный американский пастор Норман Винсент Пил говорил: *«Когда Господь посылает Вам подарок, Он упаковывает его в проблему.»* Чем серьезнее твоя проблема, тем дороже будет подарок, который может быть получен в форме бесценной лекции или идеи или мнения. Стакан наполовину полон или пуст? Выбор за тобой.

Второй крайней формой жертвы является покорность. Я продаю себя ниже своей стоимости, лишь бы меня заметили. Развивается такой образ жизни или философия: Я слаба, я – жертва, все ко мне придираются! При этом я получаю определенного рода внимание от людей и верю, что так меня признают. Конечно, это ложное признание и ложное уважение, потому что на самом деле меня просто жалеют. И нужно решить для себя. Хочу ли я, чтобы меня знали как покорную жертву, или как женщину, которая активно держит жизнь в своих руках и созидательно трудится! Иисус уже принес совершенную Жертву за нас, нам не надо более этого делать.

Что мы скажем сомневающимся? You are welcome!

Я хочу процитировать стихотворение Эдгара Аллана По[8]:

Ты хочешь быть любимой? — Верь
Тому пути, которым шла.
Будь только то, что ты теперь,
Не будь ничем, чем не была.
Так мил твой взор, так строен вид,
Так выше всех ты красотой,
Что не хвалить тебя — то стыд,
Любить — лишь долг простой.

Об Эйнштейне говорят, что он в течение всей своей жизни использовал лишь пятнадцать процентов своего потенциала – и при этом он был гением нашего времени. Открой потенциал в себе и принеси его к свету!

Солдат должен постоянно упражняться, ему необходимо быть крепким и готовым к действиям. То же касается и нас, нашей подготовкой мы угождаем и себе, и Иисусу. Во втором послании Тимофею 4:5[9] стоит: *«Но ты будь бдителен во всем, переноси скорби, совершай дело благовестника, исполняй служение твоё.»*

Когда солдаты со своим полководцем выигрывают битву, то возвращаются в город, сидя в колесницах победителей. Народ радостно приветствует их, и раны забываются. Стоило того, чтобы

Мужество и решимость противостоять страхам

---

8   *В альбом Фрэнсис С.Осгуд. пер. В.Брюсова. (Прим. переводчика)*

---

9   *«Но ты во всем будь трезв, переноси трудности, делай свою работу – возвещай Радостную Весть, исполняй свое служение.» [2 Тим. 4:5; НРП]*

тренироваться и готовиться к битве. Однако нередко мы сталкиваемся со сражениями, которых не ожидали вовсе, как я уже и показывала на примерах из жизни. В послании Ефесянам 6:12-13[10] стоит: «...наша брань не против крови и плоти, но против начальств, против властей, против мироправителей тьмы века сего, против духов злобы поднебесных. Для сего приимите всеоружие Божие, дабы вы могли противостать в день злый и, все преодолев, устоять.» Битвы идут, и нам не будет пощады.

Я уже праздновала победу в триумфальной колеснице с моим Полководцем Иисусом Христом. Раны забываются, даже когда мы иногда идем долинами тьмы. Он обещал всегда быть с нами. Он должен жить в наших семьях, в наших детях, в наших внуках.

Бог может нас благословить и защитить, наши дома, машины, все наше имущество. Я не хочу променять это на чечевичную похлебку, поэтому молюсь о защите ежедневно. Для меня это очень важно, потому что Божье присутствие формирует и меняет нас. Даже если кто-то сражается, он не будет удостоен чести победителя, если сражается не по уставу. В первом послании Коринфянам 9:24-25[11] написано: «Не знаете ли, что бегущие на ристалище бегут все, но один получает награду? Так бегите, чтобы получить. Все подвижники воздерживаются от всего: те для получения венца тленного, а мы – нетленного.» Атлет должен придерживаться правил, иначе его дисквалифицируют. Но самая

10 «...мы боремся не против людей из плоти и крови, а против начальств, против властей, против владык этого мира тьмы и против духов зла на небесах. Поэтому возьмите все Божье вооружение, чтобы вы смогли противостать им в день, когда зло пойдет в наступление, и, все преодолев, выстоять.» [Еф. 6:12-13; НРП]

11 «Не знаете ли, что бегущие на ристалище бегут все, но один получает награду? Так бегите, чтобы получить. Все подвижники воздерживаются от всего: те для получения венца тленного, а мы – нетленного.» [1 Кор. 9:24-25; НРП]

прекрасная спортивная подготовка не поможет, если он нарушает правила. Для нас это означает нашу привязанность к Слову Божьему или, как Сам Иисус сказал Своим ученикам: *«не отлучайтесь из Иерусалима»* (Деяния апостолов 1:4[12]). Под этим надо понимать общность с Богом, независимо от того, в какой ситуации мы находимся сейчас. Я вам уже рассказывала, что моя молитва состояла лишь из трех слов: «Господь, исцели меня!» Иисус ведет нас к цели. Естественно, мы должны этого хотеть, и быть решительными.

Фермер должен быть готов рисковать, быть смелым и решительным. Он усердно работает, чтобы первым насладиться плодами. Но есть много факторов, которые вне его контроля. Погодные условия и обстоятельства влияют на его урожай. Если он сдастся в процессе, то не получит никакого урожая. Необходимы надежда и решительные действия. Возможно, у него в руке были последние зерна, и из них можно было приготовить еду детям, но нет, он предпочитает посеять зерно, чтобы оно принесло урожай.

Погодные условия в нашей жизни тоже не всегда благоприятны. Об этом пишет и Иаков (5:7-8[13]): *«Вот, земледелец ждет драгоценного плода от земли и для него терпит долго, пока получит дождь ранний и поздний. Долготерпите и вы, укрепите сердца ваши, потому что пришествие Господне приближается.»* Хотя и известно, что в мире происходят ужасные вещи, люди женятся и рождают детей, потому что мы знаем, что наш Отец Небесный полон любви. Когда наши дети были маленькими, мы

---

12 *«Он велел им не покидать Иерусалима» [Деян. 1:4; НРП]*

---

13 *«Земледельцу… приходится терпеливо ждать драгоценного плода земли, пока он получит осенние и весенние дожди. Будьте же и вы терпеливы и крепите свои сердца, потому что пришествие Господа близко.» [Иак. 5:7-8; НРП]*

с Иоханнесом подбрасывали их вверх. Они заливисто смеялись, потому что доверяли нам, знали, что мы их поймаем. Когда вечером мы идем спать, то не знаем, проснемся ли. Тем не менее мы ставим будильник. Это надежда! Наши ежедневники полны назначенными встречами разных сортов. Хотя мы и не знаем нашего будущего, мы уверены, что оно у нас будет, и рады этому. По крайней мере, у меня так. Потому мы и должны иметь перед глазами Христа Воскресшего и следовать за Ним, Живым Богом.

Полностью лишенная слуха и зрения американская писательница Хелен Келлер стала примером для многих слепых и инвалидов. Почему я считаю эту женщину значимой? Она сражалась против мнения, что слепые не могу участвовать в общественной жизни, что они привязаны к чьей-то помощи, менее интеллектуальны, не могут учиться в школе и уж тем более в университетах и институтах. Она была мужественной и решительной, и поступала соответствующе. Она была живым доказательством, что подобные предубеждения лишены основания. Хелен внесла свой вклад в распространение шрифта Брайля, с его помощью у слепых людей есть возможность читать книги самостоятельно. Она отстаивала права чернокожих сограждан, боролась за избирательное право женщин, контроль над рождаемостью. Выступала против войны. Она принадлежит к той плеяде женщин, которые трудились на благо лучшего общества.

Хелен была дочерью. Артура Х. Келлера и его второй жены Кейт Адамс. Ей было девятнадцать месяцев, когда она полностью ослепла и потеряла слух из-за воспаления мозга. Она была живым и любопытным ребенком, ее страдания от инвалидности приводили к вспышкам гнева. Когда ей исполнилось шесть лет, ее родители нашли ей молодую учительницу Энн Салливан. Энн хорошо понимала свою ученицу, так как сама в свое время была практически слепа из-за болезни глаз, от которой была частично исцелена. Первые шаги в обучении разговору были такими: Хелен клала палец на гортань своей учительницы, чтобы чувствовать вибрацию. Хелен стремительно обучалась.

Энн учила ее дактильной азбуке, и тому, как можно связать между собой реальные вещи и слова. Слово «вода» стало для Хелен ключевым переживанием, когда Энн подвела ее к источнику и вода текла по ее руке. Хелен выучила алфавит для слепых Брайля, учила французский и немецкий, была удостоена степени почетного доктора Гарвардского университета. С помощью Энн Салливан Хелен много путешествовала по Европе и всему миру, побывала даже в Японии. Она была благодарна Энн и писала: «Самым важным днем в моей жизни был день, когда мисс Энн Салливан пришла ко мне.» Хелен написала множество книг, неоднократно выступала перед людьми о правах чернокожих, рискуя при этом разорвать отношения со своей семьей из Южных Штатов. Энн Салливан умерла в 1936 году. Ее место заняла Полли Томсон, ее секретарь. (Источник: «Википедия»)

Говорят, что Хеллен Келлер сказала: «Моя учительница рассказала вам, как слово из ее руки прикоснулось к моему заточенному во тьму духу, и я была разбужена к радости жизни. Я была нема – сегодня я говорю. За это я благодарю сердца и руки других.»

Этим я хочу тебя призвать поступать мужественно и решительно, ведь только ты и Бог делаете вместе выбор о твоей судьбе. С Его помощью и вдохновением ты можешь достичь целей. В этом мы должны внимать нашему сердцу. В Книге Притч 4:23[14]

---

14 «Больше всего храни свое сердце, потому что оно – источник жизни.»

подчеркивается: *«Больше всего хранимого храни сердце твоё, потому что из него источники жизни.»*

Во время пробежки я с удовольствием слушаю аудиокниги. Одна история из книги С. Р. Кови показалась мне интересной. Он рассказывал о семье Смит, которые решили носить одинаковые футболки как символ принадлежности семье. Футболки были белыми с напечатанной надписью «Семья Смит». На семейных посиделках или вечером дома носили все одинаковые футболки, даже если иногда ссорились. Однажды у их четвертого ребенка диагностировали лейкемию. Мальчик хотел носить футболку даже во время химиотерапии. После шестого сеанса терапии он заразился бактериями и провел две недели в интенсивной терапии. Он отказывался снимать футболку, хотя она была выпачкана кровью, рвотой и слезами. Для него она была очень важна, потому что соединяла его с семьей. Мальчик выжил. Когда его выписывали, его встречала вся семья, и все были в футболках-семьи-Смит. Эта история вдохновила меня быть решительной.

Как-то мне и Иоханнесу задали вопрос: «Каков девиз вашей семьи?» Независимо друг от друга я и мой муж ответили: «Никогда не сдавайся!» Все равно в какой ситуации ты сейчас находишься, не сдавайся, только тогда Бог может тебе помочь и довести тебя до цели.

«Солдат» идет сквозь воду и огонь. Атлет усердно тренируется. Фермер зависит от погоды. Павел во время своего заключения в темнице поддерживал своих братьев драгоценным словом, и Иисус молился в нестерпимых страданиях: «Да будет Воля Твоя!» У людей, влияющих на мир, иная философия. Они верят, надеятся и не сдаются. Невозможно что-то преодолеть без необходимости преодолевать!

[Пр. 4:23; НРП]

Мы с Иоханнесом часто в поездках по служению. Иногда к цели нам надо проехать до 600 км. В основном, за рулем я, так мы делим служение. Когда мне приходится долго сидеть, моя спина дает о себе знать болью. Я молюсь, чтобы Господь дал мне концентрацию и выдержку, потому что трудно следить за дорогой и движением, испытывая боль. Господь слышит наши молитвы и спешит нам на помощь, но сначала нужно преодолевать.

Когда я вижу наших внуков, прыгающих на батуте, я думаю, что это здорово, так высоко взлетать. Но если ты прыгаешь на батуте, тебе не удастся замереть наверху. Ты должен приземлиться, чтобы взлететь снова. В жизни всегда – вверх-вниз, вперед-назад, туда-сюда. Наверху ты находишь то, что приятно: наслаждение, успех, счастье, удовлетворение, богатство, прекрасное настроение. Внизу нас поджидает все то, что нас отвлекает и страшит: уныние, неудача, несчастье, неудовольствие, бедность, плохое настроение.

Подобно свету и тени эти полюса образуют две стороны одной медали. Знание негативного, печального и грустного – важное условие, чтобы ценить позитивную и приятную сторону жизни и дорожить ею. Но многие люди ни в коем случае не хотят слышать что-либо о негативной стороне жизни. Они не готовы столкнуться с теневыми сторонами.

Они хотят всегда оставаться наверху и больше не прикасаться к поверхности батута. Они пытаются делать все, чтобы продолжать витать в облаках. Они устанавливают блокировки в своей жизни, которые должны предотвратить движение вниз. При этом забывают, что удерживают те силы, которые помогут им подняться наверх по-настоящему. Человек, который сопротивляется движению «батута» своей жизни из страха негативных переживаний и опыта, не может полностью наслаждаться своей жизнью. Он никогда не бывает действительно грустным, но и не бывает по-настоящему счастливым. Может быть, он никогда не переживает ни одного драматичного провала, поскольку он избегает риска, но и его успех останется средненьким. Такой человек живет бесцветной жизнью без силы и импульса.

Что дает импульс? Трудности. Только тот, кто готов к жизненному опыту внизу, испытает радость взлета и получит импульс и силу для движения вверх. Великие взлеты и падения и есть жизнь, которая делает тебя устойчивым. Маленькие движения вверх и вниз соответствуют жизни, в которую встроены блокировки, и ты движешься в районе нуля. (Источник: *«Стратегия бамбука»* Катарина Мэрляйн)

Очень важно развивать благодарное сердце. Почему Бог настаивал, чтобы израильтяне не забывали того, что когда-то были рабами? Такое воспоминание наполняет сердце благодарностью за то, что Он для них совершил. Время от времени Иоханнес напоминает мне: «Не забывай, откуда мы вышли.» Он это делает не для того, чтобы развивать во мне чувство вины, но потому, что знает, что вызывает во мне глубокую благодарность. Мы оба вышли из бедной среды. У Иоханнеса было еще десять братьев и сестер, зарабатывал деньги только отец. Я росла без отца, моя мама поднимала одна меня и еще троих моих братьев и сестер. Те, у кого благодарное сердце и вера в Царство Божье, не отступают, когда совершают ошибки, но встают снова и снова. Они ориентированы на успех, а не на человека!

Будь решительной, даже если ты не знаешь, как далеко еще до цели. Может статься так, что сосуд молитвы почти полон. Если ты сдашься, ты никогда не узнаешь, как близка была цель. Если ты улыбаешься, когда хочется плакать – держись!

В прошлом году мы путешествовали с Иоханнесом по Ирландии и Южной Англии. Это была большая группа из сорока пяти человек. Восемь дней мы были в основном в автобусе, прерываясь лишь на короткие экскурсии и отдых. Это были тяжелые восемь дней, потому то мне нелегко подолгу сидеть. Ко всему разразился желудочно-кишечный грипп. А я довольно уязвима к нему. И тут я получаю «послание» от Господа: я должна, как народ израильский в Египте, пойти против этой эпидемии. Тогда должен был умереть каждый первенец. Израильтяне же должны были помазать кровью ягненка косяки своих жилищ. Тогда они останутся в живых, когда ангел смерти пойдет ночью.

В молитве я совершила то же самое, поставив нас под защиту Крови Агнца. Каждый день я молилась и верила. Люди в автобусе иногда ужасно мучились. Подчас нам приходилось специально останавливаться, чтобы они могли снаружи... (ты можешь сама представить). А у нас обоих было все в порядке. Это было для меня огромным чудом. Мне стало ясно, что мы во всех ситуациях должны смело и решительно оставаться в молитве. Хотя я каждый день волновалась, что меня это затронет – Бог оставался верным и слышал наши молитвы! От нас требуются постоянство и настойчивость.

Джазовый музыкант Диззи Гиллеспи как-то сказал: «Каждое утро я читаю в газете некрологи, если моего имени там нет, я все делаю, как обычно.»

В Книге пророка Исайи 46:4[15] стоит: «...и до старости вашей Я тот же буду, и до седины вашей Я же буду носить вас; Я создал и буду носить, поддерживать и охранять вас.» Не говори: «Я слишком стара и пришло уже время умирать.» Человек никогда не бывает слишком стар, пока у него есть мечты. Почему бы в своей заключительной стадии не сиять Божьим светом?

---

15 *«И до старости вашей, до седины, это Я, Я буду заботиться о вас. Я вас создал и буду носить вас, печься о вас и спасать.» [Ис. 46:4; НРП]*

Когда все валится из рук,

И происходит все не так,

Когда склон жизни только вверх,

А ты тащить себя устал,

Когда долги твои растут,

А акции лишь вниз летят,

Когда заботы давят –

Приди в покой,

Коль в нем нужда,

Но не сдавайся до конца!

И жизнь сюрпризами полна,

И все ж когда-нибудь поймем:

Ошибки – это ерунда,

Зачет по выдержке идет.

Успех – другая сторона провала,

Серебрянный оттенок туч сомнений.

Как близка цель – не знаешь ты!

Далекой кажется – достигнешь!

Держи удар, когда невмоготу,

Коль хуже некуда – не сдайся!

Этим стихотворением неизвестного автора я хочу призвать своих читателей: «Посмотри своим страхам в лицо!»

Глава 16

Наш Всемогущий Бог!

*«Глаз увлекает человека в мир,
а ухо приносит мир в людей.»*
Лоренц Окен

Несколько лет назад наш старший сын подал заявку на прохождение обучения в одном учебном заведении. С малых лет он мечтал стать космонавтом. В подростковом возрасте ему предписали очки. Мы все расстроились и думали, что его мечта лопнула как мыльный пузырь. После многочисленных разговоров и раздумий мы стали искать, может быть существует какая-то возможность получить образование в этом направлении. Вскоре наш сын нашел высшую школу в Бремене, которая обучала студентов по специальности Аэрокосмическая техника. Наш сын попросил нас поддержать его в молитве. Он обнаружил, что учебное заведение предлагает сто пятьдесят мест. Соискателей было в два раза больше. Мы молились, чтобы наш сын получил это место.

Однажды утром во время завтрака мой муж сказал, что этой ночью видел сон, что нашего сына вытянули. «Вытянули?» – переспросила я его удивленно. Ни я, ни Иоханнес не могли никак это интерпретировать. Наш сын уже жил не с нами, а за шестнадцать километров от нас, там, где закончил школу. Вечером зазвонил телефон. Сын взволнованно мне рассказал, что он получил место в Бременской высшей школе. Когда он открыл конверт, там стояло: «Добро пожаловать в Бремен! Господин Юстус, мы сообщаем, что Вы получили возможность обучения по специальности «Аэрокосмическая техника».» Дочитав, он чуть не упал от радости, рассказывал он мне. Он так надеялся, молился и переживал за исполнение своей мечты. Естественно, у меня слезы навернулись на глаза, и мы тут же у телефона поблагодарили Бога за это чудо. Затем он продолжил, что доценты этой школы не хотели выбирать студентов только по лучшим оценкам. Они написали имена каждого соискателя на бумажках и сложили в сосуд, а потом все решила жеребьевка. «Мама, меня вытянули и взяли!» Теперь мне сразу стал понятен рассказанный Иоханнесом за завтраком сон. Мы были рады и счастливы вместе с нашим сыном. Бог Всемогущий!

В нашем зале раньше стоял деревянный орел. Он должен был напоминать мне, что Бог каждое утро дарит мне Свой Дух. Дух символично можно сравнить с орлом. Орел не бродит по улицам и не копается в мусоре, у него сильные крылья и он парит в высоте. Жизнь орла – это жизнь в иной перспективе. Святой Дух берет меня ежедневно за руку, вырывая из пыльных будней, наращивает мои крылья, которые позволяют мне парить, чтобы вести жизнь с иной перспективой. Ежедневно я проводила время в молитве с Духом Святым, чтобы росла моя вера.

Автор и фотограф Йохен Марисс писал: *«Искусство жить состоит прежде всего в том, чтобы идти собственным путем, сохраняя открытость к открытию новых путей.»* Открывай новые пути, будь смелой, потому что в каждого из нас Богом вложен потенциал. Возьми семена в руку, их достаточно для дерева, а дерева достаточно с его семенами, чтобы вырос лес. Точно так же скрыты в каждой девочке и зрелой женщине многочисленные таланты, дары и призвания.

Я снова возвращаюсь к гусенице. То, как она выглядит – удивительно. Некоторые украшают себя маленькими рожками, и похожи на маленьких опасных драконов. У других яркая цветная окраска с иголками и щетиной. Все это нужно для маскировки от врагов или для их отпугивания.

Как мы маскируемся? Сражаемся, чтобы выжить или просто проживаем день за днем? Ставим ли мы себе цели, которых хотим достичь с Божьей помощью? В реальной жизни мы либо работаем над достижением собственных целей, либо для достижения целей другого человека. Мы можем сами решить, как мы хотим действовать. Никогда не поздно начать с начала. Для этого нам нужна выдержка и дисциплина. Американский мотивационный тренер Джим Рон признавал: *«Дисциплина – это мост между целью и ее реализацией.»* Как точно! Нам каждый день заново нужна дисциплина.

Наши молитвы никогда не потеряют силу, в чем я могла убедиться на собственном опыте. Когда наши дети один за другим съехали, мы продали наш дом в Айструпе и переехали в Нинбург. Этого хотел Иоханнес, потому что не уставал говорить: «Пастор принадлежит месту.» После того, как Бог призвал его служить в Ганновере, мы оставили церковь Нинбурга после девятилетнего служения там. Когда мы уже семь лет прожили в Ганновере, то узнали от одной сестры из Нинбургской церкви, что пара, которая купила наш дом в Айструпе, независимо друг от друга начала читать Библию. Бог Всемогущий!

Позже супуг обратился к своему коллеге на работе, который принадлежал Нинбургской церкви: «Можно задать тебе пару вопросов? Я слышал, что ты – христианин.» «Ну, конечно!» – отвечал тот. И у них состоялся долгий разговор, в котором верующий коллега рассказал ему о Божьем плане спасения и спросивший принял Христа в свою жизнь. Дома он рассказал об этом своей жене, которая тоже отдала свою жизнь Иисусу. В конце концов, она сказала мужу: «Я уже давно читаю Библию, но не знала, как рассказать тебе о этом секрете.» Как же они были счастливы, присоединившись к церкви в Нинбурге! Бог Всемогущий!

Молитва – естественная часть христианского образа жизни. При трудоемком чтении перечисления родословных в Ветхом Завете мы встречаем одну короткую историю. Ни до нее, ни после нигде не упоминается Иавис. Но эти два стиха написали целую историю! Что-то в этом человеке заставило пишущего остановиться, а за ним останавливаются и читатели.

В 1-м Паралипоменон 4:9-10[1] мы читаем: *«Иавис был знаменитее своих братьев. Мать дала ему имя Иавис, сказав: я родила его с болезнью. И воззвал Иавис к Богу Израилеву и сказал: о, если бы Ты благословил меня Твоим благословением, распространил пределы мои, и рука Твоя была со мною, охраняя меня от зла, чтобы я не горевал!.. И Бог ниспослал ему, чего он просил.»* Перед нами молитва, исполненная Богом. Когда я читаю подобные истории, то спрашиваю себя, почему не все молитвы услышаны, как нам хотелось бы.

Иавис знал свою историю и значение своего имени: «родила его с болезнью» или «печаль, боль». Через всю его жизнь должен был тянуться негативный математический знак – минус.

Швейцарский писатель Рольф Добелли поделился с нами своими мыслями: *«Если размышления сравнить с фонариком, то «делание» – это настоящий прожектор. Его луч проникает гораздо дальше в необозримый мир. Если риск ошибки размышлений равен нулю, то при «делании» он всегда больше нуля. Вот почему размышления и комментарии столь популярны. Кто размышляет, никогда не соприкасается с реальностью и потому не может провалиться. Кто что-то делает, рискует, но*

---

1   *«Иавеш был знаменитее своих братьев. Мать назвала его Иавеш, сказав: «Я родила его в муках». Иавеш воззвал к Богу Израиля: – О если бы Ты благословил меня и расширил мою землю! Пусть Твоя рука будет со мной, пусть убережет меня от зла, чтобы мне не страдать. И Бог исполнил его просьбу.»* [1 Пар. 4:9-10; НРП]

из этого складывается опыт. Опыт – то, что приобретаешь, когда не получаешь того, чего хочешь.»

Иавис это понял и использовал себе на пользу.

В библейском мышлении имя человека имеет большее значение, чем в нашей культуре. Имя – это ключ для понимания человека. Оно отпечатывается во всех его поступках.

Имя Иависа было его программой. Его мать родила его в боли, она не единственная. Каждая женщина, у которой есть дети, может подтвердить, что ей известно, как болезненны могут быть роды. Появление этого человека запечатлено в его имени: «Я родила его в болезни.» Однако Иавис, похоже, правильно распорядился своей жизнью. История настолько удивительная, что упомянута – хоть и в двух стихах.

Он пользовался большим уважением, чем его братья. Иавис воспротивился тому, что ему было дано с именем, и поговорил об этом с Богом, и Бог услышал его молитву. С Иависом, действительно, произошло то, что Бог превратил минус, который был ему предписан в жизни, в плюс. Бог Всемогущий!

Я спрашиваю себя: является ли имя первой задачей для нас на сегодня? Что с твоей историей? С твоим именем, с твоей историей жизни, с тем, что тебе дано в твоей жизни как судьба или задание? Как ты с этим обходишься? Можешь ли ты себе представить совершить нечто подобное, как Иавис? Иавис молился об истории своей жизни. Мы можем о наших личных нуждах говорить с Богом. Молитва Иависа состояла из четырех просьб:

а. Пожалуйста, благослови меня!

Благословить кого-то – означает придать этой личности Божье значение. С этого момента мысли Бога об этой жизни станут выше того, что было вложено в имя человека. Благословлять кого-то означает: «Проговорить Божье присутствие в жизнь этого человека.» Немецкое слово «благословлять» (segnen) происходит от латинского слова signare – рисовать, чертить, обозначать. От этого же слова происходит слово сигнатура – подпись автора на произведении искусства.

Бог поставил Свою подпись на наших жизнях. Это и есть благословить. Если человек просит: «Боже, благослови меня», то он просит, чтобы Божье присутствие и Его Воля стали значимыми в его жизни. К этому мы должны ежедневно простираться.

Это также означает, что Иавис предоставляет Богу решать, как Он его благословит – как, когда и каким образом. Поэтому просьба Иависа о благословении является выражением его глубокого доверия Богу.

б. Распространи мои пределы, расширь мои земли

Вторая просьба Иависа в этой молитве впечатляет: «Можешь расширить мои пределы.» Нам тоже необходимо, чтобы наши пределы, наше мышление раздвинулись. Пусть это затронет тебя лично, твою профессию, твое призвание, твое супружество и твою семью. Нам необходимо, чтобы мы могли жить тем, что Бог в нас вложил. Это разрыв парадигмы: самым большим препятствием, из-за которого все остается, как есть, являются наши личные границы. Вы можете это перенести в любую сферу вашей жизни, будь то церковь или фирма.

Мы живем в созданной нами системе. Эта система дает нам с одной стороны защищенность, но с другой стороны ограничивает. Когда границы начинают приносить боль, систему необходимо открыть. Следствием этого становится незащищенность и потеря контроля. Мы слишком быстро соглашаемся с фактическим состоянием. Мы смирились с нашими возможностями и ограничениями.

в. «Пусть рука Твоя будет со мной»

Эта просьба – логическое следствие только что высказанной мольбы. Если мы расширяем наши границы, довольно быстро нас настигает ощущение: «Все-таки я не справлюсь.» Но это не так уж плохо. Это чувство приводит нас к зависимости от Бога. И это правильное состояние, местоположение и место, к которому мы принадлежим: «Без Меня ты не можешь ничего сделать» – «Пусть рука Твоя будет со мной!» Это третья просьба Иависа. Может быть, мы слишком многого пытаемся достичь своими силами?

г. *Убереги «меня от зла, чтобы мне не страдать.»*

В другом переводе здесь стоит «горе»². Интересно, что в этой просьбе в еврейском стоит именно то слово, которое сказала мать при рождении Иависа: «я родила его в горести.»

Этой просьбой Иавис разорвал негативное заклятие, которое было наложено на его жизнь. Проси Бога убрать из твоей жизни негативное. Оно не должно держать нашу жизнь в своих руках. Бог может освободить людей!

Он может забрать бремя, возложенное на нас. Согласно новому русскому переводу эта часть молитвы Иависа звучит так: «пусть убережет меня от зла, чтобы мне не страдать.» Эта часть напоминает шестую просьбу молитвы Отче наш: «Не введи нас во искушение, но избави нас от лукавого.»

Ожидаем мы еще чего-то от Бога? Я не понимаю точно, как функционирует молитва, но я знаю: она функционирует! Я слишком часто это переживала сама. Бог изменил его историю. Бог исполнил все его просьбы! Иавис верил, что Бог Сам будет его

---

2   *«Воззвал он к Богу Израиля: «О, если бы Ты благословил меня благословением Своим и расширил мои рубежи! Пусть рука Твоя меня поддерживает и сохраняет меня от всякого зла, чтобы я не знал горя!» И Бог послал Яавецу всё, о чем он просил.» [1 Пар. 4:10, Библия под редакцией Кулакова: современный перевод, выполненный институтом перевода Библии при Заокской духовной академии и Библейско-богословским институтом св. апостола Андрея под редакцией Кулаковых. Новый Завет издан в 2002 году, полная Библия в 2015 году.] (Прим. переводчика)*

защитой. О том он молился: «если бы Ты благословил меня Твоим благословением, распространил пределы мои...» и с риском шагнул. Без оглядки назад или вниз он сделал шаг, перепрыгнул стену и вошел в новую землю. Кто, как Иавис, держа взгляд на Боге выходит из своего укрытия, ставит все на карту и отправляется в полное непредсказуемых задач и риска путешествие с Иисусом (как последователь), тот будет снова и снова переживать верность Бога и его пределы будут распространяться. Бог радуется, когда люди Ему безоговорочно доверяют и опираются на Его Слово.

Наши стихи рисуют ясную картину жизни Иависа: он пользовался уважением. Он оказался стойким. В Боге ничто не могло сбить его с ног. Его поведение и его молитва стали поддержкой и вдохновением для множества людей. Он и сегодня пользуется уважением и не забыт.

Бог слышит молитвы! Бог Всемогущий!

Маленький мальчик в Америке был очень болен, и ему срочно требовалась операция, но его родители не могли позволить себе перенять даже часть расходов. Не было у них и возможности где-то занять денег. Его восьмилетняя сестра слышала, как отец сказал матери: «Теперь его может спасти только чудо.»

Тесс, так звали девочку, пошла в комнату, взяла свои мизерные накопления и пошла в ближайшую аптеку. Какое-то время понадобилось для того, чтобы аптекарь заметил Тесс, потому что он оживленно беседовал с каким-то мужчиной. «Я хочу купить чудо.» – сказала девочка. «Что хочешь ты купить?», – переспросил озадаченно аптекарь. «Мой брат Эндрю очень болен. Что-то плохое растет в его голове, и мой папа говорит, что его может спасти только чудо. Поэтому я хочу знать, сколько стоит чудо?»

«Мне очень жаль,» – извинился аптекарь. – «Я не могу тебе помочь. Мы, к сожалению, не продаем чудеса.»

Тут вмешался стоявший рядом мужчина: «А какое чудо нужно твоему брату?»

«Я не знаю, – отвечала Тесс со слезами на глазах. – Я только знаю, что ему срочно нужна операция. Но мой папа не может ее оплатить, и поэтому я хочу отдать мои деньги.»

«А сколько их у тебя?» – спросил мужчина.

«Один доллар и одиннадцать центов. – сказала еле слышно Тесс. – Больше у меня нет, но если нужно, я могу еще достать денег.»

«Какое совпадение, – сказал улыбаясь мужчина. – Один доллар и одиннадцать центов, как раз подходящая цена для чуда, в котором нуждается твой младший брат.»

Он взял ее деньги в одну руку, в другую взял ее руку и сказал: «Отведи меня к себе домой. Я хочу увидеть твоего брата, и познакомиться с твоими родителями. Возможно, у меня как раз есть чудо, которое тебе нужно.»

Этот мужчина был хирургом, специализирующемся на нейрохирургии. Операция была сделана бесплатно, и довольно быстро Эндрю снова был дома и начал поправляться. Родители были, естественно, совершенно счастливы. «Эта операция была настоящим чудом. Сколько же она может стоить?», – спросила мама. Тесс улыбнулась. Она знала точно, сколько стоило чудо: один доллар и одиннадцать центов. Плюс вера маленького ребенка.

Когда я услышала эту историю, я не могла сдержать слез. Наш Всемогущий Бог в состоянии изменить твою историю.

Иавис знал свою историю. Он молился о ней, и Бог изменил его историю жизни. Я призываю тебя, расскажи Богу твою историю, чтобы Он мог благословить тебя.

Задумайся! В тебе тоже живет иной Дух. Ты можешь летать подобно орлу. Поэтому ищи лучшие источники и позволь Божьим замыслам проникнуть в тебя. Подумай, сколь много от Бога, и как мало от тебя, и тогда ты обязательно встретишься с чудом.

Давида огорчили насмешки Голиафа над Божьим народом. Он сказал: «Разве ради этого не стоит приложить усилия? Кто этот необрезанный Филистимлянин, что так поносит воинство Бога живого?» Душа Давида была не только угнетена, она была в смятении. Это было предназначением его жизни – быть лидером и воином. Историю о Давиде ты можешь прочесть в первой книге Царств 17. С тех пор мало что изменилось. И сегодня, гнев или печаль о невыносимых условиях становится мотивацией к изменению положения. В этом люди весьма неожиданно узнают о своем предназначении.

Наша жизнь – это подарок, даже если он не украшен бантом. Мы должны наслаждаться каждым днем, ведь он не повторится никогда снова. Сделай из своей жизни что-то доброе, живи здесь и сейчас. Лучше всего, если мы не позволим жизни пройти мимо нас, в ожидании лучшего будущего. В Псалме 17:24[3] Библия говорит нам: «Сей день сотворил Господь: возрадуемся и возвеселимся в оный!» Это означает, что мы можем наслаждаться моментом, смеяться с нашими детьми, внимать мужу, прислушиваться к пению птиц, любоваться цветением природы весной, усыпанным звездами ночным небом и каждой капелькой дождя.

То, что я призываю вас наслаждаться каждым моментом, не пустые слова для меня. Это легче сказать, чем сделать.

Иногда так трудно отпустить, так больно.

---

3   *«Этот день сотворил Господь: будем радоваться и веселиться в нем.»*
    [Пс. 117:24; НРП]

Когда наши дети покидали один за другим наш дом, сначала дочь, потом съехал сын, я утешала себя: «Ирене, у тебя еще четверо.» Когда обе девочки с коротким интервалом одна за другой вышли замуж и покинули отчий дом, по дороге домой с работы я ощутила внезапно огромный ком, застрявший в горле. Я думала, что если прямо сейчас не взвою, я задохнусь. Возвращение домой всегда было удовольствием. К моему приходу накрывали стол, мы могли вместе попить чай и обсудить прошедший день. А тут все наши девочки уехали. Двое сыновей еще оставались дома. Спустя три месяца один из них из-за своей учебы тоже уехал. Я обняла его крепко и горько заплакала. Один еще с нами, утешала я себя.

Иоханнес не уставал говорить: «Библия учит нас быть гибкими.» Я не знаю, где это стоит в Библии, но так и есть. Такими мы должны быть для жизни – способными к адаптации. Когда мы доверяем Господу и твердо верим, что Он дал нам поручение, эта вера становится видимой в наших поступках, пока не воплотится.

Точно так же в природе – с помощью прядильных желез, находящихся в ротовой полости, даже крошечная гусеница может сплести тончайшую шелковую нить. С помощью шелковой нити они прикрепляют себя к растению и могут со скоростью молнии спускаться по нити в случае опасности. Так и твой защитный кокон, который ты, подобно юной бабочке, соткала, может помогать в течение всей жизни. Отдавай то, что Бог тебе дал, посади это, чтобы оно росло и умножалось. Если твои шелковые нити еще слишком тонки, они все равно уже достаточно крепки, чтобы ты исполняла твое призвание. Будь благодарна за то, что ты получила от Господа, и живи этим. Молись каждый день о необходимой силе.

Как-то на днях я разговаривала с молодой женой одного пастора, и она рассказала мне: «Раньше, когда я слышала, что мы должны благодарить нашего небесного Отца за все, и за каждый день, что прожили, то не понимала. Я задавалась вопросом, почему за каждый день? Но потом у меня была пара непростых переживаний. Мы тогда были женаты не так долго, доход моего мужа был маленьким. И мой муж задумался, а точно ли эта профессия для него? Мы оба решили, что на полгода он поедет в Америку, чтобы подтянуть свой английский. Возможно, потом он сможет здесь открыть языковую школу и зарабатывать больше. Сказано, сделано. Мой муж уехал в Америку, а я осталась с нашей двухлетней дочкой и беременностью на ранних сроках. Примерно через месяц у меня ночью открылось кровотечение. Мир разломился для меня надвое – одна, малышка спит спокойно в кроватке. Что делать? Кому позвонить? Глубокая ночь. Позвонила подруге и вызвала скорую. Я потеряла малыша. Мой муж мог поддерживать меня только по телефону. Прошло немало времени, пока я пришла в себя, и эмоционально дольше, чем физически. Когда мне стало лучше, я записала мою дочь в детский сад и начала искать работу на полдня, чтобы улучшить финансовое положение. Все выглядело хорошо, но тоска по мужу раздирала меня.

Однажды мне позвонили на работу из садика, и сказали, что моя дочь серьезно поранилась. Они должны были ее срочно увезти в больницу, чтобы она не истекла кровью. И снова я стояла одна в больнице у кроватки, и никого не было рядом. Это было почти невыносимо для меня. С тех пор я молюсь ежедневно об успехе в моих буднях. Для меня это стало так важно, просить Господа о защите и охране, чтобы подобного не повторилось.»

Молитва Иависа подает нам хороший пример: «Убереги меня от зла!» Его пустыню Бог превратил в цветущие луга. И твою пустыню Бог в состоянии изменить. Провозгласи новое имя в свою жизнь, в твои дары и таланты. Бог Всемогущий!

Отодвинь свое прошлое от себя и позволь себе облачиться в твое будущее, которое ты получаешь с новым именем, которое принесет радость в твою жизнь и твое служение. Поведай Богу свою историю. Он тебя выслушает. Чудеса по-прежнему происходят! Посей один доллар и одиннадцать центов с верой, чтобы достичь того, о чем мечтаешь уже давно. С верой входи в новые пределы твоей жизни и бери то, что тебе принадлежит.

Во второй книге Царств 22:30[4] стоит: «...*с Богом моим восхожу на стену.*» Иоханнес часто говорит: «К сожалению, самые высокие стены в нашей голове.» С Божьей помощью ты можешь преодолеть и их.

Я желаю тебе, чтобы ты, пока ты живешь на этой Земле, жила согласно твоим дарам и талантам, служила ими другим и наслаждалась своей жизнью. Ты не можешь вернуться и изменить начало. Но ты можешь начать заново и изменить конец. В этом смысле я желаю моим читателям стать бабочкой в огромном и прекрасном Божьем саду. Летите от одного цветка к другому, опыляя их любовью, со всей страстью и возможностями, которые Бог в вас вложил.

Я хочу закончить словами Фридриха Шиллера: «*Кто отдал лучшее, не будет забыт.*» Этого я желаю тебе. Отдавай лучшее, чтобы получить на небесах венец славы!

---

4 *«С Богом моим могу взойти на вражескую стену.» [2 Цар. 22:30; Современный перевод Библии ERV: Легко читаемая версия (Easy Read Version), этот перевод Библии подготовлен специально для людей, которые желают читать текст в простом, разговорном стиле. Перевод сделан Международной Библейской лигой.] (Прим. переводчика)*